급진
거북이

진성리더의 변화전략
급진 거북이

1판 1쇄 인쇄 2024년 11월 29일
1판 1쇄 발행 2024년 12월 4일

지은이 윤정구
펴낸이 신승철
펴낸곳 잉걸북스

기획 프로젝트팀 작업실
영업마케팅팀 팀장 신잉걸
교정교열 오재연
디자인 놀이터

출판등록 2024년 8월 29일 제25100-2024-000052호
주소 서울시 노원구 노원로 564, 1011-1311
전화 010-4964-6595
팩스 02-6455-3736

ⓒ 윤정구, 2024.

ISBN 979-11-990192-0-1 (03320)

진성리더의
변화전략

급진
거북이

윤정구 지음

잉걸북스

코칭을 하면서 가장 많이 접하는 것은 조직 구성원들이 느끼는 불안감, 자신 없음, 그로 인한 조직 내 갈등이다. 리더십의 대가인 저자 윤정구 교수는 이를 극복하기 위한 방법으로 '급진 거북이' 라는 놀라운 해결 방안을 제안한다. 경제적 위기와 구성원들의 변화, 소통의 고민 속에서 급진 거북이처럼 천천히 시도해도 된다는 용기와 희망을 준다. 변화를 열망하는 리더와 코치에게 이 책을 권한다. 선한 의도로 장착한 전략적 행동 변화를 통해 혼란의 시기에 밝은 빛을 찾길 희망한다.

_김재은, 인코칭 대표/전문 코치

지금껏 어느 학자도 진성리더십을 이토록 깊이 있게 이해하고 설계하지 못했다. 윤정구 교수님을 통해서 진성리더십은 공진화해 왔다. 특히 이 책에서 제시한 변화전략인 '급진 거북이' 전략을 통해서 진성리더는 진정한 강점을 발휘하는 시대의 표준으로 새롭게 정의되고 있다. 이 책이 주는 통찰이 진정 놀랍고, 실천을 위한 포인트는 매우 친절하다.

_최우재, (사)대한리더십학회 회장/청주대학교 경영학과 교수

한국 사회가 그토록 중시하는 공정성(Fairness)의 해법은 진정성(Authenticity)에서 찾아야 하지 않을까? 진성리더십의 대가이신 저자께서 실천 방안으로 제시한 '급진 거북이' 전략은 목적에 대한 진정성에 문제해결의 실마리가 숨겨져 있었음을 깨우쳐주고 있다. 자신의 능력과 감정에 모두 솔직해지고, 이를 바탕으로 내가 할 수 있는 것, 내게 소중한 것, 내가 원하는 것을 구성원들과 진솔히 공유하고 협업할 때, 조직은 공정하고 긍정적인 결과를 얻게 될 것이다. 조직 리더십뿐 아니라, 개인의 삶에 관해서도 영적인 교훈을 얻을 수 있었다.

_양희동, (사)한국경영학회 차기회장/이화여자대학교 경영전문대학 교수

현실의 벽은 의지를 꺾고 체념과 절망의 그림자를 드리우지만 바로 그 지점이 진짜 리더와 가짜 리더를 판가름하는 시험대다. 유사리더는 온갖 변명으로 벽이 불가피한 제약임을 주장하지만, 진성리더는 같은 지점에서 가장 영민하고 지혜로운 전략으로 담쟁이넝쿨이 되어 벽을 오른다. 이 책은 근원적 변화를 향한 진성리더들이 가진 비밀병기를 제시한다. 시대를 관통하는 날카롭고

아름답고 선한 진성리더의 변화전략이 담겼다.

_이창준, (사)한국조직경영개발학회 회장/구루피플스(주)아그막 대표

본인도 대학에서 리더십 과목을 가르치고 연구하고 있지만, 리더십과 관련된 말씀을 경청하고 멘토로 삼고 있는 분의 저술이다. 이 책은 리더십과 관련된 저자의 철학뿐만 아니라, 실행 방안까지 담고 있다. 리더십 이론과 리더십 실천이 통합될 수 있는 표준을 제시했다. 리더십을 학문적으로 연구하는 분들은 물론, 리더십 개발을 위하여 수고하시는 분들에게도 필독서다. 모두가 이책을 통해 '급진 거북이'가 되어 변화를 위해 한 걸음 한 걸음 우보천리할 수 있었으면 한다.

_이찬, 서울대학교 산업인력개발학과 교수/(사)한국산업교육학회 14대 회장

진성리더십의 '급진 거북이' 전략은 스타트업 창업자들에게 복음과 같은 내용이다. 창업자들은 투자자금을 유치하고 단기적인 성과와 급진적인 변화의 유혹에 항상 놓여 있다. 기업의 목적과 사명 비전 가치에 대한 구성원과의 공유는 철저히 하되 작은 성

공부터 변화를 시도하는 것이 성공으로 가는 길이라는 것을 알려 주고 있다. 스타트업 CEO들에게 일독을 권한다.

_이금룡, 도전과 나눔 이사장/(사)한국인터넷기업회 초대회장/옥션창업자

윤 교수님을 처음 뵙고 '우보천리 급진 거북이'라는 다소 낯설지만 매력적인 용어와 함께 진성리더십 이야기를 나누면서 스스로 끊임없이 물어보던 오래된 질문에 대한 출구를 찾는 느낌이었다. 후배들에게 희망이 되는 좋은 리더가 되고 싶다는 강한 열망과는 달리 현실적인 과제 속에서 때론 조급하고 멈칫할 때도 많았지만 그래도 매일 다시 한 걸음 나아가면 된다고 스스로 되뇌었다. '급진 거북이' 전략은 리더십의 가치를 다시 한 번 일깨워줌으로써 많은 위안과 격려가 되었다. 급진 거북이의 미시적, 거시적 전략을 통해 효과적으로 근원적 변화를 끌어낼 수 있는 수많은 진성리더가 만들어지기를 기대해 본다. 성공의 속도에 얽매이지 않고 진실한 리더로 성장하는 길을 찾고자 오늘도 한 걸음 한 걸음 내딛는 분들에게 이 책을 권한다.

_김미영, 금융감독원 부원장/소비자보호처장

'급진 거북이' 전략은 작은 변화를 차근차근 이어가며 진정한 혁신을 이루어가는 리더십의 길을 보여준다. 애터미는 "고객과 구성원을 수단으로 삼지 않고 이들의 영혼을 소중히 여기며, 생각을 경영한다. 믿음에 굳게 서며 겸손히 섬긴다"는 섬김의 경영 철학을 '급진 거북이' 자세로 실현하려고 노력하고 있다. 이 책은 기업이 흔들림 없이 지켜야 할 가치와 신념을 어떻게 현실에서 실현할 수 있는지를 깨닫게 해준다. 새 세상이 요구하는 진정한 리더십의 본질을 이 책에서 발견하기 바란다.

_도경희, 애터미(주) 부회장/최고고객책임자(CCO)

경영 일선에 있으면서 자극적인 문구를 앞세운 각종 리더십이 떴다가 지기를 반복하는 사이에 오히려 리더십에 대한 혼란이 가중되는 현실이 안타까웠다. 다양한 사람들과 마주치고 여러 조직을 움직이면서 깨우친 사실은 사람을 움직이는 리더십은 매우 단순한 데에서 출발한다는 것이다. 진성리더십에서 이야기하는 '진심과 꾸준함'이다. 『급진 거북이』는 이 두 단어를 축으로 실제 조직을 성공적으로 이끌어왔던 여러 변화의 사례를 기반으로 역사,

과학, 철학을 넘나드는 폭넓은 지식과 실천 방법을 제시하고 있
다. 21세기 혼돈 속에서 길 잃고 방황하는 리더들을 위한 희망의
등대 같은 책이다.

_조경선, 신한DS 대표이사

저자의 소망

이 책을 통해 진성리더가 마음씨만 착해 개인적 이득만 추구하는 사람들의 먹잇감이라는 오해가 풀렸으면 한다. 진성리더의 급진 거북이 전략은 일반 MBA에서 가르치는 신자유주의 경영 전략보다 더 현명하고 치밀하고 과학적이다. 진성리더는 잘못된 리더십으로 산성화된 대한민국, 사회, 회사, 개인에 변화를 개간하는 현능한 전략가다.

진성리더십을 실천하는 '급진 거북이'의 변화에 대한 태도는 "뛰어난 농부는 밭을 탓하지 않는다"라는 속담에 잘 표현되어 있다. 논과 달리 밭은 대체로 높은 곳에 있어서 잡초가 많고, 돌도 많고, 거름도 부족하고, 물 구하기가 쉽지 않다. 사실 농부다운 농부에게 모든 밭은 다 황무지였다. 농부는 꼭두새벽에 일어나 돌을 주워내고, 잡초를 뽑고 퇴비를 만들어 산성화된 땅을 경작이 가능한 땅으로 바꾸는 작업에 많은 시간을 헌신했다. 하늘을 탓하기보다 물은 작은 통범을 만들어 비가 오면 저장하는 방식으로 조달했다. 농부는 황무지를 최소한의 농사를 지을 수 있는 밭을 개간해 어떻게든 소출(所出)을 만들어낸다. 농부는 소출을 만들면 매년 같은 방식으로 밭을 조금씩 넓혀간다. 시간이 지나면 잡초만 무성하던 언덕이 모두 비옥한 밭으로 바뀌어 있다.

조직에서 근원적 변화를 실현해야 하는 리더들도 마찬가지다. 조직은 산성화될 대로 산성화되어있다. '급진 거북이'는 산성화된 밭을 탓하기보다는 임원이면 임원, 팀장이면 팀장, 파트장이면 파트장으로 자신에게 맡겨진 부서를 변화가 가능한 땅으로 가꾸는 작업에 몰입한다. 이들은 목적을 이념으로 내세워 회사와 십자군 전쟁에 몰입하지 않는다. 대신 조용히 목표에 목적의 밑알을 종묘해가며 자신의 부서에서 묵묵히 회사가 기대하는 소출보다 더 나은 소출을 거두고 이 소출로 목적의 중요성을 소통한다.

2024년 늦가을.

차례

급진 거북이로
거듭나기

나는 지금까지 위대하고 고상한 일을 성취하려 부단히 시도했다.

그러나 나에게 더 중요한 임무는 비록 보잘것없는 일이라 하더라도

그 일이 위대하고 고상한 일인 것처럼 완수해 내는 것이다.

세상은 영웅들의 큰 노력에 의해서도 변화하지만,

정직한 일꾼들이 모여

작지만 헌신적인 노력을 통해 더 크게 변화했다.

—헬렌 켈러(Helen Adams Keller)

급진 거북이(Radical Tortoise/Tempered Radical)는 세상에 큰 영향을 끼친 진실한 리더인 진성리더(Authentic Leader)가 사용하는 변화전략이다. 진성리더는 자신이 추구하는 공공선을 위한 목적에 대한 믿음에서 급진주의적(radical)인 성향을 보인다. 이들은 남들이 다

바보짓이라고 손가락질해도 자신이 만들어나갈 선한 세상에 대한 믿음을 잃지 않는다. 다른 이들이 유혹에 빠져 다른 선택을 해도, 이들은 자신이 설정한 목적에 대한 믿음에 대해 절대로 흔들리지 않는다. 진성리더는 자신이 선택한 목적에 대한 급진적 믿음이 있어 '가지 않은 길'에 대한 회한과 유혹에 흔들리지 않는다.

김구 선생이 엄혹한 일제 치하에서 완전한 독립을 자신의 사명으로 외칠 수 있었던 것은, 독립에 대한 굳건한 믿음 때문이었다. 믿음을 말로만 어필하는 리더와는 달리, 김구 선생은 진정한 신념을 바탕으로 행동했다. 남아프리카공화국 최초의 흑인 대통령 만델라가 감옥에서도 인종분리정책인 아파르트헤이트(Apartheid)를 반대할 수 있었던 것도 인간은 같은 권리를 가지고 태어났다는 확고한 믿음 때문이었다.

마틴 루서 킹 목사가 "나는 꿈이 있어요"를 기치로 인권운동의 물꼬를 틀 수 있었던 것도 흑인인 자신의 아이들도 미래 어느 날 다양성의 식탁에서 다른 아이들과 같이 식사할 수 있다는 강력한 믿음 때문이었다. 목적에 대한 믿음을 쇄빙선(碎氷船)으로 김구는 대한민국의 독립을, 만델라는 인종 장벽 철폐를, 킹 목사는 미국 인권운동의 물꼬를 만들었다.

기업의 창업자들도 마찬가지다. 삼성의 이병철 이건희 회장, 현대의 정주영 회장, LG 구인회 구자경 구본무 회장, SK 최종건 최종현 회장, 포스코의 박태준 회장이 회사를 처음 시작했을 때에도 어떤 사업을 하든지 그것을 성공시켜 세계에서 가장 가난한 개발도상국이었던 대한민국의 미래를 만들겠다는 믿음이 있었다. 여전히 공과(功過)에 대한 논란이 있지만, 이들 창업자가 믿음을 실현해 국가에 보은하겠다는 공공선에 대한 신념을 가지지 못했더라면 대한민국이 지금과 같은 경제적 기반을 가진 나라로 성장하지 못했을 것이다. 이들은 최소한 50~60년 전의 어느 날부터 2024년 지금처럼 성장한 대한민국 모습에 대한 굳건한 믿음이 있었다.

삼성을 통해 대한민국을 반도체 선도국으로 만들겠다는 이병철 회장의 믿음, 대한민국도 수출이 가능한 국산 자동차와 국산 배와 국산 아파트를 만들 수 있다는 정주영 회장의 믿음, 국산 라디오, 국산 TV를 만들 수 있다는 구인회 회장의 믿음, 회사다운 회사를 만들어 젊은이들에게 미래의 희망을 줄 수 있다는 최종건 회장의 믿음, 국산 철강을 만들어 선진국 대열에 오르게 할 수 있다는 박태준 회장의 믿음은 이들이 생존해 있을 때부터 적어도 50~60년 동안 지켜진 믿음이다. 50~60년 전에 이런 믿음을 밀알로 뿌려 지금의 모습을 만든 것이다. 지금 출발하기 시작한 벤처기업의 창업자들도 마찬가지다. 이들 창업자가 적어도 50년 후 자신들이 실현할 공공선에 대한 급진적 믿음이 없었다면 심각한 위기가 닥쳐올 때마다 시간의 역경을 극복해 가며 일어설 수 없다.

급진 거북이 전략을 수행하는 진성리더가 공통으로 지닌 것은 자신의 목적, 사명, 비전, 가치에 대한 절대적인 믿음이다. 경쟁자들이 믿음에 회의를 보일 때에도 이들은 자신이 창출하려는 공공선이 반드시 실현될 것이라는 절대적 믿음이 있었다.

아이러니한 사실은 변화를 통해 도달하려는 이들의 믿음은 급진적이었지만 그 믿음이 실현된 상태와 현재와의 차이를 극복하는 방법에서는 거북이처럼 조용하고 꾸준하게 사부작사부작 우보천리 같은 모습을 보였다는 점이다. 이들은 사명이 달성되었을 때의 모습과 지금의 모습이 어떻게 다른지 차이를 성찰하였다. 이를 메워나가는 일에서는 거북이처럼 지금 여기서 할 수 있는 것, 당장 할 수 있는 것, 가진 것만 가지고라도 할 수 있는 범위를 울타리로 정하고 이 울타리 안에서 실험적으로 조금씩 조금씩 변화를 성취했다.

이들은 작은 변화와 작은 성공에서 시작하여, 실험과 반복을 통해 울타리와 운동장의 외연을 조금씩 확장해 결국은 약속했던 근원적 변화를 완성했다. 급진 거북이는 목적에 대해서 과감하고 급진적으로 헌신하는 태도를 보이지만, 실현하는 방식에서는 꾸준하고 차분하고 조용히 움직인다. 이들은 차분한 노력으로 울타리와 운동장을 갖춘 시스템으로 교두보를 마련하고 이 교두보를 조금씩 확장해 약속한 변화에 도달했다.

급진 거북이 전략은 '호시우보 우보천리(虎視牛步 牛步千里)'라는 말로 잘 표현된다.[1] "호랑이처럼 날카롭고 예리한 눈빛으로 목적지를 주시해 가며 걸음은 소걸음으로 느긋하고 우직하게 한 발 한 발 발걸음을 떼다 보면 천 리에 도달해 있다"라는 조언이다. 『구약 성경』에 나오는 "네 시작은 미미하였으나 그 끝은 창대하리라"(「욥기」 8:7)는 말씀 역시 고대 근동 역사에서도 급진 거북이들이 주인공이었음을 증명해 주고 있다. 이들은 목적이 실현된 창대한 비전에 대해서는 급진주의적 믿음을 견지했지만, 이를 향한 발걸음에서는 거북이처럼 한 걸음 한 걸음씩 신중하게 시스템과 알고리즘을 만든 사람들이다.

세상을 떠들썩하게 만들었지만, 세상에 어떤 변화도 가져오지 못한 리더들은 안타깝게도 '급진적 급진성'을 보였다. 급진적 급진주의자들도 급진 거북이와 같이 도달해야 할 미래에 대한 믿음에서 급진성을 가지고 있었지만, 이에 도달하는 방법에서는 급진 거북이와 다르게 급진성을 보인 사람들이다. 이들은 사명의 목적지에 빨리 도달하기 위해서 흥분한 나머지 전사적으로 구성원을 독려해 가며 광풍처럼 변화를 몰아붙인다. 이들은 자신의 신념을 구현하기 위해 공개적으로 십자군 전쟁도 불사한다. 이들은 변화에 동의하지 않는 사람들을 끌어들이기 위해서 신념을 무기로 내걸고 회유하거나 괴롭히는 일도 서슴지 않는다. 목적지에 헌신하

---

1 이 말의 출처는 분명하지 않으나 고려 시대 보조국사 지눌 스님(1158~1210)의 비문에서 유래
했다는 견해가 지배적이다.

는 의도는 좋았지만, 이들의 시도는 구성원 마음에 상처만 남기고 실패로 종결한다.

급진적 급진성을 가진 리더들은 모든 과제에는 단기적 답이 있다고 믿는다. 이들은 정해진 답이 없는 21세기 초뷰카 시대[2]임에도 정해진 답이 있다고 규정하고 자신이 임의로 만든 답을 정답으로 세우고 탑다운 식으로 밀어붙인다. 정해진 답을 따라잡는 개발 독재 리더십의 주인공이 된다. 지금처럼 답이 정해지지 않은 시대에 이들의 리더십은 선한 영향력이 아니라 갑질이다.

저자는 종종 중간관리자들에게, 목적과 사명에 관심이 없는 회사에서 진성리더로 근원적 변화를 만들어내기 위해서는 어떻게 해야 하느냐는 질문을 받곤 한다. 이런 회사에서 특정 구성원이 공개적으로 나서서 목적을 기반으로 근원적 변화를 시도할 때 위험에 처한다. 특히 변화가 상사들의 기득권에 대한 도전으로 읽히면 변화를 언급하는 행동이 역풍으로 돌아올 개연성이 높다.

조직의 분위기가 목적과 사명에 대한 진정성을 추구하는 문화와 거리가 멀 경우, 급진 거북이는 비밀결사대가 되어 조용하게 물밑 작업으로 변화의 물꼬를 마련한다. 자신에게 허용된 재량권 내에서 자신이 할 수 있는 범위를 정해 놓고 그 정해진 범위 안에서 조용히 변화를 실천하여 목적과 연동시킬 수 있는 성과를 도

---

2 윤정구 (2022). 『초뷰카 시대 지속가능성의 실험실: 애터미』. 21세기북스.

출한다. 급진 거북이는 조직이 사명과 목적을 추구하지 않음에 대해 공개적으로 비난하거나 명분 싸움에 휘말리지 않는다. 목적을 앞세운 이념 논쟁 대신 중간관리자로서 자신의 권한 범위 내에서 시도할 수 있는 변화에 집중하고 여기에서 조용히 성과를 만들어낸다. 자신이 할 수 있는 울타리 내에서 성과가 나오기 시작하면 이 성과를 지렛대로 삼아 다음 변화를 위한 소통을 시작한다. 차별적 성과에 대해 학습하기를 원하는 조직의 욕구를 지렛대로 삼아 틈날 때마다 조금씩 근원적 변화에 대한 의도를 확장한다. 기업은 잘 나온 성과를 벤치마킹하는 것을 의무로 생각하기 때문에 이미 나온 성과를 지렛대로 삼아 변화를 전파하는 것은 어려운 과제가 아니다.

조직의 하위 부문에서 진성리더십을 이용한 성과가 산출되기 시작하고, 이들의 성과에 대해서 배우려는 분위기가 확산되면 아래로부터 조용한 자기 조직적 변화가 시작된다. 모닥불은 불의 세기가 약할 경우 외풍에 쉽게 꺼지지만, 불의 크기가 어느 정도 커졌을 때는 밖에서 부는 역풍이 오히려 모닥불을 들불로 키운다. 밑으로부터의 변화도 비슷한 과정으로 진행된다. 중간관리자급 리더들이 자신의 권한 범위 내에서 급진 거북이 방식을 통해 각자의 자리에서 성과를 거둔다면 이들은 성과와 성과를 엮어 들불을 일으킨다. 이 들불의 세기가 어느 정도 강해졌을 경우 변화에 반대하는 세력의 역풍은 기름에 물 붓는 것처럼 더 큰불을 만든다.

들불의 자기 조직적 원리는 자신 외에는 진성리더에 대한 열망을 찾아볼 수 없는 산성화된 조직에도 적용된다. 시간이 더 걸리겠지만 자신이 개인적으로 할 수 있는 범위를 가늠해 울타리를 만들고 울타리 안에서 존재목적을 밀알로 가져와 자신이 가진 자원을 최적화해 가며 조용히 목표를 달성한다. 목적의 밀알이 싹을 틔워 만든 성과가 조금씩 누적되면 초단기적 목표만을 위해 단거리 경주를 반복하는 사람이 이길 방법이 없다. 목적과 연동해 누적해 달성한 목표만이 부분 최적화를 넘어서 전체 최적화를 달성한다. 초반에는 성과에 차별성이 없을지 몰라도 시간이 지나면 목적과 연동해 목표를 달성하는 직원의 성과가 월등하게 높다. 이들은 조용히 필요한 성과를 만들어내고 이 성과를 지렛대로 삼아 더 큰 변화의 물꼬를 만든다. 이들은 최소한의 성과가 만들어질 때까지는 목적을 앞세운 이념 싸움을 자제한다. 진성리더는 성과로 소통한다. 진성리더십의 원리를 이용해 십자군 전쟁을 하거나 자신과 타인의 진정성을 재단하는 데 시간을 낭비하지 않는다. 진성리더는 목적에 대한 명분 논쟁이 아니라 목적을 삶과 일 속에 밀알로 싹 틔워 약속한 변화를 통해 입증한다.

진성리더들은 한결같이 혼자 들어가기도 힘든 '좁은 문'[3]을 통

---

3 앙드레 지드 (1902). 『좁은 문』. 김화영 역. 열린책들. "좁은 문으로 들어가라 멸망으로 인도하는 문은 크고 그 길이 넓어 그리로 들어가는 자가 많고 생명으로 인도하는 문은 좁고 길이 협착하여 찾는 자가 적음이라."(『마태복음』 7:13–14).

과해서 근원적 변화의 여정을 시작한다. 이들은 좁은 문을 통과해 목적에 대한 믿음으로 무장한 쇄빙선을 앞세워 고난을 뚫는 사건을 일으킨다. 이들은 결국 다른 사람들도 찾아올 수 있는 큰 길을 만든다.

사마천의 『사기』에는 이들이 쇄빙선을 이끌고 더 높고 평평한 곳에 만든 과수원 이야기가 등장한다. '도이불언 하자성혜(桃李不言 下自成蹊)'가 그것이다.[4] 복숭아나무와 자두나무는 굳이 자신이 복숭아나무와 자두나무라고 선전하지 않더라도 사람들이 찾아오게 마련이고 과수원 언덕 밑에는 저절로 큰길이 생긴다는 뜻이다. 복숭아나 자두는 진성리더의 변화에 대한 믿음을 밑알로 키워 만든 목적성과를 뜻한다.

'도이불언 하자성혜'는 사마천이 그 당시의 대표적 진성리더 이광(李廣)을 평하면서 한 말이다. 시골 사람처럼 투박하고 말도 잘하지 못하지만, 이광의 선한 목적이 담긴 진정성 있는 성품과 능력은 사대부의 신뢰를 얻어 그 당시 사회에 큰 변화의 물꼬를 만들었다. 사마천은 선한 성품과 능력을 통해 이광이 만들어 낸 변화를 복숭아와 자두 과수원에 비유했다. 선한 목적에 능력과 성품을 담아 밑알을 종묘하고 이 밑알을 심어 성과를 만들 수 있다면 당연히 꽃이 곱고 열매 맛이 좋아 사람들이 찾아온다. 태

---

4 사마천. 『사기』. 스진 편. 노만수 역. 일빛. 2009. 4장 열전의 32절 '이광' 편에 나온다.

초에는 길이 존재하지 않았다. 모든 길은 누군가가 과수원을 만들었기에 생긴 것이다.

'좁은 문'은 목적을 쇄빙선으로 변화를 사부작사부작 시작하는 사람들을 위한 거북이의 조언이고, '도이불언 하자성혜'는 변화에 대한 이들의 급진적 믿음이다. 진성리더가 만든 변화는 조용하고 과묵하나 목적의 향기를 머금고 있다. 급진 거북이는 목적으로 믿음의 쇄빙선을 만들어서 좁은 문을 부수고 길을 뚫어 더 높고 더 평평한 곳에 과수원을 세운다. 과수원이 만들어지면 사람들이 찾아오고 오솔길이 생길 것이다. 언젠가는 진성리더가 만들어낸 복숭아나무와 자두나무 과수원 밑 오솔길로 점점 더 많은 사람이 찾아와 큰길이 열릴 것이다. 진성리더에게 변화란 과수원으로 통하는 오솔길을 큰길로 만들며 찾아온 사람들이 건넨 집단적 찬사다.

이 책은 총 4부로 구성되어 있다. 1부에서는 최근 심각해지는 리더십의 위기와 이런 위기에 왜 진성리더십이 리더십의 구원자로 등장했는지를 살펴본다. 진성리더가 만들어내는 근원적 변화의 원리와 이를 실천하는 전략인 급진 거북이 전략의 윤곽에 대해서 알아본다. 2부와 3부에서는 급진 거북이 전략을 미시적 전략과 거시적 전략으로 분리해서 제시한다. 2부의 미시적 전략은 변화에 대해 반대하는 동료들의 문제를 해결할 때 쓰는 반복전략이다. 3부의 거시적 전략은 이들을 규합해서 조직의 목적과 사명을 위해 협업에 동원할 때 쓰는 전략이다. 4부는 심화 전략으로 변화 챔피언으로 임명된 사람이 나침반을 통해 해상도 있는 변화의 지도를 만드는 방법과 최근 뇌과학 분야의 행동 변화를 만들어내는 연구결과들에 기반한 새로운 변화전략을 설명한다. 책의 내용이 방대하지만 각 장의 내용이 독립적이어서 처음부터 순서대로 읽을 필요가 없다. 본인이 관심이 가는 장을 먼저 읽고 다른 관심이 가는 장으로 옮겨가는 전략을 추천한다.

급진 거북이는 지금까지 저자가 30년간 기업의 리더십과 근원적 변화에 대해 컨설팅하는 과정에서 만들어졌지만, 학문적으로는 저자의 학문적 토대인 행동경제학에서 가장 많은 영향을 받았다. 각 장에서 설파하는 변화전략에 이론적 기반이 된 행동경제학 원리들을 최대한 업데이트해서 반영했다.

독자 여러분도 급진 거북이와 같이 목적의 약속을 실현하려는 믿음을 잃지 않으면서, 목적과 현실 간의 간극을 메우는 과제들을 조급함 없이 거북이처럼 은근과 끈기 있게 완성할 수 있었으면 한다. 근원적 변화가 결실을 얻어 미래의 어느 날 여러분의 성품의 향기가 물씬 풍기는 열매를 조직과 구성원에게 나눠줄 수 있기를 소망한다. 여러분이 만들어낸 변화의 과일을 얻기 위해 여러분 과수원으로 통하는 큰길이 생기는 기적을 목격할 수 있기를 소원한다.

존재목적을 실현해 근원적 변화에 성공하면 여러분을 중심으로 시작된 변화의 물꼬가 시냇물을 만들고 시냇물이 합쳐져 큰 강을 만들 것이다. 이런 거스를 수 없는 자기 조직적 변화의 흐름이 모여 대한민국의 근원적 변화를 이끌 것이다. 어느 시점에는 후세에게 약속한 미래를 선물할 수 있을 것이다.

도움을 주신 분들

(사)한국조직경영개발학회 산하 진성리더십 아카데미 도반들이 이 책을 완성하는 데 큰 힘이 되었다. 진성촌을 베이스캠프로 삼고 천의 고원으로 만드는 일에 같이 헌신해 주신 모든 진성 도반께 깊은 감사의 말씀을 드린다. 평생 동지가 되어주신 학회 이창준 회장님, 한영수 유건재 김은영 부회장님, 최옥순 안남섭 박인화 고문님, 고부일 김화경 최재경 유현심 기획국장님, 진성리더십 아카데미 유미애 교감에게도 감사드린다.

급진 거북이에 관한 실제 기업사례를 제공해 주신 김웅배 도반 코치님, 이건재 이사님, 김원배 대표님, 한영수 대표님께도 이 자리를 빌려 감사드린다. 삼성전자의 디자인 혁명이 진행되는 과정에서 나타난 급진 거북이 사례는 김경묵 인문학공장 공장장이 주관했던 '삼성디자인경영연구회' 도움이 컸다. 지난 10년간 전무후무한 근원적 변화를 통해 토종기업을 세계적 기업으로 만드신 애터미 박한길 회장님께도 감사드린다. 근원적 변화의 거시전략은 대부분 애터미를 통해서 실험되었던 전략들이다.

(사)대한리더십학회의 초기 학회장을 역임하시며 한국적 리더십 패러다임의 토대를 위해 헌신하셨던 이화여대 김성국 교수님, 국민대 백기복 교수님, 홍익대 최연 교수님, 국방대 최병순 교수님, 고려대 문형구 교수님, 한양대 송영수 교수님, 서울대 이경묵 교수님 연구 덕택에 한국적 맥락에 맞는 진성리더십 연구에 매진할 수 있었다. 리더십을 통해 대한민국 변화의 물꼬를 마련하기 위해 힘써주셨던 국방대 노명화, 육사 남기덕 문양호, 서울대 윤석화, 동국대 성상현, 서강대 조봉순, 서울과학종합대 신제구 학회장님에게도 감사의 마음을 전한다. 전임 후임 학회장님들의 주고받은 리더십 연구의 바통이 없었다면 대한민국에서 진성리더십 연구가 지금과 같은 수준에 도달하지 못했을 것이다.

남들이 모두 회피하는 진흙탕 속에서 근원적 변화의 연꽃을 피워내기 위해 고군분투하고 있는 최윤혁 이사와 오규덕 선생님, 강명구 교장 선생님, 안미선 상무님, 김혜숙 김이경 전무님, 연구동료 김문주 정예지 이수정 전미진 이지예 조윤희 김지은 김윤희 조윤형 홍계훈 정소영 박진성 고예희 박사, 황지혜, 홍박회 분들께도 감사드린다.

급진 거북이의 삶을 솔선수범해 한국에서 변화의 표준을 설정하신 분들께 추천사를 부탁드렸다. 벤처업계의 대부 이금룡 이사장님, 코칭펌의 떠오르는 샛별 김재은 인코칭 대표님, 한국적 리더십 모형을 위해 고군분투하시는 최우재 현 대한리더십학회장님, 경영을 예술의 차원으로 접목하시는 양희동 한국경영학회 차기 회장님, 패스파인더로 기업교육의 새바람을 불러온 이창준 구루피플스 대표, 벤치마킹만 하던 한국 HRD를 글로벌에 전파하시는 이찬 서울대 산업인력학과 교수님, 아기 철학으로 애터미를 키워오신 도경희 부회장님, 신한그룹의 최초 여성대표이사 조경선 신한DS 대표님, 금감원 최초 내부 출신 여성 부원장 김미영 금융소비자보호처장께도 감사드린다.

이 책은 비록 본인의 이름으로 나오지만 항상 곁에서 도움을 주고 어려운 시기에도 근원적 변화를 포기하지 않고 담론을 나눠주신 분들의 공저다. 항상 과분하게 대접받고 은혜를 입었지만 제대로 갚지 못하고 있음에 부끄러움을 느낀다. 이 자리를 빌려 마음의 빚을 진 많은 분들께 다시 한 번 감사를 표한다. 원금조차 청구하지 않은 그분들의 절대적 신뢰가 없었다면 이 책은 세상에 태어나지 못했다. 항상 묵묵히 곁에서 응원해 주는 손영주, 윤결, 윤상, 김복순님에게도 고마움을 표한다.

Part 1
진성리더십과
근원적 변화

1장
리더십 패러다임의
붕괴

변화란 미래가 우리의 현재 삶을 침공하는 과정이다.

—토플러(Alvin Toffler)

위대한 변화는 혼돈을 이긴다.

—초프라(Deepak Chopra)

가끔 경영자들을 만나서 이야기를 듣다 보면 충분히 배우신 분임에도 경영을 돈 놓고 돈 먹는 게임 기술이라고 주장하곤 한다. 어떤 회사는 직원뿐 아니라 경영자조차 근무 시간임에도 컴퓨터에 회사와 관련 없는 금융 파생상품이나 공매도 주식 거래 창을 띄워놓고 업무를 본다. 시장에서 경쟁을 통해 얻은 결과를 돈으로 환산해서 서열화하고 우상화하는 신자유주의가 만들어낸 엄혹한 실상이다.

신자유주의 경제

신자유주의는 1970년대까지 한 시대를 풍미했던 케인스(John Maynard Keynes) 이론에 따라 정부의 개입을 통해 경제를 이끄는 문제점에 대한 대안으로 등장했다.[1] 신자유주의는 정부가 아닌 민간 주체에 의한 민영화를 정책의 기조로 삼았다. 이론적으로는 선택의 자유와 개인의 책임, 시장에서의 경쟁, 이것들을 촉진하는 화폐의 역할을 강조했다. 애덤 스미스(Adam Smith)의 고전 경제학은 '완전 경쟁'이 가능한 '이상적 시장'이 만들어지면 여기에서 '수요와 공급'을 통한 가격이 보이지 않는 손으로 작용해 완벽한 질서를 만든다고 가정한다.

신자유주의는 애덤 스미스가 신의 보이지 않는 손이 작동해야 가능한 것으로 규정한 '완전 경쟁 시장'을 규범으로 삼아 '무한 경쟁'이 가능한 시장을 사회 모든 영역에 전개하는 시장주의를 기조로 삼고 있다. 1980년대 무한 경쟁 시장의 확대를 위해 정부 역할의 축소를 주장하는 영국의 대처(Margaret Hilda Thatcher) 수상과 미국의 레이건(Ronald Wilson Reagan) 대통령으로 대표되는 보수 정부가 등장하자 날개를 달았다. 이들은 IMF의 막강한 화폐

---

1 Venugopal, Rajesh (2015). "Neoliberalism as concept." *Economy and Society*, 44(2): 165-187.

자금력을 동원해 냉전 후 확장되던 세계화에 개입해 개발도상국에 신자유주의를 전파했다.

대한민국이 신자유주의의 거대한 힘을 만난 것도 1997년에 닥친 외환 위기를 통해서였다. IMF는 구제 금융을 대출해 주는 조건으로 대한민국 재벌의 규범이었던 가부장적 가족주의를 반시장주의의 전형으로 규정하고 해체했다. 신자유주의 기조에 따라 IMF는 국가의 경제 기조와 기업의 HR 정책 등 모든 그간의 관행을 바꿀 것을 요구했다. 공공, 금융, 노동, 기업 부문 등 모든 영역에서의 시장주의와 무한 경쟁 논리가 무차별적으로 적용되었다. 신자유주의는 1997년부터 IMF 빚을 청산한 2001년을 지나 지금까지 30여 년간 대한민국의 국정 기조와 기업 정신을 장악해 왔다. IMF에게 대한민국은 신자유주의 승리를 상징하는 트로피다.

신자유주의 이론은 시카고 대학교에 근거를 두고 있는 두 명의 노벨상 수상 경제학자 하이에크(Friedrich Hayek)와 프리드먼(Milton Friedman)이 기초했다. 연배가 앞선 하이에크가 신자유주의의 원조지만 기업에서 신자유주의가 현실적으로 전개되는 데에는 프리드먼이 더 큰 역할을 했다.[2] 신자유주의 논리에 따라 인간의 능력과 재능도 시장에서 사고파는 인적 자본(Human Capital)으로 개념화한 게리 베커(Gary Becker)도 프리드먼과 같이 시카

---

2 Friedman, Milton & Friedman, Rose (1980). *Free to Choose: A Personal Statement*. Harcourt.

고학파에 속해 있다.[3] 기업에서 신자유주의는 물적 자본과 인적 자본의 시장 무한 경쟁을 통한 주주 이윤의 극대화를 목적함수로 설정했다.

신자유주의의 시장주의와 무한 경쟁의 공과는 양면적이다. 세계화를 기조로 지구촌을 연동해 글로벌 회계 투명성을 키우고 부를 창출해 지구의 절대빈곤 문제를 해결한 것이 공이다. 과로는 과실에 대한 과도한 독점을 정당화시켰다는 점이다. 신자유주의는 사회를 양극화로 분열시켰다. 신자유주의가 현실적으로 붕괴 조짐을 나타낸 것은 2000년대 초 자본가의 탐욕이 드러나기 시작하면서부터. 통제 불가능할 정도로 커진 탐욕의 거품이 꺼져 신자유주의의 심장이었던 월가가 파산한다. 2008년 금융 위기는 세계 경제로 엮인 많은 국가와 사람에게 무차별적이고 무작위적인 고통을 안겨주었다. 금융 위기가 발생하기 전에도 유엔을 중심으로 한 지속 가능성 운동은 신자유주의 경제가 생태계, 사회적 공동체, 기업의 구성원 모두에게 미칠 상처를 경고했다. 신자유주의에 대항해 금융자본이 지구, 공동체, 기업의 구성원에게 준 상처를 치유하는 ESG(Environmental, Social, Governance) 운동과 양극화로 나뉜 소수와 다수를 통합하려는 DEI(Diversity, Equity, Inclusion) 캠페인이 불길처럼 일어났다.[4] 지구를 모두가 지분을

---

3 Becker, Gary (1993). *Human Capital*. The University of Chicago Press.
4 https://www.unpri.org/sustainability-issues/environmental-social-and-governance-issues.

가진 공동운명체로 규정하고 기업이 산성화시킨 지구의 지속 가능성을 복원하는 문제가 21세기의 가장 중요한 화두가 되었다.

신자유주의의 원리인 시장에서의 무한 경쟁을 통해 질서를 조직하는 논리는 경기가 붐을 일으키는 성장 기조에서 경제 주체가 경쟁을 통해서 이기는 경쟁우위를 제외하고는 남의 복지를 침해하지 않는 최소한의 윤리성을 갖추고 활동할 때 작동된다.

지금처럼 신자유주의가 일으킨 거품이 꺼지고 L자 장기 불경기가 전개되는 상황에서 모든 주체가 어떤 수단을 써서라도 자신만 살겠다는 각자도생에 나서면 신자유주의 무한 경쟁 논리는 기업 생태계와 사회의 토양을 극단적으로 산성화시킨다. 개인보다 막강한 힘을 가진 기업이 앞장서서 신자유주의 기조를 확장한다면 기업은 반기업 정서의 역풍을 맞고 스스로 무너진다. 성장에 대한 전망이 우세해 미래가 낙관으로 차 있고 경제 주체가 남을 해치지 않으려는 최소한의 윤리성을 가지고 행동할 때 신자유주의의 무한 경쟁은 성장의 엔진으로 추앙되나 지금처럼 경기가 어려울 때 무한 경쟁의 논리는 시장을 붕괴시키는 시한폭탄이다.

2008년 금융 위기와 L자 경제 위기의 주범이 최소한의 윤리성도 지키지 않은 기업가들의 탐욕 때문이라는 인식이 확산해 반기업 정서가 치솟자, 위기를 직감한 미국의 전경련 비즈니스 라운드테이블(Business Roundtable: BRT)이 구원투수로 나섰다. 2019년 8월 19일 BRT는 주주 이윤의 극대화라는 신자유주의 이념을 공식적으로 포기한다고 선언한다.[5] 프리드먼의 신자유주의 이념에 따라 1997년 BRT에서 기업의 존재이유로 설정한 '주주 이윤의 극대화' 대신 '모든 이해 관계자의 성공'을 기업의 존재이유로 개정했다. BRT 선언은 전 세계 기업생태계에 큰 반향을 일으켰다. 자본주의 자체의 붕괴를 초래할 수 있는 폭탄이 터질 위기를 직감한 미국기업연합의 발 빠른 대응이었다. BRT 선언은 기업을 경영하는 패러다임이 전환되고 있음에 대한 예고다.

기업에 대한 정의도 바꾸었다. 기업이 추구하는 가치인 목적을 세우고 이윤은 이 목적을 실현한 결과로 따라오게 하는 기업이 기업다운 기업이라고 새롭게 정의되었다. 정상적인 기업은 혁신을 통해 돈으로 환산할 수 없는 미래 가치를 창출해 제품과 서비스로 내놓을 때 고객이 자발적으로 찾아와 사주는 방식으로 이윤이 창출된다고 본다. 돈으로 창출할 수 없는 비금전적 가치를 끌개(Attractor)로 삼고 고유한 혁신의 알고리즘을 만들어 제품과 서비스에 반영할 때 고객이 자발적으로 물건을 구매하고 금전적 가치가 따라와 비즈니스를 뒤에서 밀개(Reinforcer)로 추동한다고 보았다. 비즈니스가 돈 놓고 돈 먹는 게임이라는 경제 및 금융 순환론 신화에서 벗어나 돈으로 환산할 수 없는 내재적 가치를 창

---

5 Harrison, Jeffrey S., Phillips, Robert A. & Edward Freeman, R. (2019). "On the 2019 Business Roundtable Statement on the Purpose of a Corporation." *Journal of Management*, 46(7): 1–15.

출할 수 있을 때 비즈니스가 정상적으로 작동한다고 보았다.

신자유주의의 전성기에 월가는 금융자본을 무기로 돈 놓고 돈 먹기 게임의 첨병 역할을 했다. 월가는 금융공학을 동원해 이런 머니 게임을 위한 각종 파생상품을 만들어 자신들이 자금줄을 쥐고 있는 기업에 팔았다. 월가는 기업생태계를 돈 놓고 돈 먹는 게임으로 왜곡한 주범이다. 경기가 어려워지자, 파생상품들은 폭탄 돌리기 게임의 폭탄으로 전락했다. 폭탄 돌리기에 정신이 혼미해진 자본가나 기업가들에게 신자유주의 기조인 회사 간 시장 가격 경쟁을 통해서 혁신적이고 가성비 있는 제품을 소비자에게 제공한다는 약속은 말잔치가 되었다. 혁신은 사라지고 가격 경쟁에서 버틸 수 있는 큰 회사만이 살아남았다. 기업 간 담합, 독과점, 불공정거래 규모가 커졌다. 경기가 어려워지자 시장의 무차별적 가격 경쟁과 각자도생의 전략이 평평한 운동장에 점점 더 큰 싱크홀을 만들었다. 시장이 어려워지자 돈 있는 소수만 버틸 수 있었다. 이런 악순환은 살아남은 사람에게 경영이란 돈 놓고 돈 먹는 게임이라는 믿음을 현실로 만들었다. 신자유주의 믿음에 따라 비즈니스를 진행한 결과 누군가의 극단적 개입 없이는 극복 불가능한 양극화가 현실이 되었다.

2008년 세계 금융 위기를 통해 신자유주의식 경영이 큰 고통을 안겨준다는 것을 직접 경험한 지금도 신자유주의 미신을 떨쳐버리지 못한 사람들이 많다. 최근에는 미국 극보수주의자들의 반격도 만만치 않다. 이들은 세계에서 가장 큰 금융자본을 보유한 자산운용사이자 그간 ESG 운동의 선봉에 섰던 블랙록(BlackRock)의 CEO 래리 핑크(Larry Fink)를 집중 공격했다. 심지어 래리 핑크에게 ESG라는 말을 공식 석상에서 사용하지 말라고 경고했다.[6] 블랙록이 계속 ESG에 선봉에 서면 자신들의 투자자금을 빼겠다고 위협했다.

기업의 경영학적 상상력이란 비즈니스 혁신을 통해 돈으로 창출할 수 없는 내재적 가치를 제품과 서비스에 반영하고 이것을 고객에게 싼 가격에 팔아 고객의 고통을 해결하는 역량을 의미한다. 경영학적 상상력은 신자유주의가 초래한 돈이 돈을 먹는 자기 공멸의 고리를 끊어내고 선순환의 고리를 복원해 내는 근력이다. 비즈니스의 존재이유는 부자들의 돈을 세탁하는 통로로서가 아니라 최소한의 윤리성을 가진 경제 주체가 자신의 땀과 혁신적 노력을 투입해 돈으로 환산할 수 없는 미래 가치를 생성하는 것이다. 이렇게 만들어진 가치를 고객이 생각하는 가격보다 더 싸게 팔아 고객의 고통도 해결하고 기업의 번성도 보전하는 행위를 할 수 있을 때 경영학적 상상력이 실현된다. 기업이 경영학적 상상력을 발휘해 세상의 문제를 창의적이고 혁신적으로 해결할 때 반기업 정서도 저절로 사라진다. 경영학적 상상력은 신자유주의

---

6 Binnie, Isla. "BlackRock's Fink says he's stopped using 'weaponised' term ESG." *Reuters*, June 27, 2023.

경제 순환론의 고리를 끊고 고객의 고통을 혁신적으로 해결하는 숭고한 목적을 끌개로 공정한 보상을 밀개로 삼아 가치의 선순환 고리가 작동하게 만드는 처방이다.

지금처럼 경영환경이 어려울 때일수록 기업의 리더들은 경영학적 상상력을 발휘해야 한다. 경제적 이득을 넘어 구성원 모두가 생생지락(生生之樂)할 수 있는 공유 가치를 실현하는 공의로운 플랫폼을 일터의 새로운 운동장으로 설계해야 한다. 돈 외에는 존재목적에 대한 의도를 상실한 신자유주의 경영전략으로 무장한 골리앗을 해체하고 경영학적 상상력이 있는 다윗에게 신자유주의가 산성화시킨 세상을 복원하도록 힘을 몰아주어야 할 시점이다.

리더십 인사이트 | 우로보로스 신화

시시포스 돌 굴리기에 비유되는 순환론은 구성원을 소진하게 만드는 주범이다. 순환론의 종착지는 그리스 신화에도 등장하는, 배고픈 뱀이 자신의 꼬리를 먹고 있는 우로보로스(그리스어 ουροβόρος)다.[7] 우로보로스는 '꼬리를 삼키는 자'라는 뜻이다. 커다란 뱀 또는 용이 자신의 꼬리를 삼키는 모습으로 여러 문화권

---

7 https://ko.wikipedia.org/wiki/우로보로스.

에 등장한다. 실제로 그림 1-1과 같이 뱀은 배가 고프면 자신의 꼬리를 먹어 스스로 죽음에 이르기도 한다. 우로보로스는 신화에만 나오는 것이 아니다. 원인과 결과를 무시하고 오직 결과와 성과만을 추구하는 우로보로스는 일상에서도 비일비재하게 일어난다.

시장 침체로 경기가 어려워지면 투자한 것을 초단기적으로 회수해야 한다는 생각에 다급해지게 되고 차츰 원인과 결과 사이의 과정이 무시된다. 상황이 더 어려워지면 결과와 원인을 구별하지 않고 결과만 최대한 빨리 달성하려고 시도한다. 초단기 성과 중심주의는 원인, 과정, 결과를 유기적으로 산출하는 시스템을 붕괴시킨다. 우로보로스는 결과가 원인을 먹는 악순환을 상징한다.

경기가 받쳐줄 때는 이런 문제가 감춰지지만, 경기가 어려워지면 우로보로스는 시스템과 생태계를 붕괴시킨다. 이들의 사업 방식은 아랫돌 뽑아서 윗돌을 막는 다단계 금융사기 방식과 다르지 않다. 이들은 투자자의 투자금으로 배당금을 돌려막는 우로보로스를 일삼다가 결국 상황이 어려워지면 파산을 선고하고 도주한다.

그림 1-1. 우로보로스

출처: https://ko.wikipedia.org/wiki/우로보로스.

돈이라는 원인이 돈이라는 결과를 창출할 수 있다고 믿는 순환론은 상황이 어려워지면 한 기업의 시스템뿐 아니라 비즈니스 생태계 자체를 파괴하는 악순환의 원인이다. 예를 들어 경기가 어려워지면 현금 여력이 있는 큰 기업들은 살아남기 위해 가격을 무차별적으로 인하한다. 현금 여력이 없는 동종업계의 중소기업들도 같이 가격을 내릴 수밖에 없지만, 경쟁 상대가 되지 못한다. 경기가 어려워지면 시장은 돈 놓고 돈 먹기의 게임으로 승패가 갈리는 살벌한 동물의 왕국이 된다. 생태계의 허리를 구성하던 대다수 중소기업이 대기업에 잡아먹히는 우로보로스가 현실이 된다. 경쟁자가 사라져 독점적 지위를 확보한 대기업은 다시 가격을 올리고 이번에는 소비자들이 뱀에게 먹히는 꼬리가 된다. 이런 우로보로스 게임이 반복되면 기업생태계 자체가 붕괴한다.

카리스마 리더십의 역설

신자유주의 경제 순환론은 기업 리더십에도 그대로 복제된다. 경기가 붐을 일으킬 때 성공의 신화를 만들어냈던 카리스마 리더십이 지금과 같은 L자 불경기에서는 비즈니스 기반을 근원적으로 붕괴시키는 시한폭탄이다. 카리스마 리더십은 경기가 좋을 때는 높은 목표를 비전으로 설정하여 영감을 부여하고 모든 구성원에게 할 수 있다는 동기를 부여하여 성과를 창출한다. 카리스마 리더는 성과를 내는 구성원에게 보상을 밀어주고 성과를 내지 못한 구성원을 칼같이 잘라낸다.

GE의 중흥기를 이끌었던 잭 웰치(Jack Welch)의 카리스마 리더십이 신자유주의 리더십의 상징이었다. 잭 웰치는 시장의 무한 경쟁을 통해 1, 2등을 하지 못하면 자신의 운명을 통제할 수 없는 패배자로 규정하고 경영자와 종업원들을 거세게 몰아세웠다.[8] 1, 2등에게는 그에 걸맞은 최고의 차별적 보상을 해주었지만, 순위에서 밀려난 부문과 종업원은 가차 없이 구조조정 대상으로 분류했다. 사업 부문이 시장에서 1, 2등의 성과를 내었더라도 그 사업 부문을 이끄는 회사의 종업원 성과 평가에서 하위 10퍼센트로 밀린 구성원들은 정리해고 대상이 되었다. 잭 웰치의 이런 성과주의는 그대로 주가에 반영되어 주주들의 이익을 극대화했다.

카리스마 리더는 시장에 의해 평가되는 재무적 성과에서 높은 비전과 목표를 설정하고 시장에서 치열하게 경쟁하고 내부에도 시장을 만들어 종업원을 경쟁시켜 재무적 성과를 달성하면 보상을 몰아주고 달성하지 못하면 극단적으로 처벌하는 리더십을 행사한다. 경기가 붐을 일으킬 때 성공의 신화를 만들어냈던 카리스마 리더십이 지금과 같은 L자 불경기에 강요되어 비즈니스 생태계를 붕괴시키는 과정은 다음과 같다.

첫째, 카리스마 리더들은 비즈니스가 쪼들리기 시작하면 초단기적 성과와 초단기적 경제적 이윤 중심 경영으로 전환한다. 최대한 빨리 성과를 보여야 한다는 생각에 최대한 이른 기간에 투

---

8 잭 웰치 (2005). 『잭 웰치의 위대한 승리』. 김주현 역. 청림출판; Welch, Jack & Welch, Suzy et al., *Winning*. HarperCollins Publishers, Inc.

자금을 회수하려는 욕심에 사로잡힌다. 시간은 돈이라고 여기고 초단기로 경쟁해서 이겨야 한다고 생각한다. 초단기주의가 가속화하면, 돈으로 창출할 수 없는 가치를 창출하는 과정인 비즈니스는 유명무실해지고, 성공은 비즈니스를 통과의례로 삼아서 벌이는 돈 싸움에서 이기는 것이라고 믿게 된다. 초단기주의 카리스마 리더는 비즈니스를 투입된 돈을 부풀리고 세탁하는 기계로 생각한다. 지금 대한민국 기업과 구성원을 장악한 '빨리빨리'라는 주문은 초단기적 결과를 신봉하는 카리스마 리더의 욕망이 반영된 것이다.[9]

둘째, 카리스마 리더는 기업의 비즈니스를 점점 시시포스 돌 굴리기로 만든다. 비즈니스는 초단기적 투자를 매개로 초단기적 성과를 내는 게임이고 종업원은 이 시시포스 게임을 위해 돈 받고 고용된 수단이다. 마치 도박장에서 앞의 게임이 다음 게임에 전혀 영향을 미치지 않고 매번 원위치하는 것처럼 초단기주의 비즈니스는 구성원이 완전하게 소진할 때까지 시시포스 돌 굴리기를 반복한다. 월급과 인센티브, 복지 등 재무적 보상으로 동원된

---

9 전에는 장시간 책을 읽거나 2시간짜리 영화를 보고 살았다면 최근에는 스마트폰의 발달로 짧은 유튜브 프로그램에 많이 노출되는 바람에 집중하는 스팬(Span)이 점점 짧아지고 있다. 대부분의 사람들이 이전 기준으로 따지면 ADHD 경계군에 도달했다고 한다. 오랜 시간 집중해야 해낼 수 있는 가치 있는 일을 완수하는 데 장애를 겪고 있는 것이다. 점점 짧아지는 삶의 집중도가 도파민 중독을 일으켜 노화를 촉진한다는 연구 결과도 있다. 니콜라스 카 (2011), 『생각하지 않는 사람들: 인터넷이 우리의 뇌를 바꾸고 있다』, 최지향 역. 청림출판; 요한 하리 (2023), 『도둑맞은 집중력』, 김하현 역. 어크로스; 애나 램키 (2022), 『도파민네이션』, 김두완 역. 흐름출판.

구성원들도 처음에는 견디지만, 시시포스 쳇바퀴가 점점 가속되기 시작하면서 돌 무게에 눌리기 시작한다. 카리스마 리더가 이끄는 회사의 구성원들은 어느 순간 소진되어서 직무에 대한 열의를 잃고 쓰러진다. 돌 굴리기를 하고 받는 월급 때문에 아픈 것도 숨겨가며 습관적으로 출근하고 퇴근을 반복한다.

회사에서 진이 빠진 구성원은 일을 마치고 가정으로 돌아와서는 자신이 겪는 스트레스, 긴장, 소진을 가족 구성원들에게 전염시킨다. 독립적이고 주체적으로 문제를 해결할 능력이 없는 청소년들은 직장인인 부모, 삼촌, 고모, 이모, 형, 누나가 전염시킨 문제를 학교로 가지고 가서 친구들이나 선생님들에게 전가한다. 자녀가 회사에서 해결하지 못한 문제를 사회적으로 전염시키는 숙주가 된다. 회사, 가족, 학교, 사회가 병들어 사회병리로 여기저기서 사건, 사고로 번진다.

셋째, L자 불경기에 도달하면 카리스마 리더는 회사의 신뢰 잔고를 붕괴시킨다. 신자유주의가 신봉하는 거버넌스 이론인 대리인 이론(Agency Theory)이 초래한 문제다.[10] 대리인 이론에서 회사는 주주의 이익을 극대화하기 위해 존재하고 이에 관련된 모든

10 Fama, E.F. & Jensen, M.C. (1983b). "Agency Problems and Residual Claims." *Journal of Law and Economics*, 27: 327–49; Jensen, M.C. (1986). "Agency Costs of Free Cash Flow, Corporate Finance, and Takeovers." *American Economic Review*, 76: 323–29; Jensen, M.C. & Meckling, W. (1976). "Theory of the Firm: Managerial Behavior, Agency Costs, and Ownership Structure." *Journal of Financial Economics*, 3: 305–60.

활동은 돈으로 계산해 돈으로 규제할 수 있다고 생각한다. 주주의 이익을 위해 동원되는 인적 자원은 주주 비즈니스를 위한 수단일 뿐이다. 종업원에게 불만이 생기면 모두 돈과 복지로 해결할 수 있다고 믿는다.

대리인 이론은 구성원에게 계산기를 건네주고 계산기 두드리는 법을 가르친다. 신뢰란 불확실성을 이기기 위해 미래를 위해 손해 볼 개연성(Vulnerability)을 받아들여야 생성되는 기제임에도 모든 상황에 계산기를 두드리게 한다. 계산기를 두드리는 행동은 신뢰 부재의 증거다. 계산기를 두드려가며 현금으로 결제하는 법만 배운 구성원의 신뢰 잔고는 점점 고갈된다. 관계나 거래에서 조금도 회사나 동료에게 손해 볼 생각이 없어진다.

대리인 이론에서 주주는 경영에 대한 전문성이 떨어지기 때문에 전문경영인이나 관리자 등 대리인들을 고용해서 경영한다고 규정한다. 경영자는 주주의 이익을 극대화하기 위해 관리자라는 이름이 붙은 대리인을 고용해 종업원의 해이를 감시한다. 대리인 이론이 추종하는 X 이론은 밀착 감시를 제도화한다. 경영자는 관리자에게 종업원을 믿을 수 없는 존재라고 가르친다. 이런 분위기가 일상화되면 종업원도 동료를 동료로 믿고 일하는 신뢰 자본이 고갈된다.

넷째, 카리스마 리더에 길든 사람들은 서로의 상처를 감춰가며 서로를 믿지 못하고 동료와 협업할 의지를 잃는다. 시장에서 경쟁사를 이기기 위한 기법으로 배운 경영전략을 회사 내부시장 경쟁에서 동료들을 이기는 정치 술수로 전용한다. 경영자, 종업원, 협력업체 모두가 각자도생에 나선다. 주주들을 위해 돈 버는 기계로 고용된 종업원들은 인간과 세상에 도움이 되는 돈 이상의 가치를 위해 동료와 협업할 이유도 없고 여유도 없다. 개인적으로 아무리 뛰어난 역량을 가져도 공동의 가치를 위해 협업할 수 있어야 탁월함도 성취할 수 있고 혁신도 만들어낼 수 있다. 협업할 수 있어야 미래도 만들고 회사의 지속 가능성도 담보할 수 있다. 카리스마 리더가 이끄는 경쟁 비즈니스는 협업을 붕괴시키고

그림 1-2. 시시포스 순환론

각자도생으로 미래 가치를 죽인다.

다섯째, 점점 쪼그라드는 비즈니스에 빨간불이 들어오면 마지막으로 최악의 선택을 한다. 돈으로 환산된 성과에 쪼들리기 시작하면 황금알을 낳는 거위로 믿었던 비즈니스의 배를 갈라서 생존이라도 보존해야 한다고 생각한다. 비즈니스의 배를 갈라서 자신이 감춰놓은 황금알을 가지고 마지막 각자도생을 위한 최후통첩 게임을 시작한다. 회사의 운명은 여기까지다. 회사는 우로보로스로 전락한다.

리더십 포비아

리더십 포비아는 새로운 리더십 대안이 떠오르지 않는 리더십 무규범 상태에 놓이는 공포를 뜻한다. 변화가 상수가 된 L자 불경기 시대에 리더로서의 성공은 불투명해졌다. 리더십의 공급망인 MZ세대는 성공하지 못하면 책임만 커지는 리더의 자리에 보임되는 것을 두려워한다.[11] MZ세대는 동료의 눈 밖에 나가며 혼자 열심히 일하는 동료를 볼 때 "너는 나중에 팀장이나 되라"고 농담한다. 지금 시대 팀장은 성과를 낼 수 없지만, 책임은 져야 하는 조소 대상이자 기피 대상 1순위로 전락했다. 저자도 대기업에 다니는 MZ세대 졸업생들로부터 동료를 폄하할 때 "너는 여기서 끝까

---

11 임창현 (2024). 『정답이 없는 세상에서 리더로 살아가기』. 파지트.

48

지 살아남아서 임원이나 되라"고 이야기한다는 것을 들은 적이 있다. 우리나라는 모든 사회 영역에서 리더십 포비아가 현실이다. 지금 시대 팀장이나 임원은 존경과 선망의 대상에서 실소와 조소의 대상이다. 길을 선도해야 할 리더가 길을 잃고 헤매고 있는 상황이 리더십 공포를 만들었다.

신자유주의의 포기는 그간 규범으로 받아들여져 왔던 기업의 HR 전략과 리더십 패러다임의 전환을 의미한다. 신자유주의에 기초한 리더십은 기본적으로 대리인 문제가 함축한 지행격차(知行隔差) 문제를 해결하는 것과 관련되어 있다. 지행격차란 아는 것과 행동 사이의 차이다. 리더십과 관련해서는 리더의 결정과 구성원 실행 사이의 차이다.[12]

경기가 붐을 일으켰던 신자유주의 시대에는 리더가 결정하고 실행하는 것을 다 할 수 없었다. 리더는 전략적 방향에 대해 의사결정을 하고 구성원들은 이 결정을 실행하는 방식으로 분업했다. 리더십의 과제는 리더가 결정한 비즈니스 전략대로 구성원들이 일사불란하게 발로 뛰어주는지의 문제다. 의사결정하는 리더와 실행하는 부하 사이의 지행격차를 극복하는 것이 리더십의 가장 큰 이슈였다. 지행격차 문제를 해결하기 위해 리더들은 보상

---

12 지행격차에 대한 더 자세한 경영학적 입장은 다음을 참조할 것. 제프리 페퍼, 로버트 서튼 (2010). 『생각의 속도로 실행하라』. 안시열 역. 지식노마드; Pfeffer, Jeffrey & Sutton, Robert I. (2000). *The Knowing-Doing Gap: How Smart Companies Turn Knowledge into Action*. Harvard Business School Press.

과 처벌이라는 HR 전략을 사용해 왔다. 리더는 달성해야 할 목표와 연동한 인센티브나 승진 등을 구성원들 앞에 걸어놓고 목표를 달성하면 약속한 것을 얻을 수 있다고 독려했다. 한마디로 구성원을 그레이하운드 경주에 동원한 것이다. 리더의 전략대로 구성원들이 성과를 달성하면 평가해서 보상해 주고 달성하지 못하면 불이익을 주었다. 전략적 성과 목표에 걸맞게 고과와 인센티브를 정렬시킨다고 해서 전략적 HRM이라고 불렀다. [13]

문제는 경기다. 경기가 L자 뉴노멀로 꺾이자 어떤 기업이나 리더들도 구성원들을 그레이하운드 경기에 동원할 수 있을 만큼 충분한 고깃덩어리를 인센티브로 제공할 수 없는 상황이 되었다. 상황이 심각해지면 리더들은 당근으로 사용하던 고깃덩어리가 없음을 전제로 지행격차 문제를 해결해야 했다. 고깃덩어리가 있었을 때에는 억지로라도 뛰었지만, 고깃덩어리조차 사라진 상황에서 구성원들의 마음은 싸늘하게 식었다. 기업이 직면하고 있는 더 큰 리더십 문제는 경기침체로 답이 없는 세상 속에서 창의적이고 혁신적으로 불경기의 문제를 해결할 수 없다는 것이다. 오랫동안 시키는 일만 해오며 몸만 큰 어린아이로 변한 종업원들에게 하루아침에 창의적으로 문제해결을 하라고 주문할 수 없기 때

---

13 Haan, Katherine & Main, Kelly. "Strategic Human Resource Management: 2024 Guide." *Forbes Advisor*, June 8, 2024. https://www.forbes.com/advisor/business/strategic-human-resource-management/.

문이다.

신자유주의 시대 카리스마 리더십은 양적 성장이 지속 가능할 것이라는 가정을 기반으로 제시된 패러다임이다. 신자유주의 시대에는 직원들에게 전문적 분업과 맡긴 일에 대한 효율성을 강조했다. 종업원들에게 정신은 회사 문밖에 걸어놓고 회사 안에는 몸만 가지고 들어와서 시키는 대로 일하라고 주문했다. 경기가 좋을 때 유일한 장애는 달성하기로 한 목표로 답을 정해 놨는데 다른 이야기를 하는 직원들이 제기하는 이견과 갈등이다. 대부분 직원은 리더의 지시대로 일사불란하게 정해진 목표를 향해 달리도록 요구받았다. 달리는 데 문제가 생긴 직원들은 효율성이라는 이름으로 평가해서 가차 없이 해고하는 것이 규범이었다.

경기가 L자로 꺾였음에도 리더가 고속 성장기에 설정했던 과도한 목표를 낮추기보다는 더 높여 제시하고 이를 달성하는 소수의 종업원에게 보상을 몰아주고 목표를 달성하지 못하는 구성원에게 해고 위협을 가했다. 이런 과정에서 생긴 리더십 문제가 갑질로 불거졌다. 경기가 안 좋음에도 위에서는 여전히 높은 성과 목표를 설정하고 달성을 독려할 뿐 아니라, 목표를 달성하지 못할 때 종업원에게 과도한 불이익을 부과했다. 기업은 새로운 시대의 토양에 맞는 리더십 패러다임을 고민하기보다 과거의 성공 경험을 떠올리며 현실성이 없는 목표를 강요하고 있다. 리더십의 부재가 낳은 결과가 리더십 포비아다.

리더십 포비아 시대 새로운 리더십의 패러다임을 찾기 위해 우리가 답해야 질문은 다음과 같다.

기본적 월급과 최소한의 복지를 제외하고 재무적 인센티브를 제공할 수 없다는 현실을 인정할 때 리더로서 지행격차를 어떻게 극복할 것인가?

경제적 목표를 끌개로 경제적 보상을 밀개로 운용하는 우로보로스 악순환 고리를 어떻게 끊을 것인가?

신자유주의의 상처인 조직 내 싱크홀과 산성화된 토양을 어떻게 복원할 것인가?

돈으로 환산할 수 없는 목적이 추동하는 내재적 가치를 끌개로 세우고 이에 도달한 수고를 공정하게 경제적 보상으로 되돌려주는 선순환의 알고리즘을 어떻게 회복할 것인가?

학습 포인트 요약

• 신자유주의는 경기가 무한하게 성장한다는 가정을 전제로 만들어진 경제 이념이다. 경제 활동을 이끄는 동기는 경제적 이득이다. 신자유주의는 경제적 목표를 높게 설정하고 구성원이 이 목표를 달성했을 때 이에 맞춰 경제적 보상으로 돌려주는 경제 순환론이다.

• 신자유주의 순환론은 경기가 성장하는 국면에서는 작동하지만, 경기가 어려워지면 투입과 과정보다는 결과를 중시하게 되고 초단기적 성과로 경쟁하려는 성향을 강화한다. 신자유주의 경영은 초단기 성과주의로 변질해 결국은 자신의 꼬리를 먹는 뱀인 우로보로스로 전락한다.

• 신자유주의 이념에 기반한 리더십이 카리스마 리더십이다. 카리스마 리더십도 경기가 좋을 때는 작동하지만, 경기가 어려워지면 구성원을 소진하게 하고 신뢰를 고갈시켜 협업을 방해한다. 과도한 카리스마 리더십이 지금 우리 사회에서 만연되고 있는 리더십 포비아와 갑질의 원인이다.

• 카리스마 리더십을 대체하는 리더십은 기본적인 연봉과 복지를 제외하고 금전적 보상의 재원이 제한될 때 지행격차의 문제를 해결하는 방안에 대해 고민한다.

• 경영학적 상상력이란 기업이 돈으로 해결할 수 없는 내재적 가치를 창출해서 고객의 아픔을 혁신적으로 해결하는 능력이다. 경영학적 상상력은 경제적 이득이 기업이 창출한 숭고한 가치를 따라오게 만드는 선순환 고리를 복원한다.

2장

근원적 변화

저는 승리에 사로잡힌 것이 아니라 진실에 사로잡힌 사람입니다. 저는 성공에 사로잡힌 것이 아니라 제 안의 빛에 사로잡힌 사람입니다.

—링컨(Abraham Lincoln)

존재는 변화하는 것이며, 변화는 성숙하는 것이고, 성숙은 끊임없이 자기 자신을 창조하는 것이다.

—베르그송(Henry Bergson)

변화하지 않는 진리는 세상은 항상 변화한다는 것이다.

—헤라클레이토스(Heraclitus of Ephesus)

현재의 시스템과 환경과의 유기적 순환고리가 끊어지면 시스템에 불확실성이 커지고 시스템 작동에 손실을 일으켜 문제를 발생시킨다. 리더는 시스템에 이입된 불확실성의 문제를 해결하는 사람들이다. 시스템은 자체적으로 이런 문제를 해결할 능력이 없다. 누군가 개입해서 시스템의 불확실성을 해결할 수 있도록 시스템을 손봐야 한다. 불확실성의 문제는 리더가 시스템에 개입해서 해결한다. 리더는 급변하는 환경이 초래한 시스템의 문제를 최소한 현재의 환경에 맞춰 업그레이드시키거나 미래의 변화를 염두에 두고 지속하게 만드는 책무를 수행한다.

지금의 환경과 시스템 사이에 생긴 적응 문제를 해결하기 위한 변화가 점진적 변화(Incremental change)이고, 가속화되고 예측 불가능한 환경변화에 선제적으로 대응할 수 있도록 시스템을 전면적으로 개혁하는 변화가 근원적 변화(deep change)다.[1]

점진적 변화는 변화가 마음에 안 들면 언제든지 다시 옛날로 돌아갈 수 있는 변화라면 근원적 변화는 과거의 가정을 버리고 새로운 가정을 토대로 환경을 본인들에게 유리하게 바꾸는 변화여서 옛날로 돌아갈 수 없다.[2] 점진적 변화가 환경에 맞춘 수동

---

1 Quinn, Robert E. (1966). *Deep Change: Discovering the Leader within.* The Jossey-Bass Business & Management Series.
2 근원적 변화는 지금까지 안락하게 살았던 자신의 오두막(comfort zone)에 불을 지르고 떠나는 여정에 비유할 수 있다. 점진적 변화는 실패할 경우 언제든지 자신의 오두막으로 다시 귀환할 수 있다는 것을 전제로 한 여정이다. 근원적 변화는 더 큰 세상의 숨겨진 목적을 찾아서 실현하는 일을 완수하지 못해도 자신이 다시 돌아올 수 있는 오두막이 없다는 것을 전제한 변화다.

적 변화라면 근원적 변화는 미래 지향적 시스템을 설계하고 작동시킴으로써 요동치는 환경 자체를 바꾸는 능동적 변화다. 21세기 리더에게는 점진적 변화를 수행하는 것은 상수이고 근원적 변화에 대한 요구가 점점 커지고 있다.

리더는 환경변화가 초래하는 불확실성을 선제적으로 해결하며 비즈니스가 번성할 수 있는 환경을 조성한다. 지금 시대를 이끄는 리더의 책무는 디지털 혁명의 지형에 맞춰 비즈니스를 지속해서 업데이트시키는 점진적 변화와, 동시에 근원적 변화를 통해 신자유주의로 무너진 비즈니스 시스템을 지속 가능한 비즈니스로 재편하는 것이다. 변화 챔피언은 매일매일 점진적 변화의 반복을 통해 근원적 변화에 도달한다.

큰 공포와 작은 공포

변화에 대해서 이해하고 있어도 리더가 변화를 실행하지 못하는 이유는 실패의 공포 때문이다.[3] 자신의 패러다임을 전환하는 근원적 변화에 성공하는 리더들은 변화에 성공하지 못하는 사람들의 눈에는 무모하게 보일 정도로 불확실성의 망망대해에 맨몸으로 뛰어드는 신념과 용기가 있다. 어떻게 이들은 변화의 공포에

---

3 지니 다니엘 덕은 변화를 다섯 단계(침체기, 준비기, 실행기, 결정기, 결실기)로 나누고 단계마다 극복해야 할 다른 공포를 몬스터(물귀신)에 비유해 가며 설명하고 있다. 지니 다니엘 덕 (2001). 『체인지 몬스터』. 보스턴컨설팅그룹 역. 더난출판.

대항하는 신념과 용기의 주인공이 될 수 있을까?

변화와 관련된 공포는 작은 공포와 큰 공포로 나눠 생각해 볼 수 있다. 일반 사람이나 조직 구성원이나 무언가를 새로 시작할 때 각양각색으로 실패의 두려움에 시달린다. '이 나이에 창피나 당하지 않을까? 혹시 체면이 손상되지 않을까? 지금까지 쌓아놓은 기득권을 한순간에 잃게 되지 않을까? 미지의 세상에서 잘해 나갈 수 있을까? 지금도 편안하게 그럭저럭 잘 지내고 있는데 일도 많고 힘든 세상을 자초할 필요가 있을까? 개혁이나 혁신은 가죽을 벗겨내 새로운 가죽으로 바꾸는 작업이라던데 이 고통을 극복할 수 있을까?'와 같은 두려움이다.

자신이 생존을 위해서 정해 놓은 마지막 보루라고 생각해 만든 토굴이 안심지대(comfort zone)다.[4] 변화에 관련된 두려움 대부분은 토굴맨의 삶을 청산하고 이 안심지대를 벗어날 때 예견되는 두려움이다. 인간은 지금까지 자신이 성공적으로 살았던 방식이 루틴으로 각인된 고유한 지도가 있다. 암묵적 정신모형(Implicit Mental Model)이다. 작은 공포는 지금까지 자신이 의존하고 살았

---

4 크리스틴 버틀러(Kristen Butler)도 『컴포트 존(Comfort Zone)』이라는 자기 개발서를 출간했다. 컴포트 존을 벗어나는 자기 개발 방법으로 ①불편 수용하기 ②두려움 직면하기 ③목표 분명히 하기 ④실패 받아들이기 ⑤주변으로부터 지지받기 ⑥자기 돌봄 ⑦작은 성공 축하하기 등을 제시하고 있다. 진성리더십에서 제안하는 정신모형 II에 의해 만들어진 울타리와 심리적 안전지대(Safety Zone)가 없다면 이런 수고를 해도 모두 밑 빠진 독에 물 붓기다. 자기 개발서의 한계다. Butler, Kristen (2023). *The Comfort Zone: Create a Life You Really Love with Less Stress and More Flow*, Hay House Inc.

던 암묵적 정신모형 지도 밖으로 나가는 행동에 대한 공포다. 지금까지 살았던 습관대로 살면 편안한데 세상이 점점 바뀌어 정신모형 안으로 불확실성이 침범한다. 안락한 토굴이었던 안심지대를 떠나는 것 자체가 공포다. 암묵적으로 파놓은 정신모형의 토굴은 밖으로 탈주를 시도할 때마다 물귀신이 되어 공포를 조성해 탈출을 방해한다. 이처럼 암묵적 정신모형 토굴을 벗어나는 변화에 대한 공포는 당사자가 의식적으로 알아차리지 못하게 작동되기 때문에 당사자에게는 가상의 두려움이다.[5]

작은 두려움은 자신만의 암묵적 정신모형의 지도를 가진 인간이라면 모두 경험하는 문제다. 문제는 큰 두려움이다. 우리는 큰 두려움의 존재 자체를 전혀 인식하지 못한다.

작은 두려움이 지금의 암묵적 정신모형을 버리고 변화무상한 불확실성의 망망대해에 뛰어드는 것에서 느끼는 두려움이라면, 큰 두려움은 이 작은 두려움으로 인해 변화하지 않고 있다가 결국 어느 순간 삶아져 죽을 운명인 개구리가 되어 있는 자신을 발견하는 두려움이다. 큰 두려움은 변화를 거부하는 삶을 지속할

---

5 정신모형이 개인 삶의 지평에 자신만의 안심지대인 토굴을 파고 이 토굴에서 나오지 못하도록 공포감을 조성하지만, 조직에도 이런 토굴이 존재한다. 조직 내 토굴은 대부분 정치적 연줄세력이 공유하고 있는 정신모형 때문에 존재한다. 조직 내 토굴은 정치세력이 자신의 조직 내 성공 방식에 대한 자신만의 관행을 담은 정신모형 지도가 만든 안심지대다. 이들이 토굴을 파고 숨어 있는 이유는 조직 전체를 아우르는 사명과 목적의 울타리 부재로 심리적 안전지대를 마련해 주지 못해서다. 이런 정치적 토굴은 조직이 근원적 변화를 시도하면 저항세력으로 등장한다. 자신들이 파놓은 토굴에서 벗어나는 것에 대한 두려움 때문이다.

경우 어느 시점에서 만나는 죽음에 대한 두려움이다.

변온동물인 개구리는 나름대로 변화에 적응할 자신이 있다는 자신의 정신모형에 갇혀서 온도가 높아지고 있음에도 자신은 적응했다는 믿음에 갇혀 변화를 게을리한다. 개구리는 아마도 물의 온도가 섭씨 80도나 90도에 육박하면 이 믿음이 허구임을 깨닫게 될지도 모른다. 문제는 변화해야 한다는 깨달음에는 도달했어도 이때는 몸이 마음대로 움직여지지 않는다. 자신이 할 수 있는 유일한 일은 죽어가는 자기 모습을 고통스럽게 관조하는 일이다.

큰 두려움은 안심지대를 포기하지 않고 자신은 적응했다는 믿음에 갇혀 마음 편하게 살고 있다가 결국은 죽음을 앞둔 마지막 순간에 죽음의 존재를 깨닫고 장렬하게 죽임당하는 자신을 목격하는 공포이다. 우리는 큰 공포의 실체를 정확하게 이해할 수 있을 때만 작은 공포 즉 지금의 안심지대에서 탈출한다. 변화에 대한 작은 공포는 죽음이라는 큰 공포가 다가오고 있음을 각성하고 자신의 낡은 정신모형인 안심지대를 탈출할 용기가 있을 때 제압할 수 있다. 죽음을 미리 맞보는 사건은 변화를 위한 축복이다.

큰 공포를 각성해 작은 공포를 극복한다고 하더라도 죽음의 공포를 극복하는 것은 쉬운 문제가 아니다. 우리는 죽음 앞에서도 떳떳할 수 있는 자신과 조직의 미래 상태에 대한 약속을 통해 죽음의 공포를 유예받는다. 자신과 조직이 이 세상에 존재해야 하는 공의로운 이유에 대한 존재목적을 세우고 이 존재목적을 헌신적으로 실현하겠다는 약속어음을 발행해 죽음의 공포를 유예받는다. 존재목적에 대한 약속을 기반으로 이를 실현하기 위한 사명의 울타리가 세워졌을 때 우리는 암묵적 정신모형을 위한 안심지대 울타리를 허물고 더 넓은 곳에 세워진 심리적 안전지대(Psychological Safety Zone)를 얻는다.[6] 조직에서 심리적 안전지대는 사명과 목적에 관한 공유된 믿음의 울타리가 만들어낸 공간이다. 리더는 사명의 울타리로 심리적 안전지대를 제공해서 구성원이 조직이나 자기 삶에 파놓은 안심지대의 토굴에서 벗어나게 돕는다. 조직이 심리적 안전지대를 제공할 때 구성원은 안심지대를 벗어나서 조직이 정한 목적에 대한 약속을 실현하기 위해 공개된 운동장에 나와 동료들과 협업한다.

점진적 변화는 기존에 성공한 관행을 담고 있는 암묵적 정신모형을 새로운 환경에 맞게 업데이트시키는 과정이다. 근원적 변화란 상상적 죽음에 직면해 찾아낸 존재목적과 사명의 울타리로 미래로 가는 새로운 정신모형의 지도에 기반한 변화다. 과거의 암묵적 정신모형을 현실에 맞게 업데이트해서 그려낸 지도를 정신모형 I, 죽음에 이르기까지 실현해야 할 존재목적에 대한 약속과 이를 실현하기 위한 사명의 울타리를 통해 만든 지도가 정신모

---

6 심리적 안전지대에 대한 연구는 다음을 참조할 것. 에이미 에드먼슨 (2019), 『두려움 없는 조직』, 최윤영 역. 다산북스; Edmondson, Amy C. (2018). *The Fearless Organization: Creating Psychological Safety in the Workplace for Learning, Innovation, and Growth*. Harvard Business School Press.

형 II다.[7] 점진적 변화는 정신모형 I을 통해 과거를 현재에 맞게 오래된 새 길을 만드는 작업이고, 근원적 변화는 정신모형 II를 통해 미래에서 현재에 이르는 지도를 만들고 이를 통해 존재목적에서 약속한 미래를 실현하는 작업이다. 변화란 과거와 미래를 현재를 통해 연결하는 작업이다.

암묵적 정신모형이 정신모형 I로 업데이트되지 않으면 암묵적 정신모형은 당사자를 토굴 속에 감금해 놓고 맹목적 낙관주의자로 만든다. 미래에 이르는 정신모형 II가 마련되지 못하면 불확실성에 무작위로 노출되어 길을 잃는다. 정신모형 I은 꾸준히 업데이트되어야 할 내비게이션의 임무를 수행하고, 정신모형 II는 길을 잃었을 때 길을 찾게 하는 나침반의 임무를 수행한다.

충분히 업데이트된 내비게이션과 극성이 있는 나침반이 없는 사람들은 맹목적 낙관주의에 빠진다. 맹목적 낙관주의자들은 자신은 지독하게 재수가 좋은 사람들이어서 세상에 닥치는 모든 불행은 다른 사람들을 다 거친 후에 마지막으로 자신에게 찾아온다고 믿는다. 이들에게 실제로 불행이 닥치면 그 불행은 잘못된 불행이라고 치부하고 남들을 비난하거나 비현실적 보호 장치를 강화하여 변화에 더 적응하지 못하는 상태를 만든다.

---

7 정신모형 I과 II에 대해 더 자세한 설명은 다음을 참조할 것. 윤정구 (2011). 『100년 기업의 변화경영』. 지식노마드; 윤정구 (2018). 『황금수도꼭지: 목적경영이 이끈 기적』. 쌤앤파커스; 윤정구 (2022). 『초뷰카 시대 지속가능성의 실험실』. 21세기북스.

과거에서 현재에 이르는 지도인 정신모형 I이 충분히 업데이트 되어 있고 미래에서 현재에 이르는 지도인 정신모형 II의 지도까지 마련한 지도술사가 변화를 유연하게 선도할 수 있는 현실적 낙관주의자들이다. 이들은 부정적 현실을 인지하고 이해하여 받아들이고 이것을 기반으로 미래의 새로운 정신모형 II를 선제적으로 구축한 사람들이다. 이들에게 설사 불행이 닥친다 해도 불행에 대해서 사전에 대비하고 있어서 선제적 극복이 어렵지 않다. 이들은 정신모형 II가 마련한 심리적 안전지대를 실험실로 삼아 미래의 불확실성을 학습해 대응한다.

리더십과 근원적 변화

리더십의 효과성은 과수원 농부의 일에 비유해서 설명해 볼 수 있다. 농부는 먼저 밀알에 해당하는 고유한 리더십과 이 밀알이 발아되는 토양의 문제를 생각한다. 농부는 산성화된 토양을 탓하기보다 씨앗을 심을 수 있는 토양으로 바꾸는 일에 헌신한다. 효과적 리더십이란 토양을 제대로 이해해 가꾸고 이 토양이 길러낼 수 있는 리더십의 씨앗을 밀알로 종묘해 내고 이 밀알을 심어 과일나무와 과수원을 만드는 과정이다.

근원적 변화를 위해 리더는 개인에게는 죽음에 직면하기까지 실현하기로 약속한 존재목적, 조직의 경우에는 100년 기업이 완성될 시점에 실현하기로 약속한 공유된 존재목적으로부터 과일나무의 밀알을 얻는다. 존재목적에 대한 약속이 실현된 상태가 과일이라면 이 과일을 염두에 두고 존재목적에 미리 가서 존재목적을 죽음을 각오하고 실현할 것을 약속하고 받아온 씨종자가 밀알이다. 근원적 변화를 시도하는 사람이 과일나무를 만들어낼 목적을 위해 종묘해 낸 밀알이 코즈(cause)다. 리더는 코즈를 밀알로 조직에 심어 조직에 과일나무를 넘어서 풍성한 과수원을 만들어주는 농부의 사명을 수행한다.

현대적 리더십은 어떤 스타일의 리더십을 쓰든 어떤 리더십 기술을 동원하든 약속한 변화를 산출하지 못하면 리더십이 성공하지 못한 것으로 본다. 예를 들어 어떤 사람이 다양한 상황에 적용될 수 있는 리더십 스타일을 다 습득하여 미시적으로도 소통, 의사결정, 동기화, 갈등관리, 코칭 및 멘토링 등등 모든 리더십 기술에서 모두 A 플러스를 획득했다 하더라도 이것을 수단으로 존재목적으로 약속한 성과나 변화를 도출하지 못하면 리더십 효과성은 여전히 낙제점이다.

리더십의 중요함을 인정해도 리더십은 약속한 변화를 만들어내는 수단에 불과하다. 현대적 리더십은 리더십의 중요성을 구실로 리더를 우상화하는 리더십 로맨스의 위험을 극도로 경계한다.[8] 리더십 로맨스가 극복될 때 리더십을 통해 가시적 변화가

8 Meindl, James R., Ehrlich, Sanford B. & Dukerich, Janet M. (1985). "The romance of leadership." *Administrative Science Quarterly*, 30(1): 78–102.

만들어지고 리더십을 통해 건강한 기업 문화도 정착된다.

뛰어난 리더라면 성과를 창출하는 것을 변수로 생각하지 않는다. 단기적 성과든 장기적 성과든 성과는 조직의 생존을 위한 상수다. 뛰어난 리더는 이 성과를 산출하는 여정을 통해 구성원과 약속한 존재목적을 실현해서 근원적 변화를 완성하는 것이 책무다. 근원적 변화의 책무를 완성하기 위해 리더는 성과를 낼 수 있는 자신 급의 리더도 육성해야 하고, 육성한 리더들이 약속한 목적과 가치를 실현하기 위해 고유한 방식으로 일하는 way에 기반한 기업 문화도 만든다. 회사에서의 개입이 끝나는 정년퇴임이 임박해지면 리더는 자신이 육성한 후배 리더들을 통해 자신이 회사에 다녀간 사건이 계기가 되어 존재목적이라는 밀알이 일터에 심어지고 그 결과 지속적 성과를 냈을 뿐 아니라 회사가 얼마나 신나게 일할 수 있는 곳으로 변화했는지에 대한 이야기를 듣고 싶어 할 것이다. 이런 이야기가 실제로 오간다면 리더는 근원적 변화의 증거인 문화적 족적을 남기는 데까지 성공한 리더로 여정을 마무리한 것이다.

리더는 조직이 실현해야 할 공유된 존재목적을 리더십의 밀알로 종묘하고 이 종묘를 통해 자신을 넘어서는 리더를 과일나무로 육성한다. 이런 과일나무를 위한 토양작업이 과수원 작업의 본질이다. 리더십의 파이프라인이 만들어지고 고객들이 길을 만들어내 과수원을 찾아오게 만드는 작업까지 성공했다면 리더는 마지막 여정까지를 성공적으로 완수한 것이다. 후세는 리더의 선구적인 작업에 영감을 받아 리더가 유산으로 남긴 밀알을 다시 공진화시켜 100년 기업의 과업에 매진할 것이다.

뛰어난 리더라면 성과, 리더 육성, 문화를 만들어내는 것이 세 가지 일이 아니라 모두 근원적 변화를 만드는 토양작업임을 잘 안다. 변화의 종착역은 구성원 모두가 리더로 변신해 변화를 공진화시키는 일이 문화로 정착되었기 때문에 굳이 리더십이라는 단어가 필요 없어지는 단계다. 조직에 리더라는 말이 더는 필요가 없어진 단계가 리더십의 민주화다.[9]

유기적 성장

유기적 성장(Organic Growth)이란 리더가 구성원과 협업해 과거와 미래를 현재를 통해 통합할 수 있는 시간적(수직적) 통합과 가능한 기술적 모듈과 전문적 기능을 연결해 새로운 시대에 맞는 플랫폼을 만드는 공간적(수평적) 통합을 동시에 해낼 수 있는지의 문제다.

시간적 통합이란 회사의 과거와 미래가 서로 제로섬으로 분쟁하지 않는 상태를 의미한다. 과거의 유산이 충분히 현재로 업데

---

9 노자의 『도덕경』 17장을 보면 리더십의 민주화를 설명하는 다음 구절이 나온다. '功成事遂, 百姓皆謂我自然(공성사수, 백성개위아자연)': (리더가 제대로 리더십을 발휘해서) 모든 일이 잘 이루어지면 백성들은 말할 것이다. 이 모두가 우리 스스로가 이룬 것이다.

이트되어 있고 현재와 접속된 미래를 통해서 현재에 실험할 수 있는 충분한 밑알이 공급되고 있는 상태다. 공간적 통합이란 참여하는 요소(시스템, 문화, 구성원, 기술, 포트폴리오, 비즈니스 프로세스, 환경 등등)가 분절되어 있지 않고 조직 전체의 지속 가능성을 위해 협업하고 있는 상태다.

유기적 성장의 성과지표는 양적 성장과 구분되는 질적 성장이다. 양적 성장은 인접한 특정 시점을 분절해 놓고 보았을 때 한 시점에서의 측정한 성장의 크기다. 질적 성장은 평가의 시작 시점과 종결 시점 사이의 기울기이다. 특정 시점의 양적 성장률이 아니라 전체 기간을 통한 우상향의 성장 기울기가 지속 가능성을 향한 유기적 성장을 판별해 주는 가장 정확한 질적 지표다.[10] 유기적 성장은 기하급수적 성장(Exponential or geometric growth) 분포를 특징으로 한다. 유기적 성장은 주가처럼 어느 시점에서는 올랐다 다시 떨어지기를 반복하는 롤러코스트가 아니라 복리로 기울기가 축적되는 성장이다.

그림 2-1은 2001년에서 시작해 2021년까지 20여 년이 넘는 동안 유기적 성장을 달성하고 있는 CDW의 성장 곡선이다.[11] 위 그

---

10 유기적 성장의 반대는 유사성장(Fade Growth)이다. 유사성장은 어떤 때는 번갯불에 콩 구워 먹듯이 급성장하다가 성장한 이후에 더 진한 어둠을 남기고 급퇴락하는 경우를 의미한다. 마치 주가가 널뛰기하는 것처럼 급성장과 급퇴락을 반복해 가며 역성장하는 경우다.

11 https://www.cdw.com/content/cdw/en/about/overview/our-story.htm; https://dcf.fm/blogs/vision/cdw-mission-vision#overview.

그림 2-1. CDW의 유기적 성장 곡선

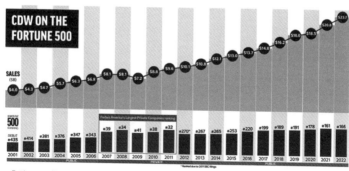

출처: https://www.cdw.com/content/cdw/en/newsroom/articles/corporatenews/2023/02/24/
cdw-on-the-fortune-500.html

래프는 매출액으로 본 유기적 성장이고, 아래 그래프는 포브스 (Forbes)가 평가한 대기업 순위다. CDW는 1984년 시카고 외곽에서 컴퓨터, 하드웨어, 소프트웨어 솔루션을 공급하는 IT 회사로 설립되었다. 지금은 포트폴리오를 클라우드 솔루션, 사이버 보안, IT 컨설팅 등으로 확장하며 기업, 정부, 병원, 학교 등을 대상으로 B2B 서비스와 제품을 제공하고 있다. 기업의 사명은 "기술회사로서 고객 앞에 먼저 드러내지 않고 혁신적 제품과 솔루션으로 경험을 맞춤형으로 제공해 고객의 성공을 뒤에서 돕는다"이다. 회사가 유기적 성장을 달성한 비밀은 단기적 재무적 성과를 위해서 일하기보단 회사의 사명을 지렛대로 매년 고객의 성공 경험을 들어 올리기 위해 최선을 다하는 일을 20년 동안 일관되게 반복한 결과다. 사명을 지렛대로 삼아 고객의 더 나은 성공을 위해 진정성을 가지고 매해 일관되게 반복적으로 헌신한 것이 경쟁사와 차별화된 유기적 성장을 만들어냈다.

성숙기의 기업이 아닌 지금 막 근원적 변화의 여정을 시작한 스타트업(Startup)이나 벤처의 경우에는 통상 유기적 성장은 J 커브 형태다.[12] 초기 밀알이 토양에 배태되어 뿌리를 내리는 기간에는 질적 성장은 고사하고 양적 성장도 기대하기 힘들다. 하지만 100년 기업으로 성장했을 때 가상적 DNA를 담고 있는 밀알이 토양에 배태되어 발아되고, 나무로 자라고, 성숙해 꽃이 피고, 완숙해 열매를 내는 과정은 양적 성장에 대한 욕심으로 건너뛸 수 있는 과정이 아니다. 전 단계의 과정이 사건으로 충실하게 완수되고 다음 과정으로 축적될 때 성장과 번성은 자연스럽게 발현된다. 100년 기업으로 성장하는 기업은 공공선을 실현하려는 존재 목적에 대한 약속과 믿음을 다음 단계로 진행하기 위한 사건의 지렛대로 사용한다.

J 커브는 기업에서 신입사원이 리더로 성장하는 과정에서도 드러난다. 누구나 회사에 입사해서 정년을 맞게 되는 시점까지 회사라는 토양에 자신의 밀알을 뿌려 유기적 성장을 만들어내는 나무로 성장한다. 리더가 회사에 들어온 시점에서 정년이 되는 시점까지 매년 성과 그래프를 그렸을 때 성과 그래프가 J 커브 형태를 유

---

12 Love, Howard (2016). *The Start-Up J Curve: The Six Steps to Entrepreneurial Success.* Greenleaf Book Group Press.

그림 2-2. J 커브 성장곡선

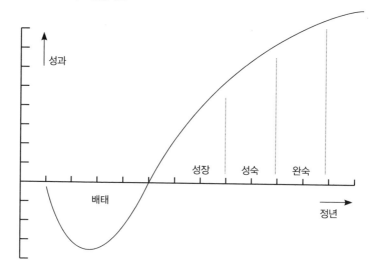

지했다면 유기적 성장이라고 본다. 회사에 들어와서 배태기는 자신을 리더로 육성하기 위해 종묘하고 묘목으로 길러내는 훈련 기간이다. 성장기는 개인적 성과를 내기 시작하는 기간이다. 성숙기는 리더를 길러내 이들과 협업으로 고단위 성과를 내는 기간이고, 정년 직전까지는 육성한 리더들과 목적, 가치, 비전을 공유해서 이것을 문화적 토대삼아 지속 가능한 성과를 내는 단계다.

팀장, 임원, 대표의 직책은 이런 유기적 성장의 결과이지 유기적 성장을 위한 밑알은 아니다. 회사와 정렬된 존재목적을 정하고 어려운 시점마다 이 존재목적을 지렛대로 삼아 다음 단계로 성장하는 사건을 일으킬 때 정년퇴임 후에도 회사에 발자국을 남긴 리더로 기억된다. 아무리 회사에 재무적으로 많이 이바지했어도 회사는 장본인을 기억하지 못한다. 유기적 성과를 기반으로 회사에 문화를 바꾼 사람만 회사와 구성원 모두가 오랫동안 기억한다. 회사에 재무적으로 이바지했으나 아무도 기억하지 못하는 사람이 아니라 문화적 족적으로 회사와 후배들의 기억을 장악한 사람이 근원적 변화를 완성한 리더다.

기업이나 리더는 유기적 성장을 통해 근원적 변화를 달성한다. 유기적 성장은 리더의 몸만 크는 것이 아니라 몸, 마음, 정신이 모두 온전하게 성장할 때 따라온다. 기업에서도 한 해의 성장이 아닌 지속 가능한 유기적 성장이란 기업의 존재이유를 구성하는 Why, 기업의 비즈니스 모형인 How, 기업의 포트폴리오를 구성하는 What이 정렬된 상태로 서로 협업하며 성장하는 것을 의미한다. Why, How, What이 통합된 상태로 유기적 성장을 하는 기업들은 남들이 벤치마킹할 수 없는 자신만의 알고리즘인 Way를 만들어 경쟁우위를 넘어선 존재우위를 구현한다.

이런 유기적 성장을 하는 기업들은 매년 단순하게 시시포스의 돌 굴리기를 반복하는 것이 아니라 회사의 존재목적에 대한 믿음을 지렛대로 삼아 성과의 돌을 굴리고 이런 과정을 반복하여 차이를 만든다. 차이의 반복으로 존재목적에 대한 약속이 실현된 운동장까지 성과를 들어 올리는 데 성공한다. 기업과 리더가 장기적으로는 큰 차이를 만들어내는 이유는 기회가 주어질 때마다 존재목적이라

그림 2-3. 차이의 반복

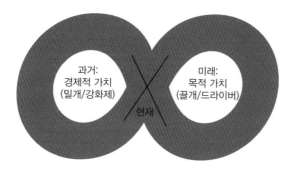

과거:
경제적 가치
(밑개/강화제)

현재

미래:
목적 가치
(끌개/드라이버)

는 미래의 가치를 지렛대로 삼아서 성과를 매번 조금씩 일관되게 반복적으로 들어 올리는 데 성공했기 때문이다.[13] 근원적 변화도 목적을 지렛대로 삼아 점진적 변화를 일관되게 반복해 조그만 차이를 누적하는 과정이다. 유기적 성장이란 과제가 반복되는 상황에서 목적과 가치가 드라이버로 앞에서 끌어주고 경제적 가치가 뒤에서 강화제로 따라오는 구조로 조직과 일터를 설계할 때만 가능하다.

결론적으로 성과를 통한 변화든지 리더를 육성해서 만든 변화든지, 아니면 문화를 공진화시켜서 만든 변화든지 변화의 수준과 폭에서는 차이가 있어도 리더의 효과성은 변화를 통해서만 측정될

---

13 이런 반복을 통해 차이를 만드는 것에 대한 사고는 들뢰즈의 '차이와 반복'과 니체의 '영원회귀' 사상에도 나타나 있다. 들뢰즈 (2004). 『차이와 반복』. 김상환 역. 민음사; 니체 (1984). 『짜라투스트라는 이렇게 말했다』. 최승자 역. 청하. 반복을 통해 차이를 만드는 과정은 디자인 사고에서 개념을 통해 프로토타입을 만들고 프로토타입에 대해 검증하고 피드백을 받아 프로토타입을 수정하고 검증을 반복하는 과정에도 나타나 있다.

수 있다. L자 불경기와 예측 불가능한 변화가 상수가 된 지금과 같은 시대에 리더는 자신들이 약속한 목적을 실현하는 과정의 일환으로 모든 이해 당사자와 협업해 차이의 반복을 통해 지속 가능한 질적 성장인 유기적 성장을 달성해야 하는 책무가 있다. 리더는 목적에 대한 약속을 실현해 거둬들인 밀알을 후배들에게 바통으로 남기는 사람이다. 진성리더는 작은 차이를 반복해 축적하는 원리인 유기적 성장을 통해 근원적 변화의 책무를 완성한다.

리더십 인사이트 | 미쓰비시 자동차의 목적 세탁

미쓰비시 그룹은 일본의 3대 전범 재벌기업 중 가장 이름이 알려진 기업집단이다. 2차 세계대전 시 한국인들을 강제노역에 동원한 문제로 논란의 중심에 섰던 군함도에 광산을 운용했다. 2차 세계대전 패전 후 강제로 해체되었다가 한국전쟁으로 기업들이 부활하는 틈을 타 1954년 다시 설립되었다.[14]

미쓰비시 그룹의 3대 트로이카는 미쓰비시 상사, 미쓰비시 중공업, 미쓰비시 은행이다. 미쓰비시 자동차는 중공업의 플래그십 회사였다. 미쓰비시 자동차는 그림 2-4 주식 차트가 보여주고 있듯이 2000년 7월 7일 주당 4800엔으로 고점을 찍은 후 2024년 9월 30일 현재 주당 383엔으로 하락하는 추세다. 미쓰비시

---

14 https://en.wikipedia.org/wiki/Mitsubishi_Motors.

자동차는 일본의 잃어버린 30년의 상징이다. 미쓰비시 자동차는 급진 거북이 기업이 모델로 삼고 있는 유기적 성장의 반면교사다. 회사의 홈페이지에는 여전히 목적에 대한 믿음을 강조하고 있지만, 구체적 경영전략은 목적과는 디커플링되는 방식으로 운영되고 있었다.

회사 홈페이지에 고시된 목적은 "창의적 부품과 서비스로 고객에게 새로운 경험을 제공한다. 모빌리티의 잠재력을 실현해 사회의 생동감을 살려낸다. 전략적 제휴를 통해 기업 가치를 높인다. 신뢰받는 회사가 되기 위해 성실하게 노력한다. 일본의 지속 가능성에 기여한다"로 정해져 있다.

지난 30년간 실제로 미쓰비시 자동차는 역사적으로 다른 자동차 회사와 많은 전략적 제휴 관계를 맺어왔고 지금은 르노-닛산 연합에 포함되어 있다. 1970년 미국의 크라이슬러와 전략적 제휴를 시작으로 1990년대 초반에는 각종 스포츠카 경기에서 우승하며 기술의 미쓰비시라는 타이틀을 획득해 혼다를 밀어내고 토요타에 이어 자동차 점유율 2위에 오르기도 했다. 이 당시 한국의 현대자동차에 기술을 제공했다. 1990년 초반기 현대의 자동차에서 출시한 포니 등 대부분

그림 2-4. 미쓰비시 자동차의 주가 추이(Investing.com)

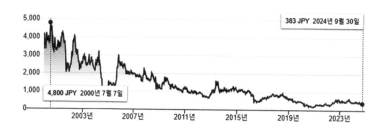

자동차는 미쓰비시 자동차의 엔진과 기술을 토대로 만들어졌다.

이런 전성기의 분위기는 1990년대 중·후반기에 들어서며 경영진의 오만과 나태로 기업의 목적을 잃어버리면서 사건 사고와 함께 무너져 내리기 시작한다.

1996년 일리노이 미쓰비시 자동차 공장에서 미국인 여성 300명이 대규모 집단 성희롱을 당했다는 고소 건이 발생해 미쓰비시는 일본을 대표하는 성희롱 회사로 낙인찍히며 미국 시장 대부분을 잃었다. 2000년대 초반에는 회사가 중대한 결함을 알고도 리콜하지 않았던 사실이 발각되어 그나마 명맥을 유지하던 기업이 산소호흡기를 다는 운명의 기로에 서게 된다. 엎친 데 겹친 격으로 2016년에는 회사가 조직적으로 연비를 조작해 왔다는 것이 드러났다. 조사 결과 회사는 1991년부터 연비를 조작했다는 사실이 밝혀졌다. 엄청난 과징금으로 파산이 예고될 때 다시 구원투수 르노-닛산 얼라이언스가 나서서 2000억 엔을 출자해 과징금 문제를 해결해 준다.

일련의 목적 세탁 사건을 계기로 미쓰비시 자동차의 정체성은 영원히 사라지고 회사는 르노-닛산의 많은 계열사 중 하나로 전락한다. 미쓰비시가 출품한 자동차 대부분은 단종되었고 2024년 현재 도로에서 미쓰비시 자동차를 찾아보기 힘든 상태다.

학습 포인트 요약

• 점진적 변화는 상황에 맞게 과거에서 현재로 이르는 지도인 정신모형 I을

업데이트하는 변화다. 근원적 변화는 나침반을 통해 미래에서 현재로 이르는 정신모형 II의 지도를 만들고 이 정신모형에 따라 현실을 만들어가는 변화다.

• 존재목적을 나침반으로 삼아 만든 정신모형 II가 없다면 근원적 변화는 불가능하다. 리더는 정신모형 II에 장착된 목적을 끌개삼아 점진적 변화를 반복해 근원적 변화를 달성한다.

• 변화는 두려움을 극복하는 과정이다. 작은 두려움은 암묵적 정신모형이 제공한 안심지대를 벗어나는 것에 대한 두려움이다. 큰 두려움은 안심지대를 벗어나지 못했을 때 결국은 죽음과 마주하는 공포다. 근원적 변화는 큰 두려움으로 작은 두려움을 이겨낼 때 가능하다.

• 리더는 목적으로 약속한 근원적 변화의 책무를 완성하는 사람이다. 아무리 리더십 스킬이 뛰어나도 근원적 변화를 완성하지 못하면 리더십 효과성은 없다.

• 리더의 효과성은 어떤 특정한 시점에서 개입이 끝나는 시점까지 성장의 기울기인 유기적 성장으로 표현되는 근원적 변화를 완성하는 사람이다.

• 유기적 성장은 목적을 지렛대로 삼아 과제를 반복해 더 나은 차이를 축적해 달성된다. 리더는 목적을 기반으로 점진적 변화를 반복해서 근원적 변화에 도달한다.

3장
진성리더십

사람들은 세상이 변해야 한다고 비난하지만, 세상이 바뀌기 위해
자신이 먼저 바뀌어야 한다는 것을 인정하지 않는다.

—톨스토이(Lev Nikolayevich Tolstoy)

좋은 리더는 강한 사람이라기보다는 자신의 약점에 대해 정직하고,
자신이 모르는 것을 모른다고 인정하고,
필요할 때 도움을 청할 줄 알고,
자신도 다른 사람과 같은 인간이라고 생각한다.

—사이넥(Simon Sinek)

진성리더십(Authentic leadership)은 네브래스카 대학교 갤럽 리
더십 연구소(the Gallup Leadership Institute at the University of

Nebraska-Lincoln)를 이끌었던 루당스(Fred Luthans)와 아볼리오 (Bruce Avolio) 교수의 제안으로 시작되어 연구 발전된 리더십 운동이다. 그들은 2000년 초반 리더십이 샛길로 빠져 많은 문제를 초래하고 있는 상황을 목격하고 기존 리더십에 대한 패러다임 전환을 촉구하는 차원에서 기존의 리더십을 대체할 수 있는 새 리더십을 진성리더십이라고 부르고 같이 연구해 보자는 제안을 했다. 리더십 바로 세우기 운동에 동참한 학자와 실무진들이 진성리더십이라는 우산 아래 기존 리더십의 효과성에 대해 물음표를 던졌다. 리더십의 본질에 대한 질문은 자연스럽게 리더다운 리더십의 패러다임을 연구하는 운동을 일으켰다. 네브래스카 리더십 선언 이후 관련 연구자들과 실무자들이 여러 차례 포럼을 열고 진성리더십 개발(Authentic Leadership Development)을 위한 논의를 전개했다.[1]

2000년대는 시장에서의 무한 경쟁을 통해 만들어낸 단기적 성과를 동력으로 삼는 신자유주의가 미국 경영대학원(MBA)을 장

---

1 학문적 진성리더십을 이끈 루당스와 아볼리오 교수는 2000년 초부터 진성리더십을 구상한 것으로 보인다. 최초의 논문이 2003년에 발간된다. 2004년 갤럽 리더십 센터 포럼에서 발표되었던 논문은 2005년 *Leadership Quarterly*에서 아볼리오 교수와 가드너 교수에 의해 특집호로 발간된다. Luthans, F. & Avolio, B.J. (2003). "Authentic Leadership: A Positive Developmental Approach." In: Cameron, K.S., Dutton, J.E. & Quinn, R.E., Eds., *Positive Organizational Scholarship*. San Francisco: Barrett-Koehler: 241–261; Avolio, Bruce J. & Gardner, William L. (2005). "Authentic Leadership Development: Getting to the Root of Positive Forms of Leadership." *Leadership Quarterly*, Volume 16, Issue 3: 315–494.

악하고 있었다. 미국의 MBA나 대학은 미래의 경영자들을 돈 버
는 기계로 키웠다. 신자유주의로 무장한 이들이 직장으로 이입되
어 탐욕을 벗어나지 못한 경영자들과 결탁해 회계 부정을 일삼
았다. 탐욕이 만천하에 공개되기 시작하면서 미국을 이끌던 자본
주의는 2000년대 초반부터 붕괴 조짐을 보이기 시작했다. 그 후
신자유주의 거품이 꺼지는 과정을 거쳐 2008년 리먼 브러더스
(Lehman Brothers)의 파산과 함께 금융 위기를 가져왔다.

금융 위기의 여파로 경기의 거품이 꺼지면서 2024년 현재까지
세계는 L자 불경기를 벗어나지 못하고 있다. 진성리더십은 이런
신자유주의가 이끌어온 자본주의 근간을 흔드는 파행적 리더십
에 대한 반성을 계기로 제안된 리더십 운동이다. 모든 가치를 돈
으로 평가하고 단기적 성과에 몰입하는 신자유주의 리더와는 결
이 다른 진실한 리더(authentic leader)에 대한 열망이 진성리더십
열풍으로 분출되었다. 진성리더십 연구자들은 신자유주의를 추
동하던 무한 경쟁과 초단기적 성과 중심주의 카리스마 리더가 진
성리더에 의해서 교체될 때 지속 가능한 자본주의 엔진을 소생시
킬 수 있다는 신념을 가지고 연구에 몰입했다.

신자유주의의 선봉에 서서 문제를 일으킨 것도 하버드 경영대
학원이었지만 진성리더십이 제안되자 실무적 차원에서 가장 발
빠르게 도입한 곳도 하버드 경영대학원이었다. 지금까지 자신들
이 배출한 인재가 리더십의 진실성을 파괴하는 리더였음을 반성

하고 리더십 교육의 변화를 도모했다. 하버드 경영대학원은 실제로 『진성리더십(Authentic Leadership)』(2003)과 『나침반 리더십(True North)』(2007)의 저자이자 진성리더십으로 회사를 변혁시켰던 의료기기 회사 대표 빌 조지(Bill George)를 경영대학원 실무교수로 영입해 리더십 훈련의 전권을 맡겼다.[2] 빌 조지는 2004년부터 2016년까지 봉직하는 동안 진성리더십을 하버드 경영대학원의 정규 리더십 과정으로 정착시켰다. 진성리더십은 하버드 경영대학원 졸업생들의 리더십 DNA로 자리 잡았다.

진성리더십은 다양한 학자와 실천가들에 의해 다양한 모형이 제시되고 있지만 어떤 특정한 모형이 정해져 있는 리더십이 아니다. 진성리더십 연구자들이 공유하는 정신은 모든 것을 다 제거하더라도 진실한 리더라면 반드시 가지고 있어야 할 리더십의 충분조건을 찾아내고 이것을 제외하고 나머지는 시대의 맥락에 맞게 다시 개발하자는 것이다. 리더십의 충분조건이 정의되면 필요조건은 상황과 맥락에 따라 유연하게 개발할 수 있다고 보았다. 진성리더란 리더로서 충분조건을 갖추고 이 충분조건을 실현하기 위해 리더십 기술과 스타일을 시대와 상황적 맥락에 맞게 정렬시킨 리더다. 진성리더십은 리더십의 필요조건에 해당하는 새로운 대

---

2 George, Bill (2003). *Authentic Leadership: Rediscovering the Secrets to Creating Lasting Value*. John Wiley & Sons; George, Bill & Sims, Peter (2007). *True North: Discover Your Authentic Leadership*. John Wiley & Sons.

안적 리더십 스타일이 아니다. 진성리더십은 충분조건에 필요조
건을 정렬시킨 리더를 진성리더라고 규정해 놓고 이것을 같이 찾
아보자는 리더십 바로 세우기 운동이다. 세계 각국의 맥락과 기업
이 추구하는 업의 차이를 스타일에 필요조건으로 반영하지만, 리
더로서의 충분조건을 구축하지 못한다면 진성리더는 아니라고 본
다. 진실한 리더로서의 충분조건과 상황을 반영한 리더십 스타일
과 역량인 필요조건을 직조해서 진성리더십 모형을 찾고 이에 따
라 리더를 훈련하는 것이 진성리더십이 지향하는 바다.

저자도 한국적 맥락에서 신자유주의 리더십이 장악한 초단기
적 성과주의 리더의 문제를 실감하고 한국적 맥락을 반영한 한국
적 진성리더십 모형을 2012년 『진정성이란 무엇인가』를 통해서
처음 제시했다. 이런 시도가 결실을 보아 2015년 출간된 『진성리
더십: 21세기 한국 리더십의 새로운 표준』에서는 한국적 맥락에
맞는 더 정형화된 진성리더십 모형을 설계했다.[3] 2018년 『황금수
도꼭지: 목적이 이끄는 기적』을 출간하면서 진성리더십을 경영자
들의 전략경영을 대체하는 목적경영의 한 패러다임으로 제안했
다. 2022년 『초뷰카 시대 지속가능성의 실험실』에서는 진성리더
십을 통해 근원적 변화를 실현하고 있는 기업들의 사례를 연구해

---

3 윤정구 (2015). 『진성리더십』. 라온북스, p.83 참조. 이 책을 통해 한국에서는 'Authentic
Leadership'을 글자 그대로 번역해 진정성 리더십이라고 부르지 말고 '진성(眞性)리더십'이라고
부를 것을 제안했다. 진성리더란 리더로서의 진실한 성품과 성정을 갖춘 리더이기 때문이다. 지
금은 진성리더십을 진정성 리더십이라고 부르는 학자나 실무자가 거의 없다.

발표했다. 실무적으로도 2013년부터 (사)한국조직경영개발학회 산하 진성리더십 아카데미가 개설되어 매년 두 기수씩 2024년 현재까지 총 20기를 통해 300명이 넘는 진성리더십 도반이 배출되었다.[4] 지금은 다른 국가의 진성리더십과 차별화된 한국적 맥락에 맞춘 진성리더십 이론과 훈련 프로그램이 어느 정도 개발된 상태다.

리더십 로맨스

리더십이 아무리 중요해도 리더십 자체는 목적이 될 수가 없다. 리더십은 리더가 약속한 공공선을 지향하는 존재목적을 실현해서 근원적 변화를 완수하는 도구다. 도구는 도구로 정해진 목적에 제대로 이바지할 때는 자신의 모습을 드러내지 않는다. 도구가 자신을 드러낼 때는 잘못된 목적을 위해 쓰일 때다. 예를 들어 망치가 제대로 못을 박고 있을 때는 망치를 쥔 사람은 망치의 존재를 인식하지 못한다. 망치가 모습을 드러내는 순간은 못이 아니라 손등을 찍었거나 다른 사람을 해치는 무기로 사용될 때다.

리더십도 마찬가지다. 리더십이 존재목적을 실현하는 도구로서 제대로 사용될 때 리더십은 자신의 모습을 드러내지 않지만, 리더십이 경영자의 사욕을 챙기는 도구로 전락할 때는 망치로서

---

4 진성리더십 아카데미에 관심이 있으면 (사)한국조직경영개발학회의 홈페이지를 통해 지원할 수 있다. 학회는 모든 훈련 과정을 무료로 제공한다.

의 모습을 드러낸다. 리더십이 도구의 역할을 잊고 목적으로 추앙될 때 리더는 우상화되어 세상을 망가트리는 망치가 된다. 소위 리더십에 대한 과도한 로맨스가 불러온 역기능이다.[5] 수단으로서 리더십의 위험성을 각성한 직접적 계기는 2000년대 들어서 미국을 중심으로 봇물 터지듯 터지기 시작한 기업의 회계 부정 사건과 이로 인한 회사들의 줄도산을 통해서다.

21세기의 시작과 더불어 밝혀지기 시작한 거대기업들의 회계 장부 조작은 일반인의 상상을 초월하는 수준이었다. 선두 주자는 2001년 파산을 신청한 엔론(Enron)이다. 엔론 사건은 결국 미국에서 회계 기준을 강화하는 사베인스옥슬리 법(Sarbanes-Oxley Act)을 통과시키는 계기가 되었다.[6] 이 법의 통과를 계기로 그간 성공적으로 숨겨왔던 많은 회계 부정 사건들이 여기저기서 끊임없이 드러났다. 2002년에는 아델피아(Adelphia), AOL, 브리스톨-마이어스 스큅(Bristol-Myers Squibb), CMS 에너지, K마트(K-Mart), 머크사(Merck & Co), 메릴 린치(Merrill Lynch), 퀘스트 커뮤니케이션(Qwest Communications), 타이코 인터내셔널(Tyco International), 월드컴(WorldCom) 등에서 회계 부정이 발각되었다. 2003년에는 파말라트(Parmalat)와 노텔(Nortel) 등에서, 2004년에는 치키타 브

---

5 리더십 로맨스는 리더십 학자 마인들(Meindl)이 만든 개념임. Meindl, J.R. (1995). "The Romance of Leadership as a Follower-Centric Theory: A Social Constructionist Approach." *Leadership Quarterly,* 6: 329-341.

6 https://www.law.cornell.edu/wex/sarbanes-oxley_act.

랜즈 인터내셔널(Chiquita Brands International)과 AIG 등에서 회계 부정이 발각되었다. 이와 같은 회계 부정의 릴레이는 2008년 9월 15일 리먼 브라더스의 파산으로 이어졌다.

진성리더십에서 이야기하는 진정성(authenticity)이란 'True to oneself'로 자기 내면에 하는 이야기와 관련된 사람들에게 하는 이야기가 같은 상태다.[7] 신자유주의를 추종하는 기업에 요구되는 최소한의 진정성은 회계장부 진실성이다. 회계장부는 비즈니스를 통해 가치가 창출된 것을 숫자로 공시한 것이다. 실제 구성원들이 알고 있는 내부의 회계장부와 시장에 공개하는 회계장부가 따로 있어서 이중장부를 운영하고 있다면 경영의 진실성을 상실한 것이다. 분식한 회계장부를 진실한 장부처럼 포장해 시장에 공시한다면 기업은 진정성 있게 경영하고 있다고 볼 수 없다. 엔론을 비롯한 미국의 많은 기업에서 회계장부 부정이 발각되었고 결국은 회사를 접을 수밖에 없었다. 리더십이 경영자의 탐욕과 결탁해 기업생태계를 무너트리는 망치로 전락했다.

탐욕이 리더십의 스킬이나 역량과 결합할 때 리더는 고삐 풀린 망아지가 된다. 이들은 생산과 노동을 통한 시간이 오래 걸리는 신성한 가치보다는 금융 파생상품 거래와 같이 단시간 내에 돈

---

7 Trilling, Lionel (1972). *Sincerity and Authenticity*. Harvard University Press; 스탠퍼드 대학교 철학 백과사전 참조(https://plato.stanford.edu/entries/authenticity). Netflix는 진정성이 초뷰카 시대를 이끄는 지렛대라는 사실을 직감하고 안과 밖의 극단적 투명성(Brutal Transparency) 정책을 내세워 결국은 지금의 성공에 도달했다.

놓고 돈 먹는 머니 게임(Money Game)을 중시한다. 돈 놓고 돈 먹는 순환론 게임에서는 돈 말고는 다른 고상한 가치가 있을 수 없다. 더 많이 축적한 돈이 최고의 가치가 된다. 돈 자체가 최고의 가치인 세계에서는 장기적 가치 창출이란 있을 수도 없고 단기적 실적을 많이 내기 위한 무한 경쟁에서의 승리가 최고의 전략이다. 특히 단기적 성과를 내는 방법으로 스스로 통제할 수 없는 매출을 늘리기보다는 비용을 털어버리는 수단이 무기로 동원된다.

해고할 수 있는 종업원들은 단기적 성과를 내기 위한 최고의 먹잇감이다. 종업원을 해고해서 단시간 내에 비용을 최소화해서 재무제표상의 단기성과를 만들면 기업가치의 상징인 주가를 띄울 수 있다. 경영진들이 단기적 성과와 주가 상승으로 최대의 인센티브를 거머쥐는 동안 종업원들은 해고되어서 새로운 직장을 찾아 거리를 헤매는 아이러니가 신자유주의가 지배하는 세상의 현실이다. 탐욕에 도취한 CEO들은 자신의 연봉과 성과급을 불리기 위해서 노동자들을 해고해 단기적 성과를 높이고 이에 대한 인센티브를 챙기고 회사가 어려워지면 구조조정의 귀재라는 새 명함을 달고 천문학적 숫자로 연봉을 받고 이직한다. 이런 악순환으로 경기가 침체하기 시작하면 마지막 단계인 뱀이 자신의 꼬리를 먹는 우로보로스에 도달한다. 이런 우로보로스가 규범인 세상이 오면 기업생태계는 스스로 공멸한다.

기업생태계의 공멸이 지구의 공멸을 초래할 수 있다는 우려가 반영되어 유엔 글로벌 콤팩트(UN Global Compact)는 2004 년 '후 케어 윈스(Who Cares Wins)' 보고서를 통해 기업과 자산 운용사들의 ESG(Environmental, Social, Governance) 운동을 시작 한다. 1960년대 인권운동에서 시작된 다양성 운동은 시대적 요 구와 맞물려 기업이 지배구조와 문화를 혁신하는 DEI(Diversity, Equity, Inclusion) 운동으로 부활했다. UN은 2015년 9월 이런 움직 임을 수렴해 전 지구의 사회 운동으로 전개하는 SDGs(Sustainable Development Goals: 지속 가능한 개발 목표)를 발표한다. SDGs는 공동운명체인 지구의 지속 가능성을 위해 내세운 17개의 공동목 표에 대한 협업 제안이다.

미국에서도 금융 위기를 통해 자본가들의 탐욕이 자본주의라 는 황금알을 낳은 거위를 어떻게 망가트릴 수 있는지를 반성하는 분위기가 만들어졌다. 2019년 8월 19일 미국의 전경련인 BRT는 돈 놓고 돈 먹는 게임이 가져오는 악순환의 고리인 우로보로스의 사슬을 끊겠다고 선언한다. BRT 선언은 신자유주의가 추동하는 자본주의에 대항한 개혁선언이다.[8]

진정성 이슈

대한민국에서 신자유주의 거버넌스가 본격적으로 도입된 시기는

---

8 https://purpose.businessroundtable.org.

1997년 외환 위기 때부터다. IMF를 통해 대한민국 경제에 신자유주의 거버넌스로 전파되기 시작해 IMF 빚을 청산한 지금까지 근 25년 동안 대한민국 전체 시스템을 바꿔놓았다. 지금은 대한민국 모든 영역에서 무한 경쟁, 단기적 성과, 금전 만능주의, 각자도생, 인간의 수단화가 뉴노멀이 되었다.

IMF로 신자유주의가 이입되기 전까지 대한민국의 기업들이 주로 사용하던 리더십은 가부장적 리더십(Paternalistic Leadership)이었다.[9] 재벌의 총수나 회사의 대표는 낮에 일할 때는 구성원에게 신상필벌을 휘두르는 혹독하고 엄격한 아버지 역할을 했지만, 저녁이 되면 구성원들에게 따뜻한 아버지 어머니로 돌아왔다. 재벌을 키운 리더십은 구성원을 가족의 일원으로 생각하고 돌보는 가부장적 리더십이었다. 실제 이들은 어려운 일이 생긴 직원의 가족을 자신의 가족처럼 일일이 챙겼다. 기업의 총수는 평생 고용이라는 암묵적 계약을 이행하며 회사의 모든 구성원을 가족처럼 돌보았다. 이들은 직원에게 사회적 부모의 역할을 자처하며 기업을 굴지의 재벌기업으로 키웠다.

1997년 금융 위기 시에 구제금융의 조건으로 IMF는 한국 기업의 비효율성을 덜어내기 위한 무한 경쟁과 상시적 구조조정을 강

9 Cheng, B.-S. et al. (2014). "Paternalistic leadership in four East Asian societies: Generalizability and cultural differences of the triad model." *Journal of Cross-Cultural Psychology*, 45(1): 82-90.

제하는 신자유주의를 요구했다. 시장에서 생존을 위한 개인의 선택, 경쟁, 효율, 단기적 성과를 강조하는 과정에서 대한민국 재벌의 기반인 가족 공동체와 가부장 리더십도 해체되었다. 직원에게 생긴 가족의 문제는 그냥 직원이 개인적으로 해결해야 할 문제로 외주화되었다. 총수의 사회적 부모의 역할도 사라졌다. 시장에서의 무한 경쟁을 통해 효율성과 단기성과를 극대화하라는 요구는 대한민국 기업경영의 규범으로 정착했다.

대한민국에 이입된 신자유주의는 각자 기업이 추구하던 기업의 사명과 존재이유라는 간판을 내리게 하고 대신 획일화된 이윤 극대화의 간판을 올리도록 강요했다. 가부장적 가족주의 리더십을 발휘할 때 재벌기업의 존재이유는 플랫폼을 만들어 국가에 보은하겠다는 다짐이었다.

공과는 여전히 논란이지만 이병철 회장은 삼성을 통해 대한민국을 반도체 선도국으로 만들겠다는 국가 보은의 사명이 있었고, 현대 정주영 회장은 대한민국도 수출할 수 있는 국산 자동차와 국산 배와 국산 아파트를 만들 수 있다는 사명이 있었다. 구인회 회장은 국산 라디오, 국산 TV를 만들 수 있다는 사명에 기반해 LG와 GS를 키웠고, 최종현 회장은 대한민국도 회사다운 회사를 만들어 젊은이들에게 미래의 희망을 줄 수 있다는 사명으로 SK를 키웠다, 박태준 회장은 국산 철강을 만들어 선진국 대열에 오를 수 있다는 사명이 있었고 이 사명에 대한 진정성이 있었다. 신자유주의는 이런 재벌기업의 사명을 내리고 시장 경쟁에 이겨서 단기적 성과를 내고 성과를 통해 이윤을 극대화해 지배주주에게 보은하는 것이 유일한 사명이라고 가르쳤다.

기업에서 사명과 존재이유가 사라지고 모든 경영이 경제적 효율성과 경제적 이윤으로 평가되는 구조는 미국에서와 마찬가지로 대한민국 경영자의 탐욕과 결탁해 다양한 문제를 일으켰다. 경영자들은 이윤을 빼돌려 비자금을 조성하고 조성된 비자금을 통해 정치권에 로비를 일삼았다. 사명에 대한 진정성과 사명을 지켜나가려는 철학의 부재로 인한 폐해는 심각했다. 실제 국제투명성기구(TI)에서 발표하는 대한민국의 부패지수(Corruption Perceptions Index, CPI)는 참혹했다. 1995년 시작한 문민정부, 국민의 정부, 참여정부, 이명박 정부, 2016년에 끝난 박근혜 정부까지 대한민국은 상당한 수준의 부패 국가라는 오명을 벗어나지 못했다.[10] 이런 사실을 증명이라도 하듯이 한국의 경영자들과 그 자손 중에서 보편적으로 존경받는 진성리더를 찾기가 힘들다. 전과기록을 가진 경영자들도 많다.

진정성의 부재는 기업들의 홈페이지에서도 잘 드러난다. 회사의 홈페이지에는 회사의 사명과 목적을 현란하게 홍보하지만, 이런 사명과 목적은 보여주기 위한 윈도 드레싱(Window Dressing)

---

10 윤기은 기자 (2024). "한국 국가 청렴도 7년 만에 순위 하락." 「경향신문」, 2024.1.30.

이다. 구성원들에게 사명과 목적이 실제 비즈니스 프로세스를 통해 실천되는지를 물어보면 대부분은 부인한다. 내부 구성원인 종업원들이 들려주는 비즈니스의 이야기와 홈페이지에서 약속한 이야기가 서로 다르다.

단기 실적 위주의 경쟁에 대한 미신은 비단 경제계에 국한된 문제가 아니다. 정치 영역을 들여다보면 오히려 경제 영역은 낫다는 생각이 든다. 우리나라에서 정치가의 진정성 부재는 뿌리 깊은 역사가 있다. 시대가 흘렀음에도 최근 인사청문회에서 단골로 제시되고 있는 논쟁이 능력과 진정성에 대한 문제다. 공공선에 대한 진정성이 없는 후보자가 능력과 재능을 인정받아 장관이나 선출직으로 임명되면 이들의 재능과 능력은 반드시 망치로 전락한다. 이들 후보자의 공통점은 능력은 있지만 자기 자신에게 부끄럽지 않을 정도로 인생을 진솔하게 살아왔는지의 진정성 측면에서는 모두 낙제점이다.

더 큰 문제는 2019년 미국 BRT 선언을 비롯한 세계 경제는 신자유주의를 포기하고 지속 가능한 자본주의를 만들기 위해 전략적 목표와 존재목적을 정렬시키기 위해 치열하게 노력하고 있음에도 대한민국 기업들은 이런 운동이 기업생태계에 어떤 쓰나미로 작용하는지를 파악하지 못하고 있는 현실이다.

진성리더십의 원리

진성리더십이라는 리더십 바로 세우기 운동은 리더십의 스타일이나 역량이라는 필요조건보다는 리더십의 충분조건의 중요성에 대해 설파한다. 리더로서의 충분조건은 공공선을 지향하는 '공유된 목적(shared purpose)에 대한 진실성'이다. 리더로서의 충분조건을 반영해 저자는 진성리더란 "목적에 대한 진실성으로 자신과 구성원을 임파워먼트시켜 사명의 울타리를 만들고 그 울타리 안에서 심리적 안정감을 조건으로 구성원을 자발적 협업에 동원하는 리더로 정의한다. 구성원의 자발적 협업을 통해 목적에서 약속한 변화를 실현하는 리더가 진성리더다.[11]

진성리더십 정의가 함축하고 있는 핵심은 목적에 대한 진정성이다. 진정성이란 자신을 일으켜 세우는 목적과 구성원을 일으켜 세우는 목적이 같은 상태다.[12] 목적이라는 준거가 없다면 리더의 진정성을 판별할 방법이 없다. 이런 준거가 없어서 자신에게 하는 이야기와 구성원에게 하는 이야기가 상황에 따라 달라지는 리더가 유사리더(pseudo leader)다. 유사리더는 자신에게 하는 이야기와 구성원에게 하는 이야기가 다르다. 존재목적에 대한 믿음이 없는 상태가 가장 큰 이유지만 존재목적에 대한 믿음의 자리에

---

11 윤정구 (2015). 『진성리더십』. 라온북스. p.6.

12 Trilling, Lionel (1972). *Sincerity and Authenticity*. Harvard University Press; 스탠퍼드 대학교 철학 백과사전 참조(https://plato.stanford.edu/entries/authenticity).

자신의 욕심이 자리할 때 유사리더의 면모가 나타난다. 이들이 자신에게 하는 이야기는 자신의 이득을 최우선으로 실현하는 것이다. 하지만 구성원에게 개인의 이득을 우선하는 모습을 들키면 이들이 도와주지 않을 것을 안다. 이들은 구성원에게는 목적, 비전, 가치, 사명에 헌신하는 모습으로 자신을 포장한다. 포장이 들키지 않도록 연기하는 리더가 유사리더다.

진정성을 판별하는 준거는 다양하다. 기업의 경우에는 회계장부의 진정성, 홈페이지의 진정성도 중요하다. 다양한 수준과 차원에 대한 진정성이 있을 수 있으나 진성리더십에서 이야기하는 진정성은 하나로 수렴한다. 자신이 믿고 따르는 삶의 근거 가정이 왜 타당한지에 대한 질문을 했을 때 목에 칼이 들어와도 지킬 수 있는 가정에 대한 답이 근원적 준거다. 근거 가정이란 자신이 생명처럼 여기는 삶의 궁극적 이유인 존재목적을 뜻한다. 죽는 순간까지 왜 자신이 주인으로 나서서 필사적으로 열심히 살아야만 하는지 이유를 묻는다면 이에 대한 답이 존재목적이다. 기업도 마찬가지다. 왜 자신의 기업이 100년 기업으로 세워져야 하는지 이유를 묻는다면 이에 대한 답이 존재목적이다. 존재목적은 세상에 더는 개입할 수 없는 순간까지 리더가 달성해야 할 약속이다. 궁극적 목적을 가장 잘 설명할 수 있는 삶의 방식이나 비즈니스가 우리가 생각할 수 있는 가장 높은 수준의 최적화를 달성한다. 궁극적 존재목적과 분절된 단기적 목표를 종속변수로 설정해 최적화한 방식은 모두 부분 최적화다.

진성리더십에서 진정성(Authenticity)이란 리더가 조직의 존재목적에 대해 자신의 내면에 하는 이야기와 구성원에게 하는 이야기가 같은 상태(True to oneself)다.[13] 진성리더는 내면의 목적과 외면으로 표현된 목적이 다름에 대해 회의하는 사람들이 나타나면 진실(integrity)을 설명할 책무(accountability)가 있다. 진성리더십이란 공공선에 대한 약속인 공유된 목적에 대한 진실성을 기반으로 자신과 구성원을 임파워먼트시켜 목적을 실현하는 일에 구성원이 협업의 주인공으로 나서게 만든 리더십이다. 진정성의 어원에는 작가 정신(Authorship)이라는 뜻도 담겨 있다. 진성리더의 진실은 목적에 대한 약속을 스스로가 작가가 되어 작성했는지와 자신이 주인공이 되어 약속을 실현했는지의 문제다.

목적에 대한 일인칭 작가 정신과 목적의 주인공이 되어 약속을 실현하는 의지가 진정성의 본질이다. 미국의 유명 사전 출판사 메리엄웹스터사에서 2023년 올해의 단어로 선정한 것도 '진정성 있음(Authentic)'이었다.[14] 디지털 혁명은 원판에 대한 복제와 변형이 쉬워지고 이런 디지털 기술을 이용해 가짜 뉴스가 진짜 뉴스를 몰아내는 세상을 만들었다. 진정성이 올해의 단어로 선정된 이유도 존재목적에 대한 작가 정신과 목적을 실현하는 일에 주인

---

13 윤정구 (2015). 『진성리더십』. 라온북스. p.72.
14 https://www.merriam-webster.com/wordplay/word-of-the-year

공으로 나서는 헌신만이 디지털 세상 속에서 길을 잃지 않고 더 나은 미래를 위한 항해를 가능하게 만들기 때문이다. 세월이 혼 탁해질수록 진정성에 대한 갈망은 더욱 강하게 우리를 강타한다. 오랫동안 사랑받아 온 브랜드와 역사를 바꾼 리더의 명성은 이들 이 삶의 초기에 밀알로 가지고 있던 1그램의 진정성이 수만 톤의 세월이 부과하는 어려움의 무게를 극복하고 자라난 것이다.

진성리더가 추구하는 근원적 변화는 존재목적에 대한 약속을 지켜 구성원에게 진실과 진리를 직접 체험하게 하는 통시적 전 략과 진실과 진리를 실현하기 위해 리더의 정신모형을 내재적 으로 최적화하는 공시적 전략으로 나뉜다. 진성리더의 리더십 효과성은 통시적 전략, 공시적 전략을 제대로 실행해 목적에서 약속한 근원적 변화를 완수했는지의 문제다.

통시적 변화전략 진성리더는 존재이유에 대한 진정성을 소구해 서 목적에 대한 약속을 실현하고 이를 통해 근원적 변화를 실현 한다. 진성리더가 목적에 대한 약속을 실현해 근원적 변화를 완 성하는 과정은 시계열 상의 통시적 변화(diachronic deep change) 전략이다.[15]

첫째 단계는 목적에 대한 진정성(眞正性)을 선언하는 단계다. 진

---

15 윤정구 (2022). 『초뷰카 시대 지속가능성의 실험실: 애터미』. 21세기북스. p.267.

정성이란 공유된 목적을 실현하려는 자신에 대한 다짐과 구성원에게 하는 다짐이 같은 상태다. 목적에 대한 진실성이 핵심이다.

둘째 단계는 목적에 대한 진정성이 구성원에게 검증받는 단계다. 목적에 대한 약속을 실현해서 변화를 만들어내려는 노력은 상황적 요인에 의해서 제약을 받을 수 있다. 구성원은 리더가 목적에 대한 진실성을 약속해도 그 약속 자체의 진실성을 액면 그대로 받아들이지 않는다. 구성원은 어려운 상황에 부닥칠 때 리더가 목적에 대한 약속을 어떻게 취급하는지를 보고 리더가 선언한 목적의 진실성을 판단한다. 어려운 상황임에도 목적에 대한 약속에 충실하게 문제를 해결하려는 리더의 노력이 처절하고 측은하면 구성원은 리더가 약속한 목적이 진실성이 있다고 받아들인다.

목적이 구성원의 마음으로 받아들여져서 마음에서 준거로 뿌리를 내리면 바를 정(正)의 진정성(眞正性)에서 마음 심(心) 자가 들어 있는 진정성(眞情性)에 도달한다. 목적에 대한 진실성을 나름으로 검증해 마음으로 받아들인 구성원은 자신들의 리더가 진정성이 있다고 결론을 내리고 다른 사람에게도 리더의 진정성을 전파한다. 진정성은 리더의 주장이 아니라 구성원의 마음에 목적이 밀알로 심어진 상태다.

리더십에서 진정성이 중요한 이유는 리더가 목적을 주장하더라도 이 목적이 진실한 목적인지를 가늠할 수 없기 때문이다. 리더가 주장하는 목적이 구성원에게 진실한 것으로 검증되지 못하면 구성원들이 이 목적을 위해 자발적으로 협업하지 않는다. 구성원의 자발적 협업을 동원하지 못하면 모든 일을 수행하기 위해 현금으로 결제가 이뤄져야 한다. 목적을 실현해 근원적 변화를 완성하는 것은 물 건너간 일이다.

이런 진정성의 검증 과정에 대한 조언은 동양 고전 『맹자(孟子)』와 『중용(中庸)』에도 잘 나와 있다.

『맹자』의 「고자장(告子章)」에는 리더가 목적을 세우면 이 리더가 반드시 목적을 실현할 수 있는 재목인지를 역경(逆境)을 주어 검증하는 과정을 거친다고 설명한다.

"하늘이 장차 큰 임무를 사람에게 내리려 하면, 반드시 먼저 그 마음과 뜻을 괴롭히고, 뼈마디가 꺾어지는 고난을 당하게 하며, 그 몸을 굶주리게 하고, 그 생활을 빈궁에 빠뜨려 하는 일마다 어지럽게 한다. 이는 그의 마음을 두들겨서 참을성을 길러주어 지금까지 할 수 없었던 일도 할 수 있게 하기 위함이니라."

『중용』 23장에도 세운 목적이라는 숨겨진 진실이 구성원의 마음속에 준거로 뿌리를 내리는 과정이 리더십의 본질임을 설파하고 리더가 약속한 목적이 구성원의 마음에 정성스럽게 심어져 진정성(眞情性)을 획득하는 과정을 치곡(致曲)이라고 설명한다. 치곡의 치(致)는 도달함을 뜻하고 곡(曲)은 굽을 곡이다.

"숨겨진 진실에 진심을 다해야 한다. 진심을 다하면 정성스럽게 된다. 정성스럽게 되면 형태가 만들어지고, 형태가 만들어지면 겉으로 드러나고, 겉으로 드러나면 명백해지고, 명백해지면 남을 감동시킨다. 남을 감동시키면 변하게 되고, 변하면 만들어진다. 그러니 오직 세상에서 지극히 정성을 다하는 사람만이 나와 세상을 변하게 할 수 있다."

진정성은 처음에 주장했던 목적이 더는 유지하기 힘들 때임에도 이 목적을 통해 문제를 해결하려고 리더가 측은하게 모든 노력을 다하고 있을 때 구성원의 마음속에서 태어난다. 진정성은 다른 현실적 대안이 제기되어도 이것에 흔들리지 않고 기회비용을 감수하려는 노력을 통해 검증된다. 이 노력을 지켜보고 있던 구성원은 인간적으로 '나라면 저렇게까지는 못할 텐데'라는 측은한 마음이 생겼다면 리더의 주장을 진실로 받아들여 자신의 마음에 뿌리를 내리게 마음을 내준다. 그리고 마음속으로 선언한다. '우리 리더는 진정성이 있는 사람이고 이 사람의 주장과 약속은 진실이다.' 진정성은 장본인이 아니라 도움을 주기 위해 지켜보고 있는 사람들의 마음속에서 태어난다. 리더가 제안한 목적이 구성원의 마음속에도 심어져서 준거로 뿌리를 내리는 사건은 고난을 통과해야 달성된다. 저자는 이 검증 과정을 고난과 시련의 패스라고 해서 고시패스라고 부른다.

셋째 단계는 목적에 대한 씨앗을 마음으로 받아들인 구성원들이 사명의 울타리를 두르고 자신의 전문성을 모아서 협업으로 목적을 실현하는 과제를 진행해 처음으로 성과를 만들어내는 단계

그림 3-1. 진성리더의 근원적 변화 과정

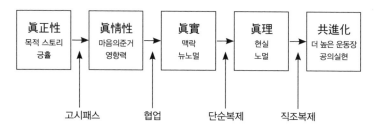

다. 목적이 부분적으로 현실이 된 상태다. 진실(眞實)은 리더의 목적이 밀알로 발아되어 최초의 성과로 드러난 상태다.

넷째 단계는 새롭게 등장한 진실을 표준으로 다른 구성원도 이런 표준 사례를 배우고 각자의 부서에 전파하는 단계다. 이런 복제가 성공해 조직 전체가 이런 상태를 뉴노멀로 받아들이면 진실은 누가 나서서 부인하기 힘든 보편적 진리이자 문화로 정착한다.

마지막 단계는 공진화의 단계다. 상황이 새롭게 변화하면 지금의 상태를 날줄로 삼고 미래의 더 나은 상태를 씨줄로 삼아서 새로운 태피스트리를 만들어내고 태피스트리를 실현해 더 높은 곳에 더 평평한 공의의 운동장(playground of shared purpose)을 세운다.

공시적 변화전략 통시적 시각을 넘어 한 시점을 중심으로 공시적으로 이뤄지는 진성리더의 근원적 변화(synchronic deep change)

는 네 개의 진성리더십 기둥인 자기 인식, 자기 규제, 관계적 투명성, 균형된 정보 처리를 높은 수준에서 실현하고 이들을 엮어서 운동장을 만드는 전략이다.[16]

진성리더의 자기 인식이란 리더가 속한 조직의 공유된 존재목적을 거울로 조직의 정체성에 대해서 분명하게 인지하는 상태다. 자신의 재임 기간 중 약속했던 존재목적이 실현된 상태를 리더십 여정의 종착점이라고 했을 때 자신의 조직이 과거 어디에서 여정을 시작했고 지금은 어디에 서 있고, 미래에는 어디를 향해서 가고 있는지 정체성 지도를 가지고 자신의 현재, 과거, 미래를 성찰하고 반성할 수 있어야 한다.

진성리더십에서는 이 정체성의 거울을 '정신모형'이라고 부른다. 정신모형 I은 과거에서 지금 현재에까지 도달한 정체성 지도고, 정신모형 II는 현재에서 목적에서 약속한 미래에 도달하는 정체성 지도다. 정신모형 I은 과거를 통해 현재를 성찰하는 거울이고, 정신모형 II는 도달한 미래를 통해 현재를 성찰하는 거울이다.

자기 규제는 존재목적을 실현하기 위해서 계획한 일련의 사명 과제를 반복해 최종적으로 도달하기로 약속한 상태와 현재의 상태의 차이를 줄이는 과정이다. 자기 규제를 통해 리더와 구성원은 존재목적에 도달할 수 있다는 믿음을 형성한다. 진성리더는

---

16 공시적 변화에 관한 더 자세한 내용은 다음을 참조할 것. 윤정구 (2015). 『진성리더십』. 라온북스. pp.96-155.

믿음을 통해 어려움을 극복하는 근력(Discipline)을 얻는다. 목적을 실현할 것이라는 믿음에 대한 근력이 진성리더의 회복탄력성(Resilience)이다.

관계적 투명성은 진성리더가 근원적 변화를 이루는 과정에서 동원하는 협업의 원리다. 목적을 최종적인 중재자로 설정하고 구성원을 목적을 달성하기 위한 수단이 아니라 동행(fellow)으로 초대한다. 관계적 투명성이란 구성원 간 믿음으로 관계를 유지하고 있어서 관계를 유지하는 데 거래비용이 없는 상태다. 서로가 여정의 파트너이자 운명의 동반자로 여행 중 상처받고 아플 개연성을 공유해 파트너 사이의 신뢰가 생성된다.

균형된 정보 처리는 과거에서 현재에 이른 지도인 정신모형 I과 현재에서 미래에 이르는 지도인 정신모형 II를 업데이트하는 문제다. 정신모형 I은 진성리더의 내비게이션과 같은 역할을 하

그림 3-2. 진성리더십의 네 기둥

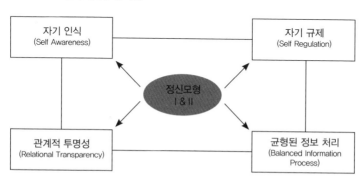

고 정신모형 Ⅱ는 나침반과 같은 역할을 한다. 진성리더는 내비게이션을 현재 상황에 맞게 업데이트하고 세상이 변화해도 변화에 맞춰 나침반이 방향을 찾도록 극성을 유지하게 만든다. 진성리더가 의사결정에서 확증편향에 빠지지 않고 올바른 길을 선택하는 결정을 내릴 수 있는 것은 업데이트된 내비게이션(정신모형 Ⅰ)과 극성이 있는 나침반(정신모형 Ⅱ)을 기반으로 시의적절한 지도를 그려내고 이 지도에 근거해 의사결정을 할 수 있기 때문이다.

진성리더는 정신모형이라는 지도를 통해 근원적 변화의 행로에 대해 인식하는 통찰력을 가지고 있고, 실제로 사명 프로젝트를 통해 목적지에 도달하는 시도를 반복적으로 지속한다. 이러는 과정에서 구성원을 협업의 파트너로 동원하고, 설사 상황과 환경이 바뀌어도 나침반과 내비게이션을 통해 길을 벗어나 탈로하지 않는다. 진성리더는 이런 기둥을 세우고 여기에 상판을 올려 협업의 운동장을 만든다. 진성리더는 운동장에서 구성원의 협업으로 존재목적에서 약속한 근원적 변화를 완성한다.

진성리더와 가스라이터

리더십이 중요한 것은 사실이지만 리더십의 중요성을 지나치게 강조하다 보면 리더십에 대한 로맨스(leadership romance)에 빠지게 되고 더 나은 변화의 수단이 되어야 할 리더십이 목적으로 전치된다. 리더십이 목적이 되어 수단의 역할을 잃어버리면 리더십은 반드시 우상화된다.[17] 수단이었던 리더십이 목적으로 우상화되면 리더십은 영향력을 발휘해서 근원적 변화를 만드는 수단이 아니라 세상을 혼탁하게 만들고 많은 사람에게 고통을 주는 무기가 된다.

우상화된 리더가 영향력이 아니라 무기로 전락하는 과정에 동원되는 대표적 기법이 가스라이팅이다. 우상화된 리더는 가스라이팅을 통해 자신과 측근 카르텔의 이익을 충족시키기 위해 구성원의 종속성을 심화시켜 결국은 자신의 욕구를 충족시키는 수단으로 종속시킨다.

가스라이팅당한 구성원은 리더가 만든 토굴 감옥에 갇혀 노예 생활을 시작하고 리더는 구성원이 자신에 대한 종속성을 벗어나 토굴을 탈주하는 것을 막기 위해 세상과 교류를 끊게 만든다. 가스라이터는 구성원이 토굴을 벗어날 때 느끼는 공포와 비극에 관한 이야기를 조작해 공포지대(fear zone)를 만들어낸다. 가스라이터가 인위적으로 설치한 공포지대가 받아들여지면 구성원은 복종 상태를 벗어나기 힘들다.

역사적으로 최고의 가스라이팅 리더는 독일 게르만 민족을 전부 가스라이팅한 히틀러다. 이런 히틀러에게 고무되어 히틀러의

---

17 Meindl, J.R. (1995). "The Romance of Leadership as a Follower-Centric Theory: A Social Constructionist Approach." *Leadership Quarterly*, 6: 329-341.

아류로 나섰던 히로히토 천황과 전대 천황 메이지도 따지고 보면 가스라이팅의 대가였다. 김일성, 김정일, 김정은도 전 북한 주민들을 가스라이팅한 독재자들이다. 대한민국에서 활동하는 대부분의 사이비 교주들도 가스라이터다.

기업도 예외가 아니다. 가족 전체가 갑질에 나섰던 대한민국의 모 항공사 가족, 대리점주에게 갑질을 유도하다 발각되어 몰락한 모 유제품 회사의 회장도, 임원들을 머슴으로 취급했던 한 철강 회사의 전 회장도 대표적 가스라이터였다. 미국 경제를 파산시키고 국제금융 위기를 가져오는 데 큰 공을 세웠던 엔론의 케네스 레이 회장도 전 직원들을 대상으로 신자유주의 바이러스로 가스라이팅을 일삼다 몰락했다.

가스라이팅은 리더십을 가장한 바이러스여서 어디든 정신적으로 약한 고리가 발견되면 쉽게 침투해 전염에 성공한다. 바이러스가 숙주로 삼는 약한 고리란 삶의 주인임을 규정하는 존재목적이나 철학이 없는 경우다.

진성리더와 가스라이터의 차이는 소통, 의사결정, 동기화, 성과관리, 변화관리 등의 스킬에 있는 것이 아니라 이런 스킬을 이용해서 어떤 의도(意圖)를 실현하려는지에 달려 있다. 진성리더는 자신과 구성원에게 약속한 공유된 목적을 실현하기 위해 리더십 스킬을 사용하는 반면 가스라이터는 자신의 숨겨진 욕망 즉 저의를 실현하는 데 리더십 스킬을 이용하는 사람이다. 아마도 리더십 스킬에서의 숙련도는 진성리더보다 가스라이터가 한 수 위일 개연성이 높다. 가스라이터 리더는 이런 현란한 리더십 스킬을 이용해서 구성원 자신을 영구적 노예로 만드는 일에 집중한다.

진성리더는 목적이 반영된 명확한 마음의 지도인 의도를 구성원의 마음에 심어 준거적 영향력을 행사한다. 의도(意圖)라는 한 자의 뜻이 표현하듯이 의도란 리더가 가지고 있는 마음의 지도이자 리더가 약속한 목적에 이르게 하는 지도다. 이 의도가 상황 속에 제대로 뿌리를 내릴 때 상황은 비옥한 맥락이 있는 토양으로 바뀐다. 리더의 신뢰는 리더가 어려운 상황에서도 약속한 목적을 실현하려는 의도를 위해 처절한 노력을 보일 때 구성원은 목적에 대한 진정성을 받아들이고 리더의 지도를 신뢰한다. 신뢰는 리더가 가진 의도의 진정성이 받아들여진 정도다.

의도는 공동의 목적을 전달하는 전령사이지만 저의(底意)는 리더가 공개적으로 밝히지 못하는 숨은 의도다. 숨겨진 의도는 리더의 꿍꿍이 속셈으로 자신의 이득과 가족 혹은 자신의 정치적 이해 집단의 이득을 챙기는 것과 연관된다. 개인적 욕심이 숨겨진 모습인 저의를 가진 리더들은 공개적인 장소에서는 조직의 비전과 미션에 대해 침이 마르도록 설파하나 그것은 모두 자신의 저의를 감추기 위한 연기다.

리더가 세운 전략이 아무리 현란해도 실현에 실패하는 이유가 여기에 있다. 아무리 현란하게 경영학 최고의 기법을 동원해서 전략을 만들어도 이 전략에 공공선을 실현하는 목적에 대한 의도가 빠지면 리더는 전략을 실현하기 위해 과도한 인센티브를 동원해야 한다. 인센티브로 길든 구성원들은 모든 과제마다 계산기를 두드리고 진정성 있게 전략을 실현하는 일에는 헌신하지 않는다. 선한 의도가 사라진 전략의 지행격차는 극복하기 힘든 한계다. 전략의 존재이유는 전략적 의도에 의해 결정된다. 구성원들이 경영전략 실현에 헌신하지 않는 이유는 의도 상실로 전략이 진정성을 잃고 껍데기로 전락했기 때문이다.

세상의 역사적 변화를 만들어낸 리더들은 전략에 공동의 목적이라는 선한 의도를 개입시켜 구성원의 마음속에 심는 데 성공한 사람들이다. 대표적 인물은 인도와 영연방 국가들을 영국의 가스라이팅에서 해방시켰던 간디, 율법의 가스라이팅에 빠진 유대인들을 해방시켰던 예수, 대한민국을 일제에서 해방시킨 김구와 안창호, 흑인들을 노예에서 해방시켰던 링컨, 사랑을 목적으로 전파해 전설적 항공사 사우스웨스트를 설립했던 켈러허 회장, 대한민국 기업 리더들에게 가야 할 길을 보여준 유한양행의 유일한 박사 등등을 들 수 있을 것이다.

리더십의 자유도와 민주화

진성리더는 리더로서 충분조건에 대한 얼개를 제공한다. 진성리더십은 카리스마 리더십, 서번트 리더십, 변혁적 리더십, 공유 리더십, 코칭 리더십, 적응 리더십, 감성 리더십, 포용적 리더십, 거래적 리더십처럼 특정한 리더십의 스타일을 이야기하지 않는다. 진성리더가 리더십의 충분조건을 실현하고 있다면 진성리더의 리더십 스타일은 상황에 따라 유연하게 채용된다. 스타일이 진성리더의 존재목적에 대한 진정성과 정렬되는 방식으로 채용되면 이들 스타일 앞에 진성 변혁적 리더십, 진성 서번트 리더십, 진성 코칭 리더십, 진성 공유 리더십, 진성 포용적 리더십 등 진성이라는 형용사가 붙는다.

시대적 상황이 바뀌면 리더십은 시대에 맞게 다시 정의되어야

그림 3-3. 진성리더십의 필요충분조건과 리더십 자유도

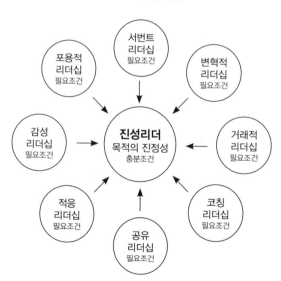

하고 새로운 정의에 따라 새로운 리더십의 스타일이 만들어져야
한다. 신자유주의 시대에는 카리스마 리더십이나 변혁적 리더십
이 답으로 제시되었지만, 지금과 같은 L자 불경기와 디지털이 추
동하는 변화가 상수인 시대에는 또 다른 리더십 유형이 요구된
다. 시대가 바뀌어도 진성리더가 지속 가능성을 누릴 수 있는 이
유는 리더십 스타일을 유연하게 바꿀 수 있는 자유도 때문이다.

진성리더가 시대와 상황에 따라서 리더십 스타일을 변화시켜
도 리더로서 영향력을 발휘할 수 있는 이유는 진정성을 구현해
만들어낸 신뢰 잔고 때문이다. 목적에 대한 진정성을 소구해 만
든 신뢰 잔고가 진성리더가 상황에 따라 유연하게 스타일을 바꿀
수 있는 자유도의 기반이다.

이런 자유도를 이용해 진성리더는 시대에 맞는 다양한 스타일
을 유연하게 구사해 약속한 근원적 변화를 완성한다. 진성리더는
근원적 변화를 위해 협업하는 구성원 모두를 리더로 개발하는 리
더십의 민주화를 실현한다. 리더십의 민주화란 모든 구성원이 리
더로 성장한 상태다. 모든 구성원이 리더이기 때문에 리더십이란
말이 굳이 필요하지 않은 상태가 리더십의 민주화다.

진성리더는 리더십의 대안적 스타일을 이야기하지 않는다. 리더
로서의 충분조건을 갖추고 있다면 리더십 스타일은 상황에 맞게
최적화된 스타일을 만들어내 충분조건과 정렬할 것을 권고한다.
시대가 변화하면 시대에 맞는 리더십에 대해서 다시 정의하고 이

새로운 정의에 따라 필요한 리더십 스타일을 다시 조형해 가도록 제안한다. 진성리더십은 리더십 바로 세우기 운동이다.

리더십 인사이트 | 대한민국에도 진성리더가 있나요?

진성리더십을 소개하다 보면 "대한민국에도 진성리더가 있나요?" 하는 질문을 어김없이 받곤 한다. 진성리더의 모습이 너무 이상적이어서 대한민국에는 없을 것 같다는 답을 예상하고 던지는 질문이다.

진성리더란 목적에 대해서 각성하고 목적으로 무장한 사명을 쇄빙선으로 운용해 근원적 변화를 완성하는 리더다. 따라서 삶과 경영에 대한 개입이 마무리되지 못한 분들을 진성리더인지 아닌지 평가하는 것은 위험한 일이다. 진성리더라는 판단은 삶과 경영의 개입이 마무리되는 시점에 이르러서야 영향을 받은 사람들이 모여 결론을 내릴 수 있다. 개입이 끝나기 전까지는 아무리 훌륭한 분이라 하더라도 진성리더로 되어감(Becoming)에 관해서만 판단할 수 있다. 생을 마무리하신 분이라 하더라도 진성리더는 자신을 우상화하거나 돋보이게 만드는 작업을 극도로 꺼리기 때문에 본래 세상에 잘 알려지지 않은 경우가 많다. 대한민국이 지금 정도로 발전할 수 있었던 것도 알려지지 않은 무수히 많은 진성리더가 더 나은 세상의 플랫폼을 공진화하기 위해 다른 사람들 모르게 헌신했기 때문이다.

(사)한국조직경영개발학회는 학회 차원에서 알려지지 않은 진성리더를 발굴해서 일반인에게 소개하는 사업을 진행하고 있다. 이렇게 발굴한 분들 중에 제약업계의 진성리더인 유한양행의 설립자 유일한 박사와 JW그룹의 설립자 이기석 사장도 있다.[18] 유일한 박사는 비교적 잘 알려져 있지만, JW그룹의 이기석 사장은 대중에게 알려지지 않은 분이다. 이기석 사장은 해방 직후 중외제약을 설립할 당시부터 수액과 치료제 등 약다운 약만을 생산해서 생명을 살린다는 '한 우물 경영'의 사명으로 회사를 시작했다.

성천 이기석 사장의 리더십과 유일한 박사의 리더십에서는 공통점과 차이점이 있다. 이기석 사장이나 유일한 박사 모두 진성리더로서 사명인 사람의 아픔을 치유하는 일을 자신의 목숨처럼 중요시했다는 점이 같았다. 하지만 리더십 스타일에서는 차이를 보였다.

유일한 박사는 본인이 시계탑도 건설하고 시간도 직접 알려주는 진성 변혁적 리더였다. 유일한 박사는 독실한 기독교 신자이자 다재다능한 운동선수였다.[19] 미시간 대학교에도 미식축구 장학금을 받아 입학했고 스탠퍼드 대학교에서는 국제법으로 박사학위를 받았다. 삼일운동이 발발하자 서재필이 이끄는 독립운동에 청년 리더로 참여했다. 한마디로 유일한 박사는 본인이 앞장서서 진두지휘하는 변혁적 진성리더다. 유일한 박사는 일제 강점기 만주를 여행하던 중 만주에 피신해서 살던 이주민들의 참혹한 건강 상태를 목격하고 충격에 빠졌다. 건

18   윤정구 (2019). "제약업계의 진성리더(Authentic Leader) 탐구: JW그룹 창업자 성천 이기석의 리더십." 『리더십 연구』, 10. pp.59–93.

19   https://newih.yuhan.ac.kr.

강한 국민만이 제대로 된 주권을 행사할 수 있다는 각성을 했다. 주권을 다시 찾아오기 위해서는 먼저 쇠약해진 국민의 건강을 챙겨야겠다는 생각으로 귀국해서 1926년 유한양행을 창립했다. 유한양행의 버드나무 로고에는 국민으로 하여금 이 나무의 큰 그늘에서 편하게 쉴 수 있게 하겠다는 뜻이 담겨 있다.

이에 반해 이기석 사장은 시계탑을 건설하는 일에 집중하고 나머지는 경영진에게 전적으로 위임한 서번트형 진성리더였다. 이기석 사장은 사명의 울타리를 세우고 이 세워진 울타리 안에 운동장을 깔아 구성원들이 자신의 전문성을 신장할 수 있도록 후원하는 스타일이었다. 한마디로 평범한 사람들이 사명을 중심으로 협업한다면 비범한 것을 성취할 수 있다는 믿음을 실현했다. 이기석 사장은 한학을 가르쳤던 선비 집안 출신으로 젊어서는 불교에 심취해 아픔에 대한 자비심을 배웠다. 이런 성향에 따라 이기석 사장은 자비심과 겸손함을 바탕으로 사명의 울타리를 세우고 조용하게 혁신을 일으켰다. 조용한 서번트 리더십을 구사했다는 점에서 이기석 사장의 리더십이 대중에게 잘 알려지지 않았다.

서번트형 진성리더든 변혁적 진성리더든 이들 진성리더에게 타협의 대상이 될 수 없는 하나는 사명을 구현하기 위해 목숨을 바치고 이를 위해 모든 자원을 최적화해 근원적 변화를 만드는 일이다. 유일한 박사와 이기석 사장은 사명에 대한 헌신으로 대한민국 제약업계의 기초를 만들었다. 유일한 박사와 이기석 사장은 제약회사라면 약다운 약만을 만들어야 한다는 업에 대한 사명을 가지고 평생을 헌신했다. 유일한 박사와 이기석 사장은 제약회사의 이름을 걸고 비타민제와 같은 드링크제를 만들어 매출을 올리는 것을 반대했다. 제약회사라는 이름을 쓰려면 돈을 버는 것을 넘어 생명을 구하고 사람들의 건강을 위하는 치료제에 매진해야 한다는 사명 때문이다.

유일한 박사는 1971년 타계 시 회사를 전문경영인에게 맡기고 자신의 전 재산을 사회에 헌납했다. 기업으로 일군 모든 것을 사회에 환원하겠다는 기업의 사회적 책임(CSR)을 실천한 것이다. 유일한 박사가 자신이 일군 모든 것을 사회재단에 환원한 것으로 사회적 책임을 실천했다면, 이기석 사장은 국민의 혈류인 최고의 수액을 생수보다 싼값에 공급하는 기반을 만들었다. JW그룹은 K혈류를 세계인의 핏줄에 공급하는 글로벌 수액 공급자로 성장했다. JW그룹은 기초 의약품과 생명 지킴이로서 퇴장방지의약품, 치료제 전문 헬스케어 그룹으로 사회에 공헌해 왔다.

사명을 실천한 결과 유한양행은 제약업계 1위라는 성장을 구가해 왔고 JW그룹은 수액의 글로벌 리더로 성장해 왔다. 두 명의 진성리더에 의해서 설립된 유한양행과 JW그룹이 미래에는 어떤 형태로 진화할지 리더십을 연구하는 학자들에게는 초미의 관심거리다.

누군가가 대한민국에도 진성리더가 있는지 또다시 묻는다면 필자는 한결같이 이렇게 대답할 것이다. 대한민국에는 이기석 사장과 같은 이름이 알려지지 않은 진성리더가 많이 있다고. 이들의 알려지지 않은 헌신으로 우리가 지금과 같은 수준의 삶을 누릴 수 있는 것이라고 말이다.

• 진정성은 자신에게 하는 이야기와 주변 구성원에게 하는 이야기가 같은 상태다. 존재목적은 가장 높은 수준에서의 진정성의 준거다.

• 리더십의 영향력은 목적에 대한 진정성을 구성원이 마음속으로 준거로 작동할 때 발현된다. 구성원은 리더의 목적에 대한 약속을 액면 그대로 받아들이지 않고 나름의 검증 과정을 거친다. 어려움 속에서 목적에 대한 진정성이 소구되면 구성원은 목적을 실현하기 위한 협업 과제에 자발적으로 참여한다.

• 진성리더가 목적을 통해 약속한 근원적 변화가 실현되는 것은 통시적 과정과 공시적 과정을 통해서다. 통시적 과정은 리더가 목적에 대해서 약속하고, 약속의 진실성을 검증하고, 목적을 밑알로 심어 구성원과 같이 협업으로 가꾸어 진실을 만들어내고, 구성원들이 진실을 전파하고 공진화를 실현하는 과정이다.

• 공시적 과정은 목적을 통해 자신과 조직을 성찰하고, 어려움을 이겨가며 목적을 실현하는 일련의 과제를 수행하고, 변화한 세상에 맞춰 정신모형의 지도를 업데이트하고, 구성원과는 존재론적 관계를 통해 목적 실현을 위한 협업의 운동장을 만드는 과정이다.

• 리더십은 근원적 변화를 만들기 위한 수단이지 목적은 아니다. 리더십이 수

단이 아니라 목적으로 취급되어 우상화된 것을 리더십 로맨스라고 부른다.

• 가스라이터는 리더십 로맨스로 전락한 리더십을 이용해 자신의 저의를 챙기는 사람이다. 이들은 자신의 저의를 숨기기 위한 연기에 능수능란하다.

• 리더의 전략이 실패하는 이유는 전략의 의도가 분명하지 않기 때문이다. 공공선을 실현하려는 목적이 장착되지 못한 전략은 아무리 현란해도 실행하는 단계에서 실패한다. 선한 목적을 실현하려는 의도를 담지 못한 전략을 실행하기 위해서는 각종 당근과 채찍을 동원해야 한다. 당근과 채찍에 동원된 구성원은 항상 계산기 두드리는 일에 집중하고 목적을 실현해 근원적 변화를 완성하는 일에 헌신하지 못한다.

4장

급진 거북이

천 리 길도 한 걸음부터.

—노자

농부는 밭을 탓하지 않는다.

—한국 속담

진성리더는 목적으로 약속한 근원적 변화를 완수하기 위해서 급
진 거북이(Tempered Tortoise/Tempered Radical) 전략을 사용한
다.[1] 급진 거북이란 존재목적에 대한 약속에서는 어떤 일이 있더
라도 약속을 따르고 지키는 급진주의자 성향을 보인다. 하지만

---

1 Meyerson, Debra E. (2001). *Tempered Radicals: How People Use Difference to Inspire Change at Work.* Harvard Business Review Press.

실현되기 전 약속의 상태인 존재목적을, 과업을 통해 실현하는 일에서는 할 수 있는 것에서, 지금 당장 할 수 있는 것에서, 지금 가진 것만 가지고 할 수 있는 경계 울타리를 정해 놓고 거북이처럼 시작한다. 거북이처럼 실행해 어느 정도 달성되면 달성된 상태를 지렛대로 삼아 다시 경계의 범위를 확장한다.

진성리더들은 삶과 일에서 반복되는 과제를 통해 현실에 균열을 만든다. 이 균열에 목적의 밀알을 심고 키워내 조그만 차이를 만든다. 이 차이를 지렛대로 삼아 더 큰 차이를 만들고 궁극적으로는 목적에서 약속한 근원적 변화를 실현한다.[2] 진성리더는 앞에서 이뤄진 과제의 결과가 다음 과제에 초깃값으로 반영되는 변화 과정의 반복적 끼워 넣기(embedding)에 주목한다. 진성리더는 개입이 끝나는 시점까지 상황이 허락하는 대로 목적의 씨앗(의도)을 반복적으로 과업 속에 끼워 넣기를 통해 차이를 키운다.[3] 과제가 반복될 때마다 일관되게 목적의 씨앗을 끼워 넣어가며 여기에서 조그만 성과라도 생기면 그 성과를 지렛대로 삼아 목적에서 약속한 큰 차이를 실현한다.

---

2 철학자 중 진성리더가 취하는 급진 거북이에 가장 부합한 전략을 제시한 사람은 들뢰즈다. 들뢰즈는 『차이와 반복』에서 반복을 통해 새로운 차이라는 근원적 변화를 만드는 창생(蒼生) 개념을 제시한다. Deleuze, Gilles (1994). *Difference and Repetition*. Columbia University Press.
3 Granovetter, Mark (1985). "Economic action and social structure: The problem of embeddedness." *American Journal of Sociology*, 91(3): 481-510.

행동경제학

경제학에서 시장은 사는 사람과 파는 사람의 수요와 공급을 통한 가격 경쟁이 반복되는 게임장이라고 가정한다. 고전 경제학은 모든 참가자가 합리성을 추구하는 독립적 참가자이고 게임을 반복할 경우 앞 게임의 결과가 뒤 게임에 영향을 미치지 않는다고 전제한다. 경제학은 반복을 통해 만들어지는 차이에 대한 가정을 받아들이지 않는다. 경제학의 게임은 전 게임에서 누가 잃고 땄는지를 떠나 매번 다시 시작하는 도박 게임이다. 이런 가정 아래 수요와 공급이 만나는 가격 균형점을 찾기 위해 모든 정보를 가지고 있는 합리성의 화신인 신이 나서서 게임을 한다면 어떻게 할 것인지를 시뮬레이션한다. 개인의 취향에 쉽게 흔들리지 않고 합리성을 추구하는 신이 만든 전략을 인간도 따라야 할 규범으로 제시해 왔다.[4]

사회학은 고전경제학과는 다른 입장이다. 사회학에서는 교환 이론을 통해 반복적 교환의 문제를 중점적으로 다룬다.[5] 여기서 교환은 시장에서 경제적 재화를 사고파는 것을 포함해 선물 교환이라든지 호의의 교환 등등 가치 있는 모든 것이 그 대상이다. 교

4　합리성의 화신인 신이 도달한 규범을 따른다고 해서 고전 경제학을 '규범적 학문(the normative discipline)'으로 부른다.

5　Blau, Peter M. (1964). *Exchange & Power in Social Life*. Transaction; Homans, George (1961). *Social Behavior: Its Elementary Forms*. New York: Harcourt Brace Jovanovich; Emerson, R.M. (1976). "Social exchange theory." *Annual Review of Sociology*, 2: 335-362.

환 이론에서 교환 관계에 참여하는 사람은 독립적 게임자가 아니다. 게임 시작 전에도 사회적 맥락이라는 서로에 대한 상호 의존 관계를 가정한다. 삶을 반복되는 교환 혹은 거래라고 생각하지만 사회학은 앞 거래의 결과가 맥락이 되어 뒤의 거래에 영향을 미친다고 가정한다.[6] 이런 가정 하에 인간들이 교환, 거래, 게임을 통해서 얻는 편익도 중요하지만, 이익을 넘어 공동의 정서도 만들어내고 이 정서를 지렛대로 삼아 공동체를 형성하기도 한다고 가정한다. 사회 공동체는 거래에 참여하는 사람들에게 중요한 맥락이 되어 다시 영향을 끼친다고 보았다. 공동체가 만들어지면 거래의 규칙은 새롭게 규정돼 다시 공진화한다.

이 책은 경제학, 사회학을 넘어 행동경제학에서 연구되어 온 내용과 가정을 급진 거북이 전략에 반영하려고 노력했다. 행동경제학은 사회학에서처럼 삶을 반복되는 게임의 관점에서 연구해 왔다. 행동경제학은 삶을 두 사람 사이의 양자 게임인 죄수의 딜레마(Prisoners' Dilemma)에서 시작해 다자간 사회적 딜레마 게임 (N Persons Social Dilemma Game)으로 시뮬레이션해 가며 연구를 진행해 왔다. 합리적 이성을 가진 개인들이 도달하는 솔루션을 내시 균형점(Nash Equilibrium Point)이라고 칭하고 참가자들 모두

---

6 Lawler, Edward J. & Yoon, Jeongkoo (1996). "Commitment in Exchange Relations: Test of a Theory of Relational Cohesion." *American Sociological Review*, 61: 89–108; Lawler, Edward J. & Yoon, Jeongkoo (1993). "Power and the Emergence of Commitment Behavior in Negotiated Exchange." *American Sociological Review*, 58: 465–481.

에게 이득이 되는 파레토 최적점(Pareto Optimal Solution)과 구분했다.[7] 행동경제학은 사회적 딜레마 게임에서 내시 균형점에 함몰되는 참가자들이 반복적 게임을 통해 파레토 최적점에 도달하는 과정과 조건을 찾아내는 것이 목적이다.

두 명의 죄수 A와 B가 각각 다른 방에 갇혀 있다. 둘 다 같은 범죄를 저지른 공범이지만, 확실한 증거가 부족한 상태다. 경찰은 둘에게 각각 자백할 것을 제안한다. 둘이 서로 이야기하는 것이 불가능한 상태에서 선택지는 다음과 같다. 만약 A만 자백하고 B가 침묵하면 A는 석방되고 B는 10년형이다. 반대로 B만 자백하고 A가 침묵하면 B는 석방되고 A는 10년형이다. 둘 다 자백하면 각각 5년형이다. 둘 다 자백을 거부하면 각각 1년형이다.

상대방이 침묵할 경우 자신이 자백하면 석방되고, 침묵하면 1년형을 받으므로 자백이 유리하다. 상대방이 자백한다고 가정할 경

---

7 내시 균형과 파레토 최적점은 게임 이론의 토대를 제시했다. 두 명의 죄수가 따로 취조를 받는 상황을 연출한 죄수의 딜레마 게임에서, 이 게임의 결론은 두 사람 모두가 자백하는 내시 균형점에 도달한다. 개인의 이득을 전제로 게임할 때 도달할 수밖에 없는 균형점이다. 하지만 서로에게 모두 이득이 되는 솔루션은 둘 다 자백하지 않아 모두 무죄 방면되는 파레토 최적점이다. 내시 균형점은 개인이 이득을 추구할 때 도달할 수밖에 없는 지점이고, 파레토 최적점은 집단의 관점에서 모두에게 이득이 되는 최적점이다. 내시는 1950년 내시 균형점을 제시한 2페이지짜리 논문으로 1994년 노벨상을 수상했다. Nash, John (1950). "Equilibrium points in n-person games." *Proceedings of the National Academy of Sciences*, 36(1): 48-49; Nash, John (1951). "Non-Cooperative Games." The Annals of Mathematics, 54(2): 286-295; Benson, H.P. (2008). "Multi-objective Optimization: Pareto Optimal Solutions, Properties." In: Floudas, C. & Pardalos, P. Eds. *Encyclopedia of Optimization*. Boston, MA: Springer: https://doi.org/10.1007/978-0-387-74759-0_426.

그림 4-1. 죄수의 딜레마 게임

	상대의 자백	상대의 침묵
자신의 자백	자신, 상대 모두 5년 형	자신 석방, 상대 10년 형
자신의 침묵	자신 10년 형, 상대 석방	자신, 상대 모두 1년 형

우 자신도 자백하면 5년형, 침묵하면 10년형을 받으므로 역시 자백이 유리하다. 상대방이 어떤 선택을 하든지 자백이 더 유리한 선택이다. 모두 자백하는 결론이 내시 균형점이다. 둘에게 모두 유리한 최선은 모두 자백을 거부해서 1년의 형기를 받는 경우다. 모두 자백하지 않아서 얻게 되는 솔루션이 개인에게나 두 사람 모두에게나 이득이 되는 파레토 최적점이다. 게임을 반복해 학습한다는 조건을 도입하지 않으면 합리적 이성으로 도달한 전략적 종착역은 파레토 최적점이 아니라 내시 균형점이다.

변화를 위해서 서로 협업하는 경우와 협업하지 않는 경우도 마찬가지다. 변화를 위해 자신만 희생할 경우 상대는 큰 이익을 얻는다. 나는 희생하지 않고 상대만 희생한다면 상대의 손해는 크지만 나에게 돌아오는 개인적 이득이 크다. 상황이 바뀌지 않는다면 서로 변화를 위해 협업하지 않는 전략을 선택할 수밖에 없다. 변화를 위해 서로 희생하면 서로에게 도움이 되는 솔루션에 도달할 수 있지만 이런 솔루션은 한 번의 게임만 있다는 가정을 유지하는 한 도달할 수 있는 해법이 아니다. 이런 불확실성에 관한 생각에 사로잡히면 모두가 개인적 합리성을 위한 선택을 벗어 나지 못한다. 집단적 합리성을 요구하는 파레토 솔루션은 요원한 문제다.

파레토 최적점을 찾아내기 위해 행동경제학은 경제학과는 달리 반복된 게임을 상정하고 앞 게임의 결과가 다음 게임의 결과에 영향을 미친다고 가정한다.[8] 행동경제학은 경제학과 사회학의 중간 자적 입장이다.[9] 사회학의 가정을 받아들여 게임은 반복되고, 앞 게임의 결과가 다음 게임의 초깃값으로 반영된다고 생각하고 장기적 관점에서 참여자 모두에게 실질적으로 이득이 되는 파레토 솔루션을 연구했다. 사회적 교환과는 달리 행동경제학 게임에서는 오퍼와 카운터 오퍼를 주고받을 때에는 숫자로만 자신의 의도를 표현한다. 정서적 감정 거래를 포함해 모든 거래와 결과는 숫자로 단순화해서 표현할 수 있다고 가정한다.

미시간 대학교의 액설로드(Robert Axelrod) 교수가 행동경제학

---

8 게임 이론을 처음 시작한 학자는 노이만과 모르겐슈테른이다. Neumann, John von & Morgenstern, Oskar (1944), *Theory of Games and Economic Behavior*, Princeton University Press.

9 행동경제학으로 노벨상을 처음 수상한 학자는 1978년 허버트 사이먼(Herbert Simon)이다. 제한된 합리성에 근거한 의사결정을 규명했다. 그 후로는 1991년에 로널드 코스(Ronald Coase) 가 회사 조직의 거버넌스에 대한 이론으로, 1992년에 게리 베커(Garry Becker)가 이타성 이론 으로, 1994년에 존 내시(John Nash)가 다자 반복게임 균형점 이론으로, 2005년에 토머스 셸링 (Thomas Schelling)이 갈등 해결 이론으로, 2009년에 엘리너 오스트롬(Elinor Ostrom)이 공유 자원 이론으로, 2009년에 올리버 윌리엄슨(Oliver Williamson)이 거래 비용 이론으로, 2017년에 는 리처드 탈러(Richard Thaler)가 넛지 행동경제학으로 수상했다.

반복게임 연구의 선두 주자다.[10] 액설로드는 반복게임을 통해 내시 균형점과 파레토 최적점을 연결하는 전략을 연구했다. 수많은 시뮬레이션을 통한 시행착오 끝에 팃포탯(Tit for Tat) 전략을 파레토 솔루션에 근접한 최고의 전략으로 제시했다. 팃포탯 전략은 눈에는 눈, 이에는 이를 반복하는 전략이다. 반복되는 죄수의 게임에서 팃포탯 전략을 사용하는 사람들은 처음에는 협력하는 방식을 취해 협력하자는 메시지를 보낸다. 이어지는 게임에서는 상대가 협력하면 협력하고 상대가 협력하지 않으면 협력하지 않는 방식으로 상대의 전략을 따라한다. 처음에는 협력하지만, 이후에는 상대가 눈을 공격하면 눈을 공격하고, 이를 공격하면 따라서 이를 공격하고, 상대가 당근으로 나오면 당근을 제공하고, 채찍을 휘두르면 본인도 채찍을 휘두르는 전략이다. 『성경』에서 가르친 상대가 뺨을 때리면 다른 뺨을 내주는 이타적 전략과는 반대되는 전략이다.

팃포탯이 파레토 최적점에 근접한 전략일지 몰라도 최적점에 도달한 전략은 아니어서 이후 많은 학자가 팃포탯의 수정전략을 제안했다. 수정전략이 제안되면 수정전략을 팃포탯 전략과 경쟁시킨다. 많은 게임을 통해 안정적으로 팃포탯 전략보다 파레토

---

10 액설로드가 찾아낸 팃포탯처럼 반복게임에서 찾아낸 균형 전략을 파레토 최적점(Pareto Optimal Solution)이라고 부른다. Axelrod, Robert & Hamilton, William D. (1981), "The evolution of cooperation," *Science*, 211(4489): 1390-96; Axelrod, Robert (1984), *The Evolution of Cooperation*, Basic Books.

솔루션에 더 근접해 도달하면 의미 있는 전략으로 제안되었다. 우리가 잘 알고 있는 애덤 그랜트의 『기브 앤 테이크』에 제시된 매처 전략도 팃포탯 협력전략의 한 변형이다.[11]

차이와 반복

행동경제학의 반복게임이 함축하는 차이와 반복이 근원적 변화를 만든다는 생각은 철학자들에게도 중요한 주제다. 가장 선두에 선 두 철학자는 『차이와 반복』을 저술한 들뢰즈와[12] 『차라투스트라는 이렇게 말했다』를 통해 영원회귀를 주장한 니체다.[13]

들뢰즈의 반복에 관한 생각은 행동경제학의 반복게임이나 사회학의 일상화 개념과 비슷하다. 들뢰즈는 매일 반복되는 일상을 통해 공간적, 개념적 범주 차이를 극복하고 지금보다 더 나은 차이를 만들어내는 과정을 변화라고 생각했다. 들뢰즈는 작은 차이의 반복을 통해 더 큰 차이를 창생(蒼生)하는 변화 철학을 기초했다. 들뢰즈에게 작은 차이는 가설적 변화 곡선을 미분한 순간 기

---

11 매처 전략은 무조건 주는 기버 전략이나 자신의 이득만을 추구하는 테이커 전략을 넘어, 줘야 할 때 주고 이득만 챙기는 상대를 만났을 때 상대를 학습시키기 위해 뺏어야 할 때는 과감하게 뺏는 전략이다. 이용당하지 않고 선제적으로 잘 주는 성공적 매처가 되기 위해서는 네트워크도 만들고, 전체 이익을 위해 협업할 수 있는 능력도 기르고, 모든 일을 혼자 하려 하지 않고, 능력 있는 사람에게 협조를 받는 능력 그리고 소통과 협상하는 능력을 기를 것을 조언한다. Grant, Adam (2014). *Give and Take: Why Helping Others Drives Our Sucess*. Penguin Books.
12 질 들뢰즈 (2004). 『차이와 반복』. 김상환 역. 민음사.
13 프리드리히 니체 (1984). 『짜라투스트라는 이렇게 말했다』. 최승자 역. 청하.

울기를 의미한다. 들뢰즈에게 최종적 변화란 이런 순간 기울기를 내포한 각 변화의 시도를 반복해서 축적한 적분값이다. 변화의 성과는 변화의 처음 시도와 마지막 시도 사이의 평균 기울기다. 평균 기울기는 미세한 차이의 반복과 반복의 축적을 통해 만들어낸 실현된 차이다.

니체의 영원회귀는 오늘 지금 한 게임과 같은 게임이 내일도 반복되고 결국 죽을 때까지 반복되는 무한 순환 루프 게임이다. 일견 고전 경제학의 반복게임과 비슷하지만, 니체의 생각은 이들보다 더 심오하다. 니체가 생각한 영원회귀란 오늘 게임이 죽을 때까지 반복되기 때문에 마치 오늘 하는 게임을 마지막 게임(End Game)이라고 생각하라는 요지다. 니체는 오늘 게임에서 내린 결정을 중간에 바꿀 수 없고 삶의 마지막 게임까지 똑같이 반복된다고 가정할 때 오늘 삶을 어떻게 최적화해 최상의 게임 결과를 가져오도록 운용할 것인지에 대해 질문한다. 니체는 어려운 상황에서 내일이 있다고 생각하면 오늘 최선을 다하지 않고 내일로 어려운 일을 미루는 함정에 빠진다고 경고한다. 오늘이 영원회귀한다는 믿음으로 오늘 속에서 승부하라는 카르페 디엠(Carpe Diem) 전략이다.

이런 니체의 영원회귀에 대한 철학은 애플을 세운 스티브 잡스의 'Think Different' 사상에도 영향을 미쳤다. 스티브 잡스도 스탠퍼드 대학교 졸업연설에서, 매일 아침 거울을 봐가며 오늘도 어제와 같이 살 것인지에 대해서 자신에게 물었다고 고백했다. 사흘 동안 연속적으로 질문했을 때 Yes의 대답을 못 내리면 죽음 쪽으로 더 가까워지고 있는 것이어서 삶의 전략을 근원적으로 수정해야 할 시점이라고 밝혔다.

반복은 종교에서도 중요한 주제다. 대부분 종교가 이승은 앞의 게임이 다음 게임에 영향을 미치는 반복게임으로 보지만 마지막 종결 게임(End Game)에 관해서는 생각이 갈린다. 불교는 이승에서 살았던 게임 결과가 죽음 이후에도 반영되고 환생해서도 반복된다고 가정한다. 이런 게임이 끝없이 반복된다면 결국 최적의 삶은 이승에서도 부처처럼 사는 것 말고는 다른 전략이 없다. 니체의 영원회귀 철학은 불교의 윤회사상에 큰 영향을 받았다.

기독교는 마지막 종결 게임이 있다는 가정에 기반했다. 이승에서 선하게 살면 이승에서의 선한 삶을 정산해 죽은 이후에는 천국에 가든지 지옥에 가든지가 결정될 것이고 한번 결정되면 시간과 상관없이 영원히 지속하는 영생을 가정한다. 중세 시대에 영특한 성직자들이 마지막 종결 게임의 함정을 이용해 몽매한 사람들을 끌어들여 면죄부를 판매하는 사기행각을 벌이기도 했다. 지금도 삼박자 구원이나 구원파 교리를 외치는 교회는 아직도 변형된 면죄부 판매 행위를 끊지 못하고 있다.

급진 거북이 게임 전략

진성리더십에서도 급진 거북이라면 어떤 전략을 사용해 내시 균형점이라는 막다른 골목에서 탈출해 파레토 최적점에 도달할 것인지를 연구해 왔다. 급진 거북이도 시작은 내시 균형점에서 하지만, 반복되는 게임을 통해 내시 균형점과 파레토 최적점 사이의 차이를 좁히는 미시적 차이를 만들고 이 미시적 차이를 반복 축적해 종결점에는 파레토 최적점에 도달한다.

급진 거북이 전략은 삶의 존재목적에 대해서는 믿음을 잃지 않는 급진성을 보이지만, 실제 반복되는 삶에서는 자기가 할 수 있는 것에서, 당장 할 수 있는 것을 중심으로, 자기가 가진 자원만으로 할 수 있는 것의 범위를 정해 놓고 여기에서 최적의 게임 결과를 도출한다. 전 게임의 결과 드러난 성과가 있다면 이 성과를 지렛대로 삼아 다음 게임에서는 확장된 범위에서 더 최적화되도록 물꼬를 만든다. 게임이 끝나는 시점에서는 구성원들과 함께 목적에서 약속한 파레토 최적점에 도달한다고 가정한다.

급진 거북이 리더가 반복게임에서 파레토 최적점에 도달하기 위해 개입시키는 두 변수는 끌개(Attractor)인 목적에 대한 믿음과 밀개(Reinforcer)인 상처받을 개연성을 인정하고 받아들이는 긍휼감이다. 목적에 대한 믿음을 가지고 있다는 것은, 자신이 정한 믿음을 실현하는 과정에서 누가 나타나 더 좋은 믿음이 있다고 꼬여도 그것을 그대로 포기하는 기회비용을 기꺼이 감내하는 것을 뜻한다. 믿음을 실현하는 일보다 더 좋은 대안이 생겨도 이 대안과 자신의 일인칭 믿음이 가져올 결과를 비교하는 일에 계산기를 두드리지 않겠다는 의지다. 믿음이 있다는 것은 대안이 가져올 기회비용에 계산기를 두드리지 않겠다는 것이다. 이런 목적에 대한 믿음은 기회비용을 계산하는 상황에서 발생하는 불확실성의 상당 부분을 제거한다.

다른 하나는 변화를 진행하는 과정에서 실제로 단기적으로 감당해야 할 손해가 생기면 리더가 먼저 나서서 손해를 감내하는 긍휼감이다. 리더는 긍휼감을 통해 근원적 변화 실현에 필요한 신뢰 잔고를 만든다. 신뢰란 위험을 감내하는 과정에서 받을 수 있는 상처와 아픔을 받아들이는 긍휼감의 결과다.[14] 정치사회학자 도이치(Morton Deutsch)는 긍휼감이 신뢰를 어떻게 생산하는지 간단한 상상적 실험을 제안했다. 도이치는 갑과 을 사이에 신뢰의 정도를 숫자로 측정하기 위해 상대에게 못 받을 것을 각오하고 금전적으로 얼마까지 빌려줄 수 있는지를 신뢰라고 정의했다. 예를 들어 갑과 을이 서로 1000만 원의 범위에서 못 받을 것을 각오하고 서로 일을 하고 있다면 둘 사이 신뢰 잔고는 이 1000만 원이다. 측정을 위해서 상상적 실험을 한 것이지만 신뢰에 대한 이론적 정의는 못 받을 위험 즉 상처를 감내할 수 있는

---

14 Deutsch, M. (1973). *The resolution of conflict: constructive and destructive processes.* New Haven: Yale University Press.

용기(Vulnerability)다. 조직에서도 모든 구성원이 회사 때문에 상처받지 않기 위해서 거래마다 계산기를 두드리고 있다면 조직 신뢰는 없다.

죄수의 게임에서 상처받을 개연성을 감내하며 한 사람이 자백하지 않는다면 결국 신뢰 잔고가 생긴다. 게임이 반복되기 때문에 자백했던 상대도 다음 게임에서 상처받을 개연성을 자신도 감내해 자백하지 않는다면 둘 사이에 있었던 불확실성이 모두 제거된다. 불확실성이 제거되면 서로의 행위는 모두 예측 가능해지고 모든 행위는 목적에 의해서 중재되고 자기 조직화된다. 서로가 긍휼감을 가지고 상처받을 개연성을 인정하고 감내하면 둘 사이에 계산기를 두드리지 않는 완전한 관계적 투명성이 생긴다.

급진 거북이는 존재목적에 대한 믿음에서는 급진성을 보인다. 다른 대안에 대해서 생각하지 않고 지금 선택한 대안을 선택한 것에 대해 청구되는 모든 기회비용을 감내한다. 급진 거북이는 존재목적을 실현하는 인간관계에서 생길 수 있는 상처와 손해를 긍휼감을 통해 감내하며 신뢰 잔고를 만들어낸다. 존재목적이 약속한 결과와 현재 사이의 틈을 줄이는 반복적 과제에서는 거북이와 같은 태도를 보인다. 동원할 수 있는 자원의 범위에서 가진 것만 가지고 당장 시작할 수 있는 범위를 정하고 이 범위 안에서 목적을 가져와 밀알로 심어서 과제를 통해 성과를 도출한다. 목적이 실현된 조그만 성과가 발생하면 이 성과를 지렛대로 삼아 다음 과제를 생성하고 성공시킨다. 다시 성공하면 그 결과를 또다시 지렛대로 삼아 범위를 조금씩 확장한다. 결과가 실패라 하더라도 실망하지 않고 실패를 반영한 지렛대를 만들고 다음 과제에 사용한다. 급진 거북이의 종결점은 집단적 합리성이 실현되는 파레토 최적점이다.

급진 거북이 전략과 반대되는 전략은 십자군 전략(Crusades strategy)이다. 십자군은 자신들이 옳다고 믿는 바를 상대에게 힘으로 일사불란하게 적용하고 강요하는 전략이다. 이들은 변화에 대해서는 시간과 때가 있다고 생각한다. 시간과 때를 놓치면 안 되기 때문에 정해진 시간 내에 급진성을 발휘해서 일사불란하게 변화를 만들어내야 한다고 믿는다. 이들의 변화는 목적에 대한 믿음도 급진적이고 변화를 수행하는 방식도 급진적이다. 십자군 전쟁 방식은 바위에 계란치기다. 바위를 변화시키기는커녕 달걀이 바위에 맞아 깨지는 수모를 극복하지 못한다.

미시전략과 거시전략

급진 거북이가 변화 상황에서 반복되는 과제를 통해 파레토 최적점에 있는 솔루션에 도달하는 전략은 미시전략과 거시전략으로 세분된다. 미시전략은 초깃값으로 주어진 내시 균형점을 돌파하기 위한 쇄빙선 전략이고, 거시전략은 성공적으로 초깃값을 벗어났을 때 파레토 최적점을 실현하는 근원적 변화를 성공적으로 마무리하기 위한 후속전략이다.

미시전략으로는 존재목적을 밀알로 만들어서 자신이 하는 과제에 씨앗으로 뿌리는 '조용한 반역', 이전의 과제에서 도출된 성과를 다음 과제를 성공시키기 위한 지렛대로 사용하는 '지렛대 전략', 변화에 반대하는 세력의 공격을 역으로 제압해 변화를 시도하는 '뒤집기 전략', 경쟁적인 파트너를 협업의 파트너로 바꾸는 '스파링 파트너 전략'을 들 수 있다. 미시적 전략은 산성화된 조직에 균열을 만드는 쇄빙선 전략이다. 급진 거북이는 존재목적에 대한 믿음으로 미래에 펼쳐진 불확실성을 제거하는 쇄빙선의 선장이다.

거시적 전략으로는 변화의 종착역에 도달한 상상적 체험을 통해 목적지에 도달할 수 있다는 믿음을 키우는 '선승구전 전략', 목적지에 도달하기 위해 세워야 할 첫 번째 캠프를 높은 곳에 설정하고 여기에 이르는 계단은 최대한 촘촘하게 만드는 '베이스캠프 전략', 급진 거북이들을 연합해서 변화를 위한 들불을 일으키는 '비밀결사대 전략', 이원론으로 양분된 사람들을 협업의 파트너로 만들어 변화를 완성하는 '동적 역량 전략'이 있다.

급진 거북이의 진성리더십에서는 마지막 게임이 끝난 후 자신이 약속한 존재목적을 얼마나 실현했는지를 정산해서 게임의 최종결과를 산정한다. 진성리더가 쓰는 게임 전략은 반복되는 과제마다 목적을 실현하려는 의도를 개입시켜 서로의 이익을 충족하는 협동(Cooperation)을 넘어서 목적을 실현하게 하는 일에 협업 (Collaboration)하는 전략이다.

급진 거북이 전략의 골격은 공유된 목적에 대한 의도를 일에 개입시켜 더 많은 다양한 가치를 산출하는 협업 전략이다. 협업은 이득은 정해져 있는데 서로가 최고의 이득을 가져가기 위해 돕고 사는 협동과는 다르다.[15] 협동은 제로섬 게임이지만 협업은 목적을 실현해 더 큰 차이를 만드는 플러스섬을 전제로 한다. 급진 거북이는 협업을 통해 협동을 자연스럽게 이끄는 제심합력(齊心合力)의 고수다. 급진 거북이는 어떤 게임이든 목적을 중재로 한 협업을 통해서만 파레토 최적점에 도달한다고 믿는다.

리더십 인사이트 | 급진 거북이 LG 구본무 회장

진성리더는 조직이 지향하는 목적을 구성원의 마음에 성공적으로 심음으로

---

15 협업은 미래에 달성할 수 있는 제3의 최종적인 목적이나 목표를 매개로 참가자 개인의 행동에 대한 조율이 일어나는 경우로서 참여자들 개인의 이득을 극대화하는 협동과는 다른 개념이다. 게임 이론은 협동의 진화에 관한 연구이지 협업을 연구한 것은 아니다. 협업에 관해서는 다음 세 논문을 참조할 것. Wood, Donna & Gray, Barbara (1991). "Towards a comprehensive theory of collaboration." *Journal of Applied Behavioral Science*, 27: 139–62; Thomson, Ann M., Perry, James L. & Miller, Theodore K. (2009). "Conceptualizing and measuring collaboration." *Journal of Public Administration Research and Theory*, 19(1): 23–56; Lawler, Edward J., Thye, Shane R. & Yoon, Jeongkoo (2000). "Emotion and group cohesion in productive exchange." *American Journal of Sociology*, 106: 616–657.

써 맥락을 만들고, 이 맥락의 운동장에서 구성원과 같이 목적을 위해 협업함으로써 변화를 완성한다. 진성리더는 목적을 구성원들의 마음에 자연스럽게 뿌리내리게 하는 과정을 통해 미래를 만들어간다. 진성리더는 목적을 구성원의 마음에 유산으로 남기는 것으로 바통을 넘겨준다. 유산으로 남겨진 목적은 리더의 사후에도 후세대들의 기억 속으로 편입되어 계승된다. 후세가 유산을 받아들여 자신 삶의 플랫폼으로 삼으면 유산은 미래의 강을 타고 계속 흐른다. 바통이 후세에게 성공적으로 넘겨진 것이다. 후세에 의해 목적에 대한 유산이 전수되면 기업은 100년 기업으로 탄생한다. 100년 기업의 원리는 유산을 통해 미래를 만들어나가는 원리다.

LG의 구본무 회장은 1995년 회장 취임 후 타계하기 직전까지 계열사 임직원들에게 항상 같은 톤으로 일관되게 급진 거북이 모형을 주문했다. "세계 최고가 되기 위해서는 과감한 도전이 필요하다. 세계 최고가 되겠다는 목표를 세우면 그 과정이 어렵고 시간이 걸리더라도 중도에 포기하거나 단기성과에 급급해하지 않고 부단히 도전해 달라."

그가 보여준 급진 거북이 경영자로의 정수는 디스플레이 사업에서 빛났다. 큰 손실을 감수하고 반도체를 현대에 넘겨주어야만 했던 억울한 빅딜에 자포자기하지 않고 액정 사업을 제2의 반도체 사업이라고 규정하고 액정에 집중해서 LG 디스플레이를 일궈냈다. LG 디스플레이는 LCD 분야의 초일류기업이고 차세대 기술인 OLED 기술도 세계 최초로 성공시켰다.

그는 LG 화학을 중대형 배터리 시장을 선도하는 기업으로 일궈냈다. 미래 기술의 원천을 재생 가능한 이차전지와 이차전지를 확장한 자동차 배터리 사업으로 규정하고 R&D에 집중했다. 1990년대부터 투자해서 계속된 적자에도 불구하고 "포기하지 말고 길게 보고 투자와 연구·개발에 더욱 집중하라. 실패했어도 꼭 성공할 수 있다는 확신을 가지고 다시 시작하라"고 경영진에게 급진 거북이 자세를 주문했다. 배터리 부문은 전기차가 표준으로 받아들여지면 LG의 확실한 미래의 먹거리 사업이 될 전망이다.

구본무 회장의 목적에 대한 헌신은 정도 경영에 고스란히 배어 있다. 구본무 회장은 경영진에게 일관되게 정도 경영을 주문했다. 그리고 정도 경영의 진수는 지주회사를 설립하는 과정에서 여실히 드러났다. 통합지주회사 ㈜LG를 설립하는 과정에서 다른 재벌기업과는 달리 편법을 동원하지 않고 유상증자를 통한 공개 매수라는 정도를 택했다. 사업 자회사들도 동시에 공개를 추진하는 방식을 써서 지주회사의 주가가 내려가는 막대한 손실을 감수하면서도 정도를 택했다. 지배구조 개선에 들어간 비용은 결국 목적 투자를 위해 쓴 돈으로 볼 수 있다. ㈜LG는 지주회사 전환의 한국 표준을 설정했다.

구본무 회장의 급진 거북이 경영자로서의 면모가 다시 부각된 것은 2005년 3월 31일 3대째 내려오면서 57년간에 걸친 구 씨와 허 씨 동업 시대에 마침표를 찍고 아름다운 이별로 마무리한 건이다. 2004년 7월 LG가 다시 두 개의 순수지주회사인 LG와 GS홀딩스로 분할됐고 GS그룹은 2005년 3월 완전히 계열 분리되었다. 구본무 회장은 현금 흐름이 좋은 알짜 사업인 금융업·전선·정유·건설·유통 등을 넘겨주고 어렵게 사업을 해야 하는 부문을 가져왔다. 눈앞의 이익이 아니라 공동운명을 개척해 온 파트너가 지향하는 목적에 대한 예우다. 현금 흐름이 좋은 사업 영역이 줄었음에도 LG그룹의 시가총액은 7조 원에서 82조 원으로 불어났다. 계열 분리 이후 매출도 다섯 배 정도 늘었다.

100년 기업으로 탄생하는 것은 시간의 검증을 어떻게 넘어서는지에 달려 있다. 시간의 검증은 총수가 시간을 앞서서 자신들 업의 본질을 제대로 정의하고 이 본질을 현재로 가져와서 자신의 실험실에서 실험하고 검증해서 이 결과를 제품이나 서비스에 실어서 사업의 본질인 목적을 팔 수 있는 목적경영을 할 수 있는지에 달려 있다. 미래에 있는 목적을 먼저 찾아가 현재로 가져와서 현재를 통해 실현하는 사람들만이 시간을 선도해서 100년 기업의 고지에 도달한다. 구본무 회장은 이런 '미래의 실험장'으로 마곡에 LG 과학연구단지를 완성하도록 마지막 유지를 남겼다.

구본무 회장은 다른 총수와는 구별되는 특이한 이력을 가지고 있다. 육군 병장 만기 제대가 그것이다. 구본무 회장은 '왕관을 쓰려는 자 왕관의 무게를 견디라'는 노블레스 오블리주를 몸소 실천했다. 친근한 옆집 아저씨의 모습이지만 LG가 세상에 존재해야만 하는 목적에 대한 믿음을 호랑이의 눈으로 주시하며 일상에서는 할 수 있는 것, 가진 것만 가지고 할 수 있는 것, 당장 할 수 있는 것을 중심으로 우보천리했다. 구본무 회장은 조용한 혁명가였다.

학습 포인트 요약

• 진성리더의 변화전략은 급진 거북이 전략이다. 급진 거북이는 존재목적에 대한 약속이 실현된 미래에 대해서는 절대로 타협하지 않는 자세를 취하는 반면

여기에 도달하는 방법은 거북이처럼 조용히 사부작사부작 수행하는 전략을 따른다.

• 급진 거북이 전략은 할 수 있는 것, 가진 것만 가지고 할 수 있는 것, 당장 시작할 수 있는 것의 경계를 정하고 여기서 과제를 성공시켜서 조금씩 경계의 범위를 확장해 나가는 전략이다.

• 급진 거북이 전략과 대치되는 것은 십자군 전략이다. 십자군 전략은 급진적 급진성 전략이다. 십자군 전략은 목적에 대한 믿음은 나름 굳건하나, 이를 수행하는 방식은 일사불란하게 단번에 해치우기 위해 광풍처럼 시끄럽게 몰아치는 전략이다.

• 행동경제학의 게임 이론 입장에서 급진 거북이는 개인적 합리성의 막다른 골목인 내시 균형점을 초깃값으로 생각한다. 반복되는 게임을 통해 이 초깃값에 돌파구를 마련해서 집단적 합리성이 규범으로 작용하는 파레토 최적점에 도달하는 전략을 설계한다.

• 급진 거북이는 파레토 최적점에 도달하기 위해 요구되는 두 외생변수로 존재목적에 대한 믿음과 신뢰 잔고를 위해 위험과 희생을 감내하는 긍휼감을 주문한다. 목적에 대한 믿음과 긍휼로 만들어낸 신뢰가 근원적 변화의 여정에 숨겨진 불확실성을 제거한다.

• 급진 거북이가 직면한 초깃값인 내시 한계점을 돌파하는 쇄빙선 전략이 미시적 전략이고, 파레토 최적점을 완수하기 위한 전략이 거시적 전략이다.

• 급진 거북이는 협동의 주체라기보다는 목적을 매개로 한 협업의 주체다. 급진 거북이는 목적을 매개한 협업의 결과로 협동을 따라오게 한다.

Part 2

급진 거북이
미시전략

급진 거북이 미시전략은 산성화된 기업에 근원적 변화를 위한 교두보를 만드는 초기 작업이다. 급진 거북이는 공공선을 향한 존재목적에 대한 믿음으로 무장한 쇄빙선을 이끌고 변화에 반대하는 세력의 얼음을 뚫고 교두보를 세우고 구성원들이 따라올 수 있도록 징검다리를 만들어 근원적 변화를 향한 길을 만든다.

급진 거북이들이 사용하는 전략 중 중요한 것이 징검다리 전략이다. 급진 거북이들은 도달하기 불가능해 보이는 목적지라 하더라도 중간중간 차근차근 수많은 징검다리를 연결한다면 도달하지 못할 목적지는 없다는 믿음을 가진다. 기둥을 세우고 징검다리를 이어가는 수고 없이 변화를 한몫에 해결하려는 과욕을 경계한다. 같은 목적지에 도달하기 위해 어떤 사람에게는 10개의 징검다리가 필요할 수도 있고 또 다른 사람에게는 99개의 징검다리가 필요할 수도 있다. 징검다리 숫자만 늘리면 누구든 어떤 목적지든 다 도달할 수 있다. 급진 거북이는 자신은 99개의 징검다리를 통해 도달했는데 남들이 10개의 징검다리만을 놓고 도달했다는 것에 좌면우고하지 않는다. 중요한 것은 자신이 만든 징검다리를 통해 자신이 약속한 차이를 체험하게 하는 목적지를 향한 교두보가 만들어졌는지다.

쇄빙선을 이끌고 교두보를 마련하는 선장인 급진 거북이는 '호시우보 우보천리'를 신조로 한다. 목적에 대한 믿음으로 길을 꿰뚫어보는 호랑이의 통찰을 가지되 변화작업을 수행할 때는 소처럼 신중하게 처리한다. 18세기 계몽주의 시대의 대표적 문호 볼테르는 역사가 반복되는 것이 아니라 인간의 행동이 고쳐지지 않고 반복되었기 때문에 역사가 반복되는 모습을 보였다는 가르침을 남겼다. 시대의 상황과 맥락에 맞게 미세한 차이를 만드는 반복이 없었다면 역사는 지금처럼 진보하지 못했다.

5장

조용한 반역

시작은 미미하였으나 네 나중은 심히 창대하리라.

—「욥기」 8:7

조용한 반역이란 변화를 위한 반복적 게임을 처음 시작할 때 큰 것이 아니라 남들이 관심을 두지 않는 작은 과제에 목적의 밀알을 끼워 넣고 기회가 있을 때마다 조금씩 강도를 높이는 방식이다. 조금씩 강도를 높이는 방식으로 조그만 차이를 만들어내고 차이를 반복해 가며 확장하는 작업이다.

아서 애시의 조용한 반역

아서 애시(Arthur Robert Ashe, Jr. 1943~1993)는 흑인으로는 처음 챔피언에 등극한 테니스의 전설이다. 1960년대, 70년대까지만 해도 테니스는 흑인들에게 사치에 가까운 운동이었다. 백인들은 흑인들은 테니스를 할 수 없다고 생각했다. 이런 고정관념을 깨고 애시는 1968년 US오픈에서 우승함으로써 흑인도 테니스할 수 있다는 믿음을 심어주었다. 1968년 US오픈에 이어 1970년 호주오픈, 1975년 윔블던 등 3개의 그랜드 슬램 대회에서 우승했다. 미국 테니스 연맹은 US오픈이 열리는 주경기장을 '아서 애시 스타디움'으로 명명해 헌정했다. 애시가 길을 열어주지 않았다면 테니스계의 전설 윌리엄스 자매의 탄생을 목격하지 못했을 것이다.[1] 윌리엄스 자매는 테니스계의 전설적 흑인 자매다.

애시는 1988년 심장 수술 중 수혈을 받은 피가 에이즈 환자의 피였고 자신도 에이즈에 걸렸다는 사실을 알았다. 1990년 일이다. 이 당시만 해도 에이즈에 걸렸다는 것은 사망 선고였다. 사람들은 사망 선고를 받아놓으면 조용히 죽음을 준비하나 애시는 달랐다. 남은 생 동안 자신이 가진 힘으로 어떤 도움이 될 수 있는지 고심하다가 에이즈 퇴치 운동을 시작한다. 애시는 자신처럼 에이즈 때문에 젊은 나이에 꿈을 접는 사람이 없도록 자신이 먼저 조그만 디딤돌을 놓겠다고 결심한다. 지인을 찾아가 에이즈

---

1   미국의 여자 프로 테니스 선수로 흑인 자매다. 언니 비너스 윌리엄스는 1980년생으로 그랜드 슬램 대회 여자단식에서 7회 우승을 했고, 동생 세레나 윌리엄스는 1981년생으로 그랜드 슬램 대회 여자단식 15회 우승자다. 2001년 US오픈과 2009년 윔블던 등 그랜드 슬램 여자단식 결승에서만 7차례 만난 맞수이기도 하다. 둘이 복식 팀을 이뤄 그랜드 슬램 대회에서 13차례 우승을 차지하기도 했다.

퇴치 운동에 동참하도록 독려하고 기금 마련 운동에 나선다. 주변 사람들이 나서서 말렸다. 그렇게 큰일은 살날이 얼마 안 남은 사람이 할 수 있는 일이 아니라고 설득했다. 차라리 가족들과 시간을 보내며 조용히 인생을 마감하는 데 집중하라고 조언했다. 이들은 애시의 기금 요청에 자신들이 도와도 애시 살아생전에 의미 있는 족적을 만들지 못할 것이라는 생각에 완곡히 거절한다. 장애를 만날 때마다 애시는 다음과 같은 말로 자신을 일으켜 세웠다.

> 위대함을 성취하려는 생각이라면(To achieve greatness),
> 지금 서 있는 곳에서(Start where you are)
> 지금 가진 것만 가지고라도(Use what you have)
> 할 수 있는 것에서 시작해 보자(Do what you can).

애시는 급진 거북이의 전형이다. 애시는 자신이 꿈꾸는 미래에 대해서는 누구보다 과격하고 장대하고 크고 급진주의적 믿음을 보인 반면 이를 구현하는 일에서는 거북이 같은 태도를 보였다. 살날이 얼마 남지 않았음에도 이런 믿음을 실현하기 위한 첫걸음은 단호했다. 지금 할 수 있는 것부터, 지금 서 있는 자리에서, 변변치 않지만 가진 것만을 가지고라도 할 수 있는 것이 시작이 반이라는 생각으로 시작했다. 애시는 근원적 변화를 성취하는 사람들이 가지는, 시작은 미미했을지 모르나 끝은 창대할 것이라는 믿음을 잃지 않았다.

애시가 처음 징검다리를 시작한 에이즈 퇴치 운동은 애시 사망 후에도 지속되었다. 부시 미국 대통령 시절 충분한 기금이 모였다. 부시 대통령이 아프리카를 방문해서 기금을 전달했다. 기금은 아프리카 에이즈 퇴치에 쇄빙선 역할을 훌륭하게 완수했다. 애시가 주변 사람들의 말에 굴복해 급진적 거북이로서의 조용한 반역을 포기했더라면 감히 상상도 할 수 없는 기적이다.

애시는 독실한 기독교 신자다. 살아생전 한 언론과의 인터뷰에서 기자가 에이즈 걸린 사실에 대해 하나님께 원망하지 않았는지 애시에게 물었다. 애시는 자신이 조용한 반역자임을 고백한다.

"하나님이 나를 선택해 내려주신 테니스 재능을 갈고닦아서 그랜드 슬램을 달성했을 때 나는 하나님께 왜 나에게 이런 재능을 주셨는지를 묻지 못했다. 마찬가지다. 그때도 묻지 못했는데 지금은 처지가 바뀌었다고 왜 이런 불행을 주셨는지 물을 수 없었다. 지금은 불행을 탓할 시간도 없다. 내가 놓은 징검다리가 완성되어 에이즈가 퇴치되고 환자들이 더 나은 세상을 만날 수 있기를 기도할 뿐이다."

여성 엔지니어의 정체성

남성이 지배하는 엔지니어 부서에 여성 엔지니어가 발령받았다.

그 엔지니어는 여성으로서 성 정체성을 표현하고 싶었으나 대문
자 남성 분위기가 지배하는 부서에서는 가능한 일이 아니었다. 여
성 엔지니어는 큰 욕심을 버리고 미미한 작은 것에서 시작해 조용
한 반역을 일으키기로 작정했다. 자신의 성 정체성을 실현하는 조
용한 반역을 통해 대문자 남성으로 산성화된 바위에 균열을 내보
기로 작정했다. 처음에는 남성 엔지니어들이 눈치채지 못하는 자
그마한 시도를 며칠간 지속해 남성들도 당연한 상식으로 받아들이
게 하는 작전을 시작했다. 남성들이 이의를 제기하지 않으면 생긴
균열에 좀 더 강도를 더해 균열을 벌이는 방식을 사용했다.

조용한 반역을 시작한 첫날에는 레이스 달린 양말을 신었다.
레이스 달린 양말을 신고 출근했음에도 크게 눈에 띄지 않아서
이를 본 남성 엔지니어들도 이의를 제기하지 않았다. 그 후는 쭉
레이스 달린 양말을 신고 출근했다. 남성 엔지니어들이 이를 당
연하게 받아들이자 다음에는 가슴에 꽃이 달린 브로치를 달고 출
근했다.

이런 방식으로 이 여성 엔지니어는 자신의 성 정체성을 더 잘
표현하도록 꾸미고 그런 모습을 남성 엔지니어들이 당연하게 생
각할 때까지 반복했다. 남성 동료들이 당연하게 받아들이면 점점
더 강도를 높여나갔다. 1년이 지나서는 자신의 여성성을 충분히
표현하는 차림으로 출근할 수 있게 되었다. 엔지니어가 자신의
정체성을 온전하게 표현할 때까지 어떤 동료 엔지니어들도 이의

를 제기하지 못했다. 조용한 반역이 아니라 처음부터 현재와 같은 급진성을 시도했더라면 실현하지 못했을 변화였다.

디자이너의 노예해방

1969년에 설립된 삼성전자는 1971년 처음으로 영업부 판촉과 소속으로 한 명의 디자이너를 고용한다. 이후 소수의 인원이 더 충원되지만, 초기 디자이너 신분은 개발자나 엔지니어들의 노예와 다를 바가 없었다. 주로 제품 디자인 임무를 수행했는데 개발자가 시작하고 엔지니어들이 만든 제품을 끝단에서 멋지고 예쁘게 포장하는 역할을 담당했다. 심지어 개발자들은 디자이너가 제안한 내용이 자기들 마음에 안 들 때는 임의로 디자인을 바꾸고 디자이너에게 통보도 하지 않았다. 디자이너는 출시되어 진열된 제품을 보고 자신이 실행한 디자인이 바뀌었다는 것을 확인하는 굴욕도 경험했다.

디자이너 스스로 자신을 엔지니어나 개발자의 노예로 생각하던 회사에서 노예해방 선언이 있었다. 1996년 이건희 회장은 삼성전자를 디자인 경영 회사로 만들겠다고 선언했다.[2] 이건희 회

---

2 디자인 혁명과 관련해 1996년 1월 신년사에서 다음 내용으로 발표되었다. "다가올 21세기는 문화의 시대이자 지적 자산이 기업의 가치를 결정짓는 시대입니다. 기업도 단순히 제품을 파는 시대를 지나 기업의 철학과 문화를 팔아야 하는 시대라는 뜻입니다. 디자인과 같은 소프트한 창의력이 기업의 소중한 자산이자 21세기 기업경영의 최후 승부처가 될 것이라고 확신합니다." https://news.samsung.com.kr/삼성전자-디자인을 말하다.

장의 선언에도 불구하고 노예 상태로 살고 있던 디자이너들이 모두 주인의식을 가지고 자유롭게 디자인에 몰입할 수 있었던 것은 아니었다. 노예해방 선언은 회사 차원의 선언일 뿐이지 디자이너들의 삶을 크게 바꾸지 못했다. 대다수 디자이너는 이전대로 그냥 개발자의 노예 상태로 사는 것을 선호했다. 새장의 새를 풀어주면 대부분 새는 자유보다는 다시 새장으로 돌아오는 것을 선택한다. 디자이너가 디자이너답게 일하기에 회사는 너무 산성화되고 경직되어 있었다.

디자이너들이 주역으로 일할 수 없는 산성화된 분위기를 딛고 몇몇 선구적 디자이너들이 주인으로 살아보겠다고 나섰다. 이들은 아직도 자신을 디자이너로 취급해 주지 않고 있는 개발자나 엔지니어들의 틈에서 조용한 반역을 시작했다. 제품의 끝단에서 회사가 시키는 대로 외형만 아름답게 만드는 방식이 유지되는 한 노예 상태를 벗어날 수 없음을 깨닫고 디자이너들은 개발자들이 하는 '선행 개발'을 자신들도 '선행 디자인'이라는 이름으로 마음 껏 해볼 수 있는 세상을 꿈꿨다. 처음부터 선행 개발이라는 말을 꺼내면 디자이너 주제에 무슨 선행이냐는 핀잔을 들을 것이 뻔했다. 처음부터 크고 과격하게 나가기보다는 개발자들도 큰 반대 없이 받아들일 수 있도록 산성화된 바위에 균열을 시도했다. 이렇게 해서 시작된 개념이 '제안' 디자인이다. 말은 제안 디자인이지만 디자이너들이 개발자들과 소통할 때는 제안 디자인이라고

쓰고 디자이너들끼리 있을 때는 선행 디자인으로 읽었다.[3]

제안 디자인이라는 개념이 개발자들 입에도 익숙해지자, 실제 끝에서 아름답게 꾸미는 역할에 한정되었던 위치에서 자연스럽게 중간단의 과정에 대한 제안도 가능한 위치가 만들어졌다. 디자이너들도 개발자들과 제품 개발의 혁신에 대해 제안할 수 있게 되고 이게 자연스럽게 받아들여졌다. 이런 분위기가 정착되자 개발자들이 먼저 디자이너를 찾아와 의견을 묻기도 했다. 디자이너가 제품의 앞단인 개념에 대해 디자인의 용어로 소통해도 개발자들이나 엔지니어들이 크게 문제삼지 않았다. 이런 관행이 상식적으로 받아들여지자 어느 시점에는 디자이너들이 선행 디자인이라는 개념을 써도 개발자들이나 엔지니어들은 크게 문제삼지 않았다.

디자이너들은 회사 전체가 일하는 방식에 크게 문제가 되지 않는 방식으로 할 수 있는 것에서 지금 당장 할 수 있는 아이디어를 찾아서 욕심 부리지 않고 사부작사부작 디자이너로서 정체성을 구현했다. 개발자나 엔지니어들이 크게 문제삼지 않고 디자이너가 새롭게 제안한 방식을 당연하게 받아들일 때까지 기다렸다. 당연하게 받아들여지면 조용한 반역을 확장해 갔다.

디자이너의 정체성을 끼워 넣는 과정에서 엔지니어나 상품기

3　선행 디자인은 미래를 현재로 가져와서 현재의 제품으로 탄생시키는 디자인이다. 이런 선행 디자인의 개념은 삼성전자의 디자인의 정체성인 미래를 디자인한다는 개념으로 발전되었다.

획 쪽과 마찰이 발생하기도 했다. 하지만 약자라는 겸허한 마음으로 최대한 적극적으로 경청한 후 이들의 주장에 맞게 디자이너의 정체성을 조금씩 끼워 넣었다. 엔지니어들은 자신의 기술적 수월성을 이용해 품질과 기능 개선에 집중했지만, 상품기획 쪽에서는 기술과 기능을 반영한 제품이 고객에게 좋은 평가를 받을 수 있는지에 관심이 많았다. 노예 상태에서 벗어나기로 작정한 디자이너들은 시간이 날 때마다 기술 개발과 상품기획을 공부해서 양쪽에서 주장하는 바를 반영해서 더 높은 수준의 창의적 대안을 제시했다. 양쪽의 입장에 모두 귀를 기울여 들어주는 것을 넘어 더 나은 대안까지 제시하는 중재 능력과 창의적 문제해결력을 보이자, 개발 부서, 상품기획, 마케팅 부서가 먼저 나서서 개발 프로젝트를 맡아달라고 요청하는 상황에 도달한다. 디자이너가 프로젝트의 개념에 대해 주체적으로 제안하고 타 부서나 고객에게 협력을 요청하는 선행의 주체로 서게 된 셈이다. 시간이 걸리기는 했지만, 디자이너들이 오래전 꿈꾸던 선행 디자인의 개념을 반영해 제품을 선도적으로 디자인할 수 있는 운동장이 세워졌다.

선행 디자인 개념을 적용해 TV를 가구로 개념화하는 데 성공하고, 가구 개념에 따라 흉물스럽게 거실의 중앙을 차지하고 있던 TV가 치워지고 가구처럼 디자인된 TV가 탄생한다. 2006년에 출시된 보르도 TV다. 보르도 TV로 삼성전자는 부품이 아니라 완제품에서 처음으로 소니를 누르고 시장 점유율 1위를 달성한다.

보르도 TV를 계기로 2023년 현재까지 삼성은 TV 시장에서 한 번도 1위 자리를 내주지 않고 있다.[4]

디자이너의 기여도가 높아지자 1993년에는 디자이너를 인하우스로 육성하는 디자인 멤버십 프로그램을 운영하기 시작했고 1995년 삼성의 디자인학교인 SADI가 설립된다. 삼성전자는 1996년 처음 국제대회에 출품해 수상한 후, 2005년까지 10년간 19개의 최고상을 받는 기록을 세운다. 디자인 중시 회사 애플을 앞서는 전무후무한 기록이다. 2015년에는 삼성전자 사업부에 흩어져 있던 디자인 인력이 모두 서울 R&D 캠퍼스로 모였다. 전 세계 1500여 명의 대규모 조직으로 성장한 삼성전자 디자인이 독립적 오피스를 구축하게 됐다. 초기 디자이너 말대로 사업부에 종속되어 노예 상태에 살던 사람들이 꿈꾸던 엑서더스에 성공했다.

소수의 디자이너가 놓은 징검다리가 디자이너로서 정체성을 찾는 조용한 반역에 성공했다. 지금 삼성전자에서 많은 디자이너가 여전히 제품 개발의 뒷단에서 제품을 마무리하는 일도 하지만, 맨 뒤에서 포장하는 일만 하지는 않는다. 디자이너의 정체성을 찾아 중간을 넘어 가장 앞단까지 담쟁이넝쿨이 되어 조용히

---

4 보르도 TV는 2006년 3월에 출시한 후 그해 9월에 100만 대를 돌파한다. 삼성전자 LCD TV의 초석이라 할 수 있는 이전 모델 로마가 2005년 3월에 출시돼 100만 대를 돌파한 시기가 그해 12월이다. 보르도는 로마에 비해 석 달을 앞서서 100만 대를 돌파했다. 보르도는 두 달 후인 12월에 200만 대를 돌파하고, 다음 해인 2007년 3월 만 1년 만에 300만 대를 돌파한 공전의 히트 상품이다.

담을 넘었다. 소수의 급진 거북이가 시작했던 조용한 혁명 덕택에 대한민국에서는 디자인이 제품만 디자인하는 것을 넘어 경영도 앞단에서 디자인하는 디자인 경영으로까지 정체성이 확장되고 있다.[5]

리더십 인사이트 | 애플의 스티브 잡스 vs 삼성전자의 이건희

에이브러햄 링컨, 마틴 루서 킹, 미켈란젤로, 토머스 에디슨, 제프 베이조스 등 조용한 반역을 일으켜서 세상을 바꾼 사람들은 체재에 순응하기보다는 사회적 통념의 울타리에서 탈출하는 것을 일상으로 삼는 조용한 반역자에 가깝다.[6]

스티브 잡스가 애플을 세워 만들어낸 여러 공헌 중 가장 큰 것은 디자인을 노예 상태에서 해방한 것이다. 자신을 디자이너로 불렀던 스티브 잡스가 디자인의 중요성에 대해 강조하게 된 것은 자신이 만든 회사에서 쫓겨났다가 다시 들어온 1997년일 것이다. 스티브 잡스는 애플의 노예 상태에서 살고 있던 디자이너들을 이끌고 엑서더스를 떠났고 디아스포라를 거쳐 애플로 다시 돌아왔다.

이건희 회장은 소니를 벤치마킹하러 나섰다가 디자이너가 개발 회의를 주도하는 것을 보고 영감을 받아 삼성전자의 디자인 혁명을 시작했다. 이건희 회장

---

5 Yoo, Youngjin & Kim, Kyungmook (2015). "How Samsung became a design powerhouse." *Harvard Business Review*, January: 73-78; 김동준 (2018). "천재적 아이디어로 만든 시장일까? 아무도 못 봤던 시장을 찾는 것." *DBR*, 241(2).
6 애덤 그랜트 (2016). 『오리지널스』. 홍지수 역. 한국경제신문.

은 1996년 신년사를 통해 삼성전자의 디자인 혁명을 선포한다.[7]

"다가올 21세기는 문화의 시대이자 지적 자산이 기업 가치를 결정짓는 시대입니다. 기업도 단순히 제품을 파는 시대를 지나 기업의 철학과 문화를 팔아야만 하는 시대라는 뜻입니다. 디자인과 같은 소프트한 창의력이 기업의 소중한 자산이자 21세기 기업경영의 최후 승부처가 될 것이라고 확신합니다."

스티브 잡스나 이건희 회장은 디자인을 회사 경영에서까지 실험했던 조용한 반역자다. 디자인 경영을 시작한 시기도 애플이 1997년 삼성전자가 1996년으로 비슷하다. 역사적으로 1996년과 1997년은 동서양의 경영자가 디자인을 아포리아에서 탈출시켜 디아스포라를 감행한 시기다. 그 후로 삼성전자와 애플은 아이폰과 갤럭시를 가지고 서로를 스파링 파트너로 삼아 자신들의 실력을 키워왔고 제품과 주가로 디자인 경영의 잠재력을 증명했다. 삼성과 애플은 전략경영이 지배하고 있는 산성화된 기업생태계에 디자인 경영이라는 쇄빙선을 운용한 조용한 혁명가였다.

제도화의 의미

조용한 반역은 제도화라는 개념을 이용한 급진 거북이 방식이다. 버거(Peter Berger)와 루크만(Thomas Luckmann)은 어떤 관행이 반복되어 당연한 상식으로 받아들여지는 상태를 제도화라고 정

---

7 1996년 삼성전자 디자인 혁명의 해를 선언한 이건희 회장 신년사. http://bit.ly/30MGrPe.

의한다.[8] 제도화는 비상식적으로 받아들여지던 일이 어떤 계기에 의해 새롭게 정의되고 이 정의가 많은 사람에게 상식이 된 상태를 의미한다. 제도화란 상식으로 공유된 마음의 상태(reality taken for granted)다. 특정한 세상에 대한 정의가 다양한 논란을 거쳐 사람들에게 세상을 읽고 이해하는 새로운 상식으로 받아들여진다. 많은 사람이 반복적으로 사용함에 따라 어느 시점에서는 새 정의가 상식이 되어 현실을 이해하는 정당성의 준거가 된다.

우리가 제도라고 하면 먼저 정부 관공서 건물이나 대학 건물들을 떠올리지만, 이것들은 제도의 포장이고 제도의 본질은 사람들 마음이 특정한 세상을 당연한 상식으로 정의하고 받아들이는 상태다. 예를 들어 어떤 관행을 시작했는데 누구도 이 새로운 관행에 대해서 이의를 제기하지 않게 되는 순간이 오면 이 관행은 당연하게 뉴노멀로 받아들여지기 시작한다.

어떤 관행에 대해 관련된 사람들이 당연하게 상식으로 받아들이는 마음의 상태가 제도화다. 이 관행과 관련된 건물이나 규칙은 없지만, 이 관행이 제시하는 세상에 대한 정의는 마음속에서 건물만큼이나 단단한 현실이다. 어떤 관행이 마음속에 습관으로 당연하게 받아들여지면 이미 제도화가 된 것이고 건물이나 하드웨어는 마음의 상태에 옷이 덧입혀진 것이다.

---

8 Berger, Peter L. & Luckmann, Thomas (1966). *The Social Construction of Reality*. Penguin Books.

마음이 당연한 현실로 받아들이게 만들기 위해서는 반드시 반복(Repetition)이 필수적이다. 반복을 통해 관행의 타당성(Validity)에 이의가 제기되는 정당화(Legitimation)라는 검증 과정을 통과한다.[9] 어떤 미세한 차이를 함축하고 있는 관행이 관련 당사자들에게 당연하게 뉴노멀로 받아들여지고 일정 기간 반대가 없이 반복되면 마음은 이 관행을 상식적 규범으로 받아들인다. 반복을 통해 마음속에 습관으로 받아들인 상태를 부각해 제도를 '마음의 습관(Habits of the Heart)'[10]이라고 부른다.

실제로 마음의 습관으로 자리 잡은 관행을 고치려 한다면 건물을 부수고 새로 세우는 것보다 힘들다. 건물은 보이기라도 하지만 마음속에 습관으로 세워진 관행은 보이지도 않아서 부술 수도 없다. 마음의 습관에 반하는 큰 변화를 시도한다면 마음의 습관이 강하게 저항한다. 하지만 작은 변화에서 시작해 조금씩 강도를 늘려간다면 문제는 달라진다. 물리적으로는 새로운 건물이 들어서려면 기존의 건물이 철거되어야 하는데 마음의 경우는 다르다. 마음의 습관을 크게 바꾸지 않는 방향으로 조금씩 변화를 도입해 결과적으로 큰마음 습관에 도달하면 누구든 문제를 제기하지 않는다.

---

9 Yoon, Jeongkoo & Thye, Shane R. (2011). "A Theoretical Model and New Test of Managerial Legitimacy in Work Teams." *Social Forces*, Vol. 90(2): 639–659.
10 Bellah, Robert N. (2007). *Habits of the Heart, With a New Preface: Individualism and Commitment in American Life*. University of California Press.

여성 엔지니어나 노예 상태에 있던 디자이너가 사용한 변화전략의 본질은 마음의 습관을 조금씩 변화시키는 것이었다. 조용한 반역의 핵심은 지금 상황에서 당연하지 않은 상태인 목적을 눈에 띄지 않게 잘게 미분화해서 일상에 끼워 넣고 반복을 통해 변화를 반대하는 사람들도 당연하게 받아들이게 만드는 작업이다. 이것을 실현할 방법은 목적을 미분한 밀알을 조용하게 심고 상대가 눈치를 채지 못하게 길러내는 일이다. 밀알을 가져와 일터에 심어 조그마한 관행을 차근차근 만들어나가는 일을 반복해 점진적으로 큰 변화에 도달하게 하는 방식이다. 조용한 반역을 실천하는 급진 거북이는 상대가 가진 기존의 마음의 습관을 크게 건드리지 않고 조그만 균열을 만드는 일에서 시작한다. 마음속에 조그만 균열을 내고 균열 속에 미분한 목적의 씨앗인 밀알을 끼워 넣고 과일나무로 키운다. 제도화는 처음 시작한 변화가 반복을 통해 마음이 당연하게 받아들이는 상태라는 것을 이해하지 못하면 생각하기 어려운 전략이다.

학습 포인트 요약

• 조용한 반역은 당연하지 않게 생각하는 목적을 상대도 모르게 당연하게 받아들이게 만드는 전략이다. 조용한 반역의 밀알인 목적을 일상적 과제에 심어서

가꾸고 상대가 눈치 채지 못하게 조금씩 키워내는 전략이다.

· 조용한 반역은 변화에 저항하는 사람들이 눈치 채지 못하게 조그만 변화를 시작하고 변화된 상태가 상식적인 상태로 받아들여질 때까지 반복하는 전략이다.

· 제도화는 어떤 관행이 구성원에게 상식적이고 당연한 상태로 받아들여지는 마음의 상태다. 변화의 밀알을 조금씩 키워서 마음의 상태 속에 녹아들게 만드는 전략이 조용한 반역이다.

· 조용한 반역을 시작하는 사람들은 구성원들의 얼음처럼 차가워진 마음에 균열을 만들어 마음을 열게 만드는 쇄빙선을 가동한다. 쇄빙선은 목적에 대해 강한 신념을 상징한다.

· 제도화를 뜻하는 당연한 마음의 상태(New Normal)에 도달하기 위해서는 변화의 밀알이 마음에 뿌리를 내릴 수 있도록 반복하는 것이 핵심이다. 조그만 차이를 만들고 만들어진 차이의 균열을 확대해 얼었던 마음을 열게 만드는 작업이다.

6장

지렛대 전략

우리는 인위적으로 바람의 방향을 바꿀 수는 없다.

배의 돛을 조정해서 원하는 목적지로 갈 수 있을 뿐이다.

—딘(Jimmy Dean)

충분히 긴 지렛대를 준다면 지구도 들어 올릴 수 있다.

—아르키메데스(Archimedes)

조직은 기여도가 평균보다 더 높은 구성원에게 규범과 달리 행동할 수 있는 자유를 허용한다. 평균보다 더 많이 이바지할 경우 성과 기여분의 범위에서 긍정적으로 일탈(Positive Deviance)할 수 있는 권한이 주어진다. 이 권한을 특이신용점수(idiosyncratic credit)[1] 라고 부른다. 특이신용점수는 범위가 정해진 영향력이다. 특이신용점수는 영향력에 대한 백지수표가 아닌 쓸 수 있는 범위가 정해진 조건적 영향력이다. 차별적 특이신용점수가 있다면 점수의 범위 내에서 변화에 대한 영향력을 행사해도 구성원은 장본인의 영향력에 대해서 이의를 달지 않는다. 어떤 사람이 얻어낸 신용점수가 다양한 과제를 통해 축적되고 장본인의 성과 기여가 조직의 지속 가능성과 존재목적 실현에도 일관되게 도움이 된다고 믿으면 구성원은 장본인에게 영향력의 범위가 정해지지 않은 리더의 지위를 부여한다. 이렇게 획득한 리더 지위는 영향력에 대한 백지수표다.

지렛대 원리를 처음 발견한 고대 그리스의 수학자이자 천문학자 아르키메데스는 자신에게 충분히 긴 지렛대를 허락하면 지구도 들어 올릴 수 있다고 장담했다. 문제는 지렛대의 길이다. 회사에서 CEO 지위에 있다면 무거운 변화도 들어 올릴 수 있는 긴 지렛대를 부여받은 것이다. 지금의 산성화된 토양은 변화를 들어 올릴 지위에 있는 사람이 변화보다는 자신의 욕망과 지위를 더 공고히 하는 데 지렛대를 사용해서 생긴 문제다.

지렛대 전략이란 조직의 경영자들이 자신의 지렛대를 존재목적을 실현하는 일에 사용하고 있지 않을 때도 일반 실무자나 중간관리자도 특이신용점수를 얻어낸다면 이 신용점수를 지렛대

---

1 Hollander, E.P. (1958). "Conformity, status, and idiosyncrasy credit." *Psychological Review*, 65(2): 117-127.

로 이용하는 전략이다. 아무리 산성화된 조직이라도 특이신용점수가 있다면 신용점수가 허용한 영향력의 범위 내에서 바위에 균열을 만들 수 있고 이 균열 속에 변화의 밀알을 심어 조용조용 사부작사부작 변화의 물꼬를 만들 수 있다. 연관된 프로젝트가 반복되는 경우 선행하는 프로젝트에서 성과 기여를 통해 특이신용점수를 얻어내고 파생된 프로젝트 설계에서 신용점수를 지렛대로 사용해서 프로젝트와 프로젝트의 물꼬를 조금씩 미세 조정해가며 자신이 원하는 궁극적 목적을 실현하는 쪽으로 방향을 만들수 있다. 지렛대 전략은 프로젝트를 통해 얻어낸 성과 기여를 목적을 실현하는 변화를 위한 지렛대로 사용하는 전략이다.

지렛대 전략

조직에서 평균 이하로 기여하는 사람이 새로운 제안을 하면 조직은 새 제안을 긍정적으로 받아들이기보다 불평불만으로 해석하고 무시한다. 하지만 평균보다 월등하게 작업성과를 내는 사람이 문제를 제기하면 조직은 이 사람의 조직에 대한 플러스 기여분만큼 제기한 문제를 심각하게 경청한다. 관행을 바꾸는 변화를 제안할 경우 특이신용점수를 지렛대로 사용하면 받아들여질 개연성이 높다. '조용한 반역'에서 엔지니어가 여성으로서의 성 정체성을 표현하며 살 수 있었던 이유도 따지고 보면 남자 엔지니어에 버금가는 실력으로 부서의 성과에 이바지해 왔기 때문이다.

여성 엔지니어의 특이신용점수가 없었다면 자그마한 변화 시도도 트집 잡혔을 개연성이 높다. 노예 상태로 살던 디자이너들이 디자인의 정체성을 구현할 수 있었던 것도 결국은 디자이너들이 잘 팔리는 제품을 만들어내는 데 다른 전문가들보다 성과 기여도가 높았기 때문이었다.

리더를 갈망하는 여성이 회사의 유리천장에 대해서 이의와 불공정을 제기할 때도 마찬가지다. 남성들과 비슷하거나 아니면 평균 이하의 성과를 내는 여성이 유리천장에 대해 이의를 제기하면 불평불만으로 받아들여 무시될 개연성이 높다. 하지만 동료보다 월등한 성과를 내는 여성이 유리천장에 대해 불만을 제기하면 회사는 이 여성의 고통에 대해 심각하게 대응하고 개선하는 일에 관심을 쏟는다. 동료보다 더 많이 낸 성과 기여분인 특이신용점수를 영향력을 위한 지렛대로 사용했기 때문이다.

지렛대 전략은 조직 내 지위(Status)에 관한 문제다. 지위란 단위 조직의 번성과 생존에 대한 기여도를 평가해서 영향력의 정도와 범위를 차별적으로 배분한 것이다. 지위가 높은 사람이 현행 관행에서 벗어나는 언행을 보여도 조직은 특이신용점수를 계산해 문제삼지 않는다. 성과 기여로 인해 조직이 본인에게 얼마나 의존하는지가 조직에 대해 영향력을 행사할 수 있는 정도다. 기여도가 높아서 조직의 의존성이 커지면 조직의 변화에 대해 요구할 수 있는 영향력은 더 커진다. 조직에서 기여도가 높아지면 변화를 포함해서 조직에 대해서 요구할 수 있는 지렛대가 커진다.

강력한 힘을 가진 부서장이 변화를 반대하고 있는 경우도 일단 부서장을 도와서 부서장이 성공할 수 있도록 돕는 전략을 시도해 볼 수 있다. 부서장이 본인에 대한 의존성이 높아지면 의존성을 지렛대로 삼아 기회를 봐가며 자신이 원하는 변화를 요청할 수 있다. 회사에 대한 애정이 있다면 조직에 대한 기여도를 최대한 도로 높여서 회사 대표의 지위에 오르는 것도 한 방법이다. 회사의 대표 자리에 오른다면 조직을 자신이 원하는 대로 바꿀 수 있는 가장 큰 지렛대를 받는다.

물꼬 조정하기

근원적 변화는 사건과 사건이 연결되어 흐름이 조금씩 수정되는 방식으로 완성된다. 급진 거북이는 성과 기여를 통해 얻은 지렛대에 목적을 지렛대의 받침목으로 사용해 반복되는 사건이 전개될 때마다 조금씩 존재목적을 실현할 수 있는 방향으로 물꼬를 만든다. 조금씩 물꼬가 수정된 시냇물이 강물을 만들어 바다에 도달한다면 근원적 변화는 완결된다.

큰 배를 움직이는 것은 항해의 방향을 정하는 선장의 운전대인 타륜도 있지만, 선장의 명령 실행은 스크루 뒤에 달린 방향키(rudder)에 의해서 행해진다. 방향키는 물고기의 꼬리지느러미와 같은 구실을 한다. 조직은 전략적 방향을 정하는 경영자들이 있지만 정해진 방향을 실행하는 권한은 실무자들에게 이양되기 때문에 실무자들은 원한다면 경영자가 정한 큰 방향을 바꾸지 않고 방향키를 이용해 조금씩 미세 조정할 수 있다. 조직이 나아가야 할 목적지에 대한 믿음을 가진 실무자들은 경영자들의 의도를 크게 거스르지 않고 배의 방향을 미세 조정해 가며 원하는 목적지에 도달한다. 조직의 경영자보다는 구성원이 조직에 더 오래 남을 개연성이 높아서 지렛대 전략은 목적에 대한 믿음을 가진 구성원에게 더 가능한 전략이다.

한 프로젝트를 마무리할 시점이 되면 조직이 도달하려는 근원적 변화에 대한 급진적 믿음이 없는 구성원들은 초기에 보였던 열정을 투입하지 않는다. 급진 거북이는 한 프로젝트가 마무리되고 다른 프로젝트가 생성되는 연결점을 지렛대를 사용할 큰 기회로 생각한다. 급진 거북이는 프로젝트의 마무리 국면에도 초기에 보였던 열정을 보인다. 이들이 보인 열정은 프로젝트가 끝난 후 다음 프로젝트를 생성할 때 더 큰 발언권을 얻는 기회로 작용한다. 프로젝트에서 얻은 특이신용점수를 지렛대로 삼아 다음 프로젝트가 근원적 변화를 실현하는 쪽으로 물꼬가 미세 조정될 수 있게 개입한다. 특이신용점수를 이용해서 다음 프로젝트의 물꼬를 근원적 변화의 방향과 더 일치하도록 미세한 영향력을 행사할 수 있다. 한 번의 프로젝트에서 물꼬를 바꾸는 것이 가능하지 않더라도 매번 프로젝트가 완성될 때마다 조금씩 바꿔 궁극적으로는 근원적 변화가 가능

그림 6-1. 아마존 강이 물꼬를 터가며 태평양으로 이르는 모습.

출처: https://x.com/arunkalyan5/status/1846575089669882173

한 방향으로 흐름을 만들어낸다.

아디다스 코리아

아디다스는 독일계 스포츠 브랜드 회사로 1924년에 디슬러(Dassler)

형제에 의해 설립된 100년 기업이다. 아디다스 코리아는 1982년
에 설립되었다. 아디다스 코리아 강형근 전 부사장은 1989년 입
사해 30년 동안, 300억 원이었던 아디다스 코리아 매출을 1조 원
으로 키워낸 숨은 공신이다. 지방대학 출신으로 인맥과 배경이라
는 지렛대 없이 시작해 전 세계에 10명뿐인 아디다스 브랜드 총
괄이 되기까지 30년 동안 자신의 힘으로 지렛대를 키우고 지렛
대로 물꼬를 만들었다. 그의 저서 『나만의 게임을 만들어라』를
보면 강형근 부사장이 급진 거북이의 지렛대 전략을 사용해서
어떻게 기적의 주인공으로 등극할 수 있었는지에 대한 설명이
나온다.[2]

　아디다스 코리아 마케팅 부서에 입사한 후 강형근 부사장은 한
국에서 큰 인지도가 없었던 아디다스를 일반 옷의 브랜드와 차별
화된 스포츠 브랜드임을 인식시켜 보겠다는 급진적 생각을 가졌
다. 이런 차별화한 스포츠 브랜드를 위해 처음 시작한 캠페인이
'스포츠는 살아 있다'였는데 운 좋게 성공했다. 성공하니 매출도
증가했고 입소문을 타고 대리점도 늘었다. 성장한 매출과 대리점
개설을 지렛대로 더 큰 마케팅 캠페인을 기획했다. 파티를 할 때
아디다스 오리지널스 로고가 박힌 옷을 입은 연예인들에게 통 크
게 후원하는 캠페인을 시작했다. 2002년 월드컵 축구를 계기로

2　강형근 (2022). 『나만의 게임을 만들어라』. 흐름출판.

유니폼을 일상 생활복으로 착용하는 것에 대한 경계가 사라져서 캠페인은 크게 성공했다. 아디다스 코리아 매출의 40퍼센트가 오리지널스에서 나왔고 아디다스 코리아의 판매실적이 전 세계 10위로 상승했다. 이런 성공이 더 큰 지렛대가 되어 전 세계 10명뿐인 아디다스 브랜드 책임자가 된다. 브랜드 책임자의 직책은 한국 시장을 키울 수 있는 독자적 프로젝트를 주도적으로 기획할 수 있는 지렛대가 되었다. 2013년 나이키의 매출을 넘어서는 국내 스포츠 브랜드 1위라는 쾌거를 달성한다. 2018년 평창 동계올림픽에서 나이키의 후발주자로서 나이키를 따라 하던 게임의 판도를 바꿀 수 있는 사건이 아디다스 코리아에 찾아온다. 그 당시 가장 인기가 있던 빙상 종목은 모두 나이키가 후원하고 있었다. 그는 아디다스의 '스포츠를 통해서 사람들의 삶을 바꾼다'는 철학에 따라 비인기 썰매 종목인 루지, 스켈레톤, 봅슬레이를 후원하기로 한다. 후원한 스켈레톤과 봅슬레이에서 우리나라는 아시아 최초로 금메달을 딴다.

강형근 부사장은 재임 기간 8번의 월드컵과 6번의 올림픽 캠페인을 성공적으로 수행했다. 마케팅 전문가로서 반복되는 올림픽과 월드컵 기회마다 자신이 잘하는 역량에서 먼저 최고의 전문성을 확보하고 이것을 지렛대로 삼아 다른 마케팅 분야로 경력 범위를 확장하고 다른 영역의 전문가와는 협업을 통해 네트워크를 확장하는 지렛대 전략과 물꼬 전략을 사용했다.

강형근 부사장이 성공을 거둘 수 있었던 이유 중 하나는 신입 사원 때부터 임원이 되어서도 사장의 마음을 지렛대로 삼아 일하려는 태도가 주효했다. 실제 사장이 아니더라도 사장의 마음으로 일할 수 있다면 자신이 수행해야 하는 일도 장기적 관점에서 볼 수 있는 안목이 생긴다. 또 프로젝트가 생성될 때마다 사장의 입장이 되어 지렛대를 사용해 어떻게 물꼬를 마련해야 하는지에 대한 통찰력도 얻었다. 사장이 되어 한국에 최적화된 목적 브랜드를 만들어보겠다는 급진성이 지렛대의 버팀목이었다.

지위의 지렛대

권력과 지위는 상대를 변화시키기 위해 사용할 수 있는 좋은 지렛대이다. 예를 들어 내가 상대에 대한 권력이나 지위가 있다면 이것을 지렛대로 사용해서 상대에게 내가 원하는 모습대로 변화해 달라고 요구할 수 있다. 권력은 전통적으로 상대의 의지와는 상관없이 나의 의지를 관철할 수 있는 물리적 힘이다. 이 개념은 사실상 사회과학자들이 받아들이고 있는 사회과학의 창시자 막스 베버(Max Weber)나 정치사회학의 창시자 로버트 달(Robert Dahl)이 만든 제로섬 권력 개념이다.[3]

이런 종류의 권력 개념을 이해하기 위해서는 노상강도를 연상

---

3 Weber, M. (1947[1922]). *The theory of social and economic organization*. Trans. by Henderson, A.M. & Parsons, T. New York: Free Press. p.152.

해보면 된다. 노상강도가 칼을 들고 나에게 지갑을 내놓으라고 한다면 나는 내 의지와 상관없이 지갑을 양도해야 한다. 이것이 상대의 의지와 상관없이 자신의 이익을 관철할 수 있는 개연성이라는 권력의 정의다.

이런 노상강도 짓은 조직에서 리더십을 직책과 혼동하는 사람들이 비일비재하게 사용하고 있다. 직책은 합법화된 권력이지만 상대의 의지와 상관없이 사용되는 힘이라는 점에서 여전히 권력이다. 직책을 가진 사람이 부하에게 부하의 의지와는 상관없이 하기 싫은 일을 억지로 시킨다면 이것은 리더십 행사가 아니라 권력을 행사한 것이다. 직책을 무기로 리더에 의해 행사된 권력이 갑질이다. 리더가 동원한 직책이 노상강도가 들고 있는 칼인 셈이다.

리더십은 이런 권력의 행사가 아니라 상대방의 자발적 동의에 근거해서 상대가 자발적으로 일하게 하는 영향력을 행사한다. 권력과 달리 리더는 부하에게 자발적 영향력을 행사할 수 있는 지위를 가진 사람이다. 직책이 있어도 리더로서 자발적 영향력을 사용할 수 있는 지위가 없다면 구성원은 리더 앞에서는 따르는 시늉을 해도 돌아서면 리더를 욕한다. 자발적 영향력을 행사할 수 있는 지위를 획득하지 못한 리더는 무늬만 리더다. 직책만 있고 지위를 획득하지 못한 리더가 과도하게 권력을 사용하면 갑질이다. 급할 때는 권력도 지렛대로 사용할 수 있지만, 장기적으로 구성원의 자발적 헌신이 요구되는 지속 가능한 근원적 변화를 위해서는 권력이 아니라 지위라는 지렛대가 요구된다. 직책과 지위를 행사했던 상사는 정년퇴임 후에도 오랫동안 부하에게 존경의 대상으로 남지만, 직책으로 권한만 행사했던 상사는 정년퇴임하면 기피 대상이다.

저자와 동료 연구자(Edward Lawler, Shane Thye)는 지난 30년간 저서와 논문을 통해, 권력에는 베버의 제로섬적인 권력 개념도 있지만, 미래 가치의 증가를 목적함수로 한 플러스섬 권력 개념이 있음을 설파했다.[4] 권력을 행사하는 관점에서만 보면 권력은 항상 권력을 이용해 자신의 의지를 관철하는 제로섬의 모습만 보이지만 각자도생 동물의 세계가 아닌 합리적 교환을 기반으로 개인의 이익과 공공의 이익을 정렬하기 위해 사용하는 권력은 서로가 서로에게 의존하는지의 정도고 이런 권력 개념은 상대적이기도 하지만 플러스섬의 성격도 있음을 규명했다.

예를 들어 나의 상대에 대한 권력은 상대가 나에게 의존하는 정도라고 본다. 마찬가지로 상대의 나에 대한 권력은 내가 상대에게 의존하는 정도다. 서로 의존하는 것이 많아지면 서로에게 행사할 수 있는 권력의 총량도 늘어난다. 처음에 내가 상대에게

---

4 Lawler, Edward J., Thye, Shane R. & Yoon, Jeongkoo (2009). *Social Commitments in the Depersonalized World*, Russell Sage Foundation; Lawler, Edward J. & Yoon, Jeongkoo (1996). "Commitment in Exchange Relations: Test of a Theory of Relational Cohesion." *American Sociological Review*, 61: 89–108.

의존하는 정도가 5이고 상대도 나에게 의존하는 것이 5라면 나의 권력도 5이고 상대의 권력도 5가 된다. 하지만 거래가 늘어나 내가 상대에게 의존하는 정도가 10으로 늘어나고 상대가 나에게 의존하는 정도도 8로 늘어난다면 권력의 총량은 10에서 18로 는다. 시작했을 때 권력의 차이는 없었지만, 늘어난 거래에서 권력의 차이는 2이다. 내가 상대에게 2만큼 더 의존하기 때문에 상대는 이것을 이용해서 나에게 2만큼에 해당하는 것을 더 요구할 수 있다. 권력은 의존하는 정도의 차이에 따른 상대적인 권력(Relative Power)이 0에서 2로 변하는 측면도 있지만, 서로가 서로에게 의존하는 총량이 10에서 18로 늘어나는 총합 권력(Total Power)도 있다. 저자와 동료 연구자들은 상대적 권력과 총합 권력은 서로 독립적으로 작용하는 변수이기 때문에, 지속적 번성이 실현되는 조직은 서로에 대한 상호 의존성을 높여 총합 권력도 키우고 상대적 권력은 최대한 줄여 수평화하는 조직이라고 규정한다.

노상강도나 동물의 세계에서 볼 수 있는 제로섬의 권력이 아닌 인간 사회에서 권력은 합리적 교환을 통해서 형성되는 플러스섬 권력이다. 플러스섬 권력에서 내가 상대에게 권력을 가지려면 상대의 나에 대한 의존성이 높아야 한다. 상대의 의존성을 높이기 위해서는 상대가 원하는 것을 충분히 줄 수 있어야 한다. 인간 세상에서 합리적 권력을 얻기 위해서는 뺏는 힘이 아니라 평소 상대에게 더 많은 것을 주어서 상대의 의존성을 높여야 한다. 나에 대한 상대의 의존성이 나의 권력이기 때문이다.

우리나라 속담에도 권력을 행사하는 관계를 만들기 위해 평소 많이 '줄 것'을 강조한다. '져줘라' '해줘라' 등등 '줘라'라는 말을 어미에 붙인다. 미운 사람에게 떡 하나 더 주는 지혜도 마찬가지다. 상대가 나에게 더 의존하게 만들고 이것을 지렛대로 내가 진정으로 원하는 변화를 요구할 수 있다. 인간 세상의 교환관계에서는 무작정 주기만 하고 무작정 받기만 할 수는 없다. 이런 교환관계에서는 자기가 필요 없는 것을 넘겨주고 대신 필요한 것을 건네받는 것이 현명한 전략이다. 여유가 있어서 줄 수 있을 때 많이 주어서 나에 대한 의존성을 높여야 본인이 필요할 때 상대에게 필요한 것을 요구할 수 있다. 서로에 대한 의존성이 높아지는 초연결 시대에 권력이 어떻게 형성되고 어떻게 행사되어야 모두가 이기는 관계를 만들 수 있는지를 이해하지 못한다면 제로섬의 권력 개념에 천착해 뺏고 빼앗기는 싸움에 매진하다 소중한 관계를 모두 잃는다.

설사 상사가 마음에 들지 않아도 상사가 변화의 장애가 되고 있다면 부하는 상사가 요구하는 것을 충분히 잘해 줄 수 있어야 한다. 상사가 기대하는 것보다 더 많이 해줄 수 있다면 상사의 의존성은 늘어난다. 상사가 내가 없으면 일을 처리하지 못할 정도로 많이 의존하고 있다는 것이 확인되면 권력 기반을 지렛대로 사용해서 상사에게 변화를 위해 필요한 것을 당당하게 요구할 수

있다. 상사는 처음 자신의 필요 때문에, 울며 겨자 먹기 식으로라
도 부탁을 들어주겠지만, 부하의 요구가 조직의 존재목적에 더
부합됨을 깨달으면 어느 시점에는 든든한 지원군으로 전향할 수
도 있다.

초연결 플랫폼 시대의 성공은 남들의 성공을 돕는 일에 크게
기여할 수 있는지의 문제다. 남들이 자신의 성공을 위해 나에게
많이 의존할수록 나의 권력 기반은 그만큼 강화되어 나의 성공을
위해 상대에게 필요한 것을 요구할 수 있는 권력이 생긴다. 남들
의 성공을 도울 수 있는 큰 플랫폼을 가지고 있어서 많은 사람이
성공을 위해 이 플랫폼에 의존하고 있다면 이 플랫폼을 설계한
당사자는 우리가 상상할 수 있는 최고의 힘을 행사할 수 있다.

권력이 양자 관계에서 서로 도움을 주고받은 기록에 의해 결정
된다면, 지위는 권력이 공동체의 공공선을 위해 사용되는지를 평
가해 구성원이 허락한 영향력이다. 지위란 내가 공동체의 구성원
으로서 공동체의 생존과 번성을 위해 기여한 정도를 구성원이 평
가한 것이다. 지위는 구성원이 부여하는 것이지 자신이 주장할
수 있는 것이 아니다. 나의 기여도가 높아서 공동체가 나에게 많
이 의존할수록 공동체에 대한 권력이 아니라 공동체에 영향력을
행사할 수 있는 지위를 부여받는다. 회사에서 직책으로 리더로
보임해도 구성원이 마음속으로 리더라고 불러주지 않는다면 리
더의 지위와 영향력을 획득한 것은 아니다. 지위란 권력이나 직

책이 공동체의 존재목적에 의해서 정당화되고 구성원이 정당성을 받아들였을 때 생성된다. 권력을 넘어 지위를 지렛대로 삼을 때 리더는 조직이나 부서의 구성원 모두에게 변화에 대한 가장 강력한 수준의 영향력을 발휘할 수 있다. 지위를 기반으로 행사되는 영향력은 권력과 달리 리더의 순수한 의도가 검증된 것이어서 리더가 요구하는 변화 내용에 구성원도 토를 달지 않고 자발적으로 동의하고 몰입한다.

권력을 넘어 지위가 지렛대로서의 더 큰 가치를 발휘한다. 권력은 쌍방적 이해관계를 실현하는 정치적 문제이지만 지위가 생기면 모든 구성원에 대해 영향력을 행사하는 공동체의 지지를 얻는다. 권력은 주고받는 것에 대한 계산적 문제에 기반한 한계를 가지고 있지만, 지위는 조직이나 부서의 존재목적과 관련된 훨씬 포괄적인 이슈를 포함한 포괄적 영향력을 허락한다.

리더십 인사이트 | 슬기로운 정서 권력

김자연 씨는 환경주의자다. 다양한 재활용 운동에 열렬히 참여하고 있다. 어느 날 유명 샌드위치 가게에서 줄을 섰다. 샌드위치 가게 종업원은 주문이 많아서 어쩔 줄 모르고 바쁘게 일하고 있었다. 심지어 주문 속도를 따라잡기 위해 고객에게 가게에서 먹을 것인지 가져갈 것인지를 묻지도 않고 일단 기계적으로 포장한 내용을 플라스틱 봉투에 넣어주고 있었다. 가게에서 먹는 사람은 자리에 앉자마자 포장한 플라스틱 봉투를 버리고 샌드위치를 꺼냈다. 어느새 휴지통에는 플라스틱 봉투가 가득 채워졌다. 김자연 씨는 마음이 불편했다. 종업원에게 그렇게 하지 말라고 훈계하고 싶지만 참고 다음 날 다시 갔다.

김자연 씨는 샌드위치를 주문하면서 종업원에게 반갑게 인사를 건넸다.

"샌드위치가 정말 맛있어서 점심 끼니마다 오게 되네요. 종업원분들도 친절하고 열정적으로 일하는 모습이 멋지고요."

이 말에 종업원이 얼굴에 환한 미소를 보인다. 이 틈을 이용해서 속내를 부드러운 지렛대로 끼워 넣는다.

"한 가지 딱 아쉬운 건 주문받을 때 여기서 먹을 건지 가지고 갈 건지 물어봐 주시면 좋을 것 같네요. 여기 안에서 먹는 분들이 샌드위치를 받자마자 플라스틱 백을 휴지통에 버리는 것을 보고 자칭 환경론자인 제 마음이 약간 불편했습니다. 이것만 개선해 주신다면 이 가게는 정말 평점이 10점 만점을 얻을 것 같은데 안타까워요."

칭찬으로 기분이 좋아진 상태에서 듣는 요구여서 종업원은 흔쾌히 매니저와 그 점에 대해 의논해 보겠다고 했다.

다음 날 가게를 다시 찾았을 때 다른 종업원이 일하고 있었지만 주문을 받으면서 그 가게에서 먹을 것인지 가지고 갈 것인지를 물어보고 있었다.

지렛대로 물꼬를 트는 작업은 이런 것이다. 상황에 적극적으로 개입해서 상대의 마음에 상처를 주는 방식은 일이 성사되어도 노상강도가 물리적 힘을 발휘해 자신의 목표를 달성하는 방식과 크게 다르지 않다. 김자연 씨는 먼저 상대가 정서적으로 빚졌다는 마음이 들게 하고 빚진 마음의 상태를 지렛대로 이용해서 본인이 생각한 변화를 요구해서 실현했다. 상대가 예기치 못한 실수로 당황하고 있을 때도 같은 전략을 사용할 수 있다. 상대의 실수에 관용을 베푼다. 부정적 정서를 촉발하며 꾸짖기보다는 실수를 받아들여 주고 대신 앞으로는 이렇게 해 달라는 변화 요구를 끼워 넣는다. 이것이 변화의 실현 가능성을 크게 하는 고도의 지렛대 전략이다.

상대방에게 부담되지 않게 조용히 물꼬를 내는 행동을 '넛지(nudge)'라고 한다. 넛지는 원래 '옆구리를 슬쩍 찌른다'라는 뜻으로 누군가의 강요가 아닌 자연스러운 상황을 만들어 사람들이 올바른 선택을 할 수 있도록 물꼬를 터주는 행동이다.[5]

우리 삶에서 근원적 변화를 실현하기 위해서는 지렛대와 물꼬라는 조그만 차이를 반복해서 큰 차이를 만들어내는 급진 거북이 전략이 요구된다. 우리는 과제를 반복적으로 수행하고 과제마다 목표를 설정한다. 하지만 매번 세우는 목표가 차이를 만들지 못하고 시시포스 돌 굴리기로 소진되는 이유는 목표와 목표, 과제와 과제가 연결되어 목적으로 실현되게 기울기를 만드는 지렛대 전략을 놓치기 때문이다. 근원적 변화는 목표와 목표를 지렛대로 이용해 목적지를 향하도록 방향을 미세 조정하는 넛지를 잘 이해한 사람들이 받는 선물이다.

---

5 행동경제학자 리처드 탈러 시카고 대학교 교수와 캐스 선스타인 하버드 대학교 로스쿨 교수의 공저 『넛지』에 소개되어 유명해졌다. 리처드 탈러, 캐스 R. 선스타인 (2009), 『넛지: 똑똑한 선택을 이끄는 힘』, 안진환 역, 리더스북.

- 지렛대 전략은 이전에 낸 성과를 다음 성과를 내기 위한 지렛대로 사용해서 근원적 변화의 방향으로 물꼬를 조정하는 방식이다.

- 조직에 대한 기여도가 미미한 사람이 조직에 변화를 요구하면 그 요구는 부메랑으로 되돌아온다. 급진 거북이는 특이신용점수를 지렛대로 사용해서 변화의 초깃값을 만든다.

- 급진 거북이는 과제가 반복되는 상황을 이용해 기회가 될 때마다 조그만 차이를 만들어내고 이 차이를 지렛대로 사용해 조금씩 차이를 키워가며 차이의 반복을 통해 근원적 변화에 도달한다.

- 권력은 상대의 동의와 상관없이 자신의 의지를 실현할 가능성이고, 지위는 상대의 자발적 동의에 근거해서 의지를 관철할 수 있는 영향력이다. 급진 거북이는 권력과 지위를 지렛대로 사용할 수 있지만, 권력보다는 지위를 통해 근원적 변화를 달성한다.

- 동물 세계가 아닌 인간 세계에서 권력은 제로섬이 아니라 플러스섬이다. 인간 세상에서 권력은 상대 것을 뺏는 것이 아니라 주는 것이다. 권력을 얻기 위해서는 평소 상대가 원하는 바를 주어서 상대의 구조적 의존성을 높여야 한다.

• 지위는 권력이 조직의 존재목적을 위해 사용되는 모습을 보고 구성원이 마음으로 부여한 자발적 영향력이다. 회사가 리더에게 부여한 직책을 넘어서 구성원이 부여한 리더의 지위는 근원적 변화를 위한 가장 큰 지렛대다.

7장
뒤집기 전략

참나무가 단단한 이유는 거센 바람에 오랫동안 시달렸기 때문이다.

버드나무가 살아남아 있는 이유는 구부려야 할 때 구부렸기 때문이다.

—조던(Robert Jordan)

삶의 영광은 실패하지 않음이 아니라

실패했을 때 일어설 수 있음에서 찾아온다.

—만델라(Nelson R. Mandela)

요트가 역풍을 이용해 앞으로 나아갈 수 있는 이유는 삼각돛을 이용한 뒤집기 동학의 원리 때문이다. 돛이 없거나 사각형 돛을 사용하던 고대의 배는 역풍이 불면 앞으로 나아갈 수 없었다. 요트는 역풍이 불면 배를 역풍의 방향을 기준으로 45도 각도로 돌려 삼각돛의 앞면으로 바람이 빠르게 비껴가도록 한다. 돛의 앞면으로 빠르게 바람이 흘러가면 돛의 앞면 부분은 기압이 상대적으로 낮아지고 뒷면과의 기압 차이가 생긴다. 기압 차이를 이용해 요트는 앞으로 나아갈 수 있는 동력을 얻는다. 45도 각도로 빗겨서 진행하다 맞바람이 없어지면 다시 45도가 되도록 방향을 바꾸어 맞바람을 이용해 지그재그 방식으로 전진한다.

뒤집기는 주짓수 씨름 선수들이 주로 사용하는 기술이다. 주짓수 씨름의 목적은 효과적 방어다. 상대의 배 위에 올라타는 마운트도 상대의 공격을 지배적으로 방어하기 위한 기술이다. 선수들은 먼저 공격하는 것이 아니라 상대가 공격해 올 때, 공격수의 허점을 찾아내 역으로 상대를 제압한다. 상대가 공격해 들어오면 방어 선수는 45도 각도로 비켜선다. 비켜서면 앞만 보고 공격해 들어오는 선수의 무방비 상태인 옆면과 뒷면이 눈에 들어온다. 노출된 약점과 상대가 공격해 들어오는 힘을 역으로 이용해서 상대를 제압한다. 게임을 할 때 평소 상대의 약점과 강점에 대해 정확하게 이해하고 있으면 상대가 공격할 때 가장 유리하게 방어하고 공격할 수 있다. 상대는 강점을 기반으로 약점을 공격하지만, 공격에 공격으로 대항하기보다는 공격을 피하면서 자연스럽게 상대의 약점을 노린다. 이길 욕심으로 무리하게 감행한 공격에 대항해 욕심 속에 숨겨진 약점과 균열에 쐐기를 박는다.

예를 들어 변화를 시도하는 과정에서 분란이 생기면 자기 밥그

175

룻 수호에 혈안이 된 사람들은 변화가 서로 화해하고 잘 먹고 잘 살기 위함인데 군이 싸워가면서까지 변화를 해야 할 필요가 있느냐고 변화를 제안한 사람들을 역공한다. 변화의 노력을 무력화하기 위해 먼저 싸움을 건 것이다. 근원적 변화의 이론으로 무장한 급진 거북이라면 구성원의 내부화합도 중요하지만 변화하는 시기에 내부화합이 목적이 될 수 없음을 설파한다. 내부화합은 조직의 존재이유인 고객과의 화합을 위해 수단으로 활용되어야 함을 설득한다. 그래도 역풍을 포기하지 않으면 그들이 변화를 거부하는 이유가 자신의 기득권을 지키려는 의도에 기반한 것임을 폭로한다. 자신의 기득권을 지키려는 욕심을 내부화합으로 포장하다 고객과의 화합을 놓치고 고객으로부터 외면을 받게 되면 회사의 존재가 사라질 수 있다는 점을 설파해 가며 뒤집기를 시도한다.

현재 자신의 밥그릇을 지키기 위해 변화에 저항하는 모습이 역풍이라면 자사의 제품이나 서비스로 해결해 주어야 할 고객의 커지는 아픔, 100년 기업을 지향하는 회사의 목적과 사명, 이 목적과 사명을 비즈니스에 녹이지 못해 점점 존재감이 없어지는 회사의 모습 등등은 급진 거북이가 도움받을 수 있는 큰 순풍이다.

이런 순풍과 역풍의 동학은 한 기업에서만 작동하지 않고 비즈니스 생태계에는 보이지 않는 보편적 바람들이다. 경영자들이 이 바람의 방향을 제대로 포착하고 있지 못한다면 어느 순간 역풍에 속수무책 무너질 수 있다.

IBM은 1960년대에 'Think' 캠페인을 통해 기업의 이미지를 '혁신'과 '창의성'으로 전환하는 데 성공했다. IBM은 당시 경쟁사인 컴퓨터랜드와 DEC가 가격 인하 경쟁으로 역풍 전략을 벌이고 있는 상황에서, 'Think' 캠페인을 통해 가격이 아니라 가치를 강조하는 순풍 전략으로 대응했다. 그 당시 컴퓨터랜드와 DEC의 가격전략은 새로운 가치를 제시할 수 없음을 포장한 약점이었다. 컴퓨터랜드와 DEC의 공격에 뒤집기 전략인 가치 캠페인을 고객들도 응원하기 시작했다. 뒤집기 전략의 성공으로 IBM은 기업의 이미지를 혁신적인 기업으로 탈바꿈해 오랫동안 경쟁우위를 유지할 수 있었다.

애플도 2007년 '아이폰'을 출시할 때 뒤집기 전략을 사용했다. 당시 전화기 시장은 블랙베리와 노키아 등이 주도하고 있었다. 이들은 자신의 강점인 하드웨어에 집중하며 가격 중심의 공세를 펼쳤다. 이 틈을 이용해 애플은 기존의 스마트폰과는 차별화된 디자인과 사용자 경험을 강조하는 소프트웨어로 시장을 선점했다. 애플은 '아이폰'을 통해 '스마트폰은 단순한 전화기가 아니라, 새로운 생활양식을 제공하는 기기'라는 인식을 고객에게 심었다. 블랙베리와 노키아는 자신에게 강점이자 밥그릇인 하드웨어로 애플을 공격했지만, 애플은 이들의 공격을 역으로 이용해 이들의 급소이자 애플의 강점인 소프트웨어로 역공을 펼쳤다.

급진 거북이는 순풍이 불어올 때는 순풍을 최대한 이용하고, 역풍이 불어올 때는 뒤집기 전략을 사용한다. 급진 거북이는 태양이 뜨거워지면 양산을 마련하고, 비바람이 몰아치면 우산을 받쳐드는 아웃스마터(Outsmarter)들이다. 이들 아웃스마터가 급변하는 상황에도 다양하고 유연한 전략으로 대응할 수 있는 이유는 근원적 변화를 통해 도달한 목적지에 대한 굳건한 믿음이 이해에 눈이 멀어 방향을 잃고 몰아치는 다양한 불확실성을 현명하게 대응하는 큰 그림을 제공하기 때문이다. 급진 거북이는 존재목적을 밑알로 삼아 키우지 못한 뿌리 없는 나무는 언젠가 큰바람이 불면 속수무책으로 쓰러진다는 것을 잘 안다. 이들은 사명과 목적을 밑알로 삼아 제대로 키운 사과나무에 달린 썩은 사과들은 억지로 따내지 않아도 바람이 불면 저절로 떨어져 나간다는 것도 안다.

김 팀장의 승부수

직장생활에서 공격 방어가 순풍 역풍처럼 자유롭게 교환되는 장면은 회의 때다. 회의 때 개인적 이해와 욕심을 숨기고 경쟁 상대를 공격하거나 경쟁 상대가 막강할 경우 막강한 상대와 정치적으로 연대해 약자가 된 경쟁 상대를 공격할 수도 있다.

김 팀장은 첨단기술 회사의 기술영업 팀을 이끄는 회사에 몇 안 되는 여성 팀장이다. 팀원 대부분은 남성이다. 공식 석상에서는 팀장이지만 팀원들은 전에 있던 남성 팀장에게는 했던 팀장으로서의 예우를 김 팀장에게는 해주지 않고 있다. 최근에 김새롬 씨가 새롭게 영입되어 팀 구성에 변화가 있었다. 김새롬 씨는 자사 기술의 미래 역할에 대해 누구보다 뛰어난 통찰력, 열정, 능력 모두를 겸비한 유망주다. 그런데도 지방대학 출신이라는 이유로 회사에 입사한 지 반년이 되어감에도 팀 정착에 어려움을 겪고 있다. 왕따와 비슷한 일을 경험하고 있었다. 특히 회의에서 이런 갈등이 공공연하게 표출되었다. 팀원들은 김새롬 씨가 좋은 의견을 제시하면 못 들은 척하거나 말이 되지 않는 이유로 깎아내렸다. 심지어 팀원들은 김새롬 씨에게 필요한 영업 정보도 공유하지 않고 있다.

김 팀장은 이런 팀 분위기를 해결하지 못하면 김새롬 씨가 조만간 경쟁사로 이직할 수 있다는 불안감을 떨칠 수 없었다. 유능한 인재가 떠나면 탄탄하지 못한 자신의 입지에도 문제가 생길 것이다. 김 팀장은 문제가 생길 때마다 맞서 싸우기보다는 팀원들이 왜 그러는지 팀원 각자의 맥락과 의도를 분석해 이들의 이해가 얽히고설켜 있는 정치 지도를 파악했다. 지도가 그려지자 김 팀장은 연말에 예정된 중요한 전략회의를 결전의 날로 잡았다.

그날 회의에서도 김새롬 씨가 회사의 가장 큰 고객인 A사에 대한 영업전략을 그 회사의 맥락에 맞게 수정하는 것이 어떻겠느냐는 의견을 제기했다. 아니나 다를까 팀원들은 갖은 이유를 들어서 말이 안 된다고 김새롬 씨의 제안을 깎아내렸다. 팀원들 의견의 공통점은 지금까지 해왔던 영업방식을 유지하자는 이야기고 속내를 들춰보면 변화에 대한 거부다. 경영환경이 바뀜에 따라 전략도 바뀌어야 함을 이해하고 있어도 김새롬 씨의 제안을 받아들이면 자신들 밥그릇이었던 주요한 어카운트(Account)에 변화가 있을 수 있다는 불안이 김새롬 씨의 제안을 반대하는 숨겨진 이유였다. 회의가 공전하며 돌고 돌아 끝날 즈음이 되었을 때 팀 선임 격인 안 선임 씨가 앞에서 있었던 이야기의 전체적 맥락을 잊어버리고 김새롬 씨의 제안과 비슷한 의견을 내놓았다. 전체 팀이 돌아가는 동학과 팀원 각자의 의도를 정확하게 파악하고 있던 김 팀장은 이 틈을 놓치지 않고 뒤집기 전략을 구사했다. 김 팀장은 안 선임 씨의 의견에 대해서 정말 중요한 아이디어라고 칭찬을 해주고, 김새롬 씨도 비슷한 우려 때문에 비슷한 제안을 했음을 상기시키며 다음과 같이 덧붙였다. "내가 보기에는 아까 김새롬 씨도 비슷한 제안을 했는데 안 선임 씨가 과제를 생성해서 경험이 많은 김새롬 씨와 같이 프로젝트를 진행해 보는 것이 어떨까요? 흥미로운데 방금 하셨던 이야기를 좀 더 자세히 말씀해 주실 수 있을까요?"

김 팀장은 뒤집기를 통해 중요한 팀원이었던 김새롬 씨가 없는 사람 취급받는 상황을 극복할 수 있는 계기를 마련했다. 다른 팀원들도 어느 상황에서든 팀의 사명을 위한 일이라면 어떤 의견을 내도 김새롬 씨처럼 중요한 팀원으로 대접받을 수 있다는 생각에 고무되어 팀의 분위기가 점점 살아났다. 팀 회의 시 남의 이야기를 자

르거나 건너뛰는 일도 점점 사라졌다. 김 팀장은 팀의 존재목적을 기반으로 적절한 뒤집기 전략을 구사했다. 이 사건을 계기로 팀이 정치화되는 것을 막을 수 있었고 팀의 동학이 살아나서 팀 전체가 좋은 성과를 거둘 수 있었다. 물론 팀원들도 지금은 김 팀장을 팀장으로 생각하지, 여성 팀장이라고 생각하지는 않는다.

협력의 공진화 전략

행동경제학은 개인의 이득과 집단의 이득을 모두 달성하는 파레토 최적 솔루션이라는 실천전략을 만들기 위해 게임 이론을 활용한다. 지금까지 만들어진 전략 중 다양한 상황에도 파레토 최적화에 가장 근접한 것은 미시간 대학교 정치학과 교수였던 로버트 액설로드가 발견한 틱택토(Tic-Tac-Toe) 전략이다.[1]

틱택토 전략은 처음에는 협력하고 이어지는 게임에서는 상대가 협력하면 협력하고 상대가 공격하면 공격을 똑같이 따라 하는 전략이다. 처음에는 협력하는 전략으로 협력의 메시지를 보낸다. 다음번에는 상대가 협력하면 자신도 협력하고, 상대가 눈을 공격하면 눈을 공격하고, 이를 공격하면 이를 공격한다. 상대가 당근으로 나오면 당근을 제공하고, 채찍을 휘두르면 같이 채찍을 휘

1 Axelrod, Robert (1984). *The Evolution of Cooperation*. Basic Books; Axelrod, Robert & Hamilton, William D. (1981). "The Evolution of Cooperation." *Science*, New Series, Vol. 211(4489): 1390–1396.

두르는 전략이다. 『성경』에서 나오는 상대가 뺨을 때리면 다른 뺨을 내주는 이타적 전략과는 반대되는 전략이다. 틱택토 전략은 국가 간 이념적 냉전과 군비경쟁이 극심했던 1970년대 국제협력과 갈등 해결 상황에 적용되어 상당한 효과가 검증된 전략이다. 틱택토 전략은 최고의 전략은 아니지만 적어도 손해를 보지 않는 것이 목적인 상황에서는 차선의 전략으로 인정받고 있다. 결정적 문제는 틱택토 전략이 게임에 참여하는 사람들에게 손해를 보지는 않게 하지만 참여하는 모든 개인에게 이득이 되는 최적의 파레토 솔루션은 아니라는 사실이다.

이 점에 대해 문제의식을 느끼던 액설로드는 학자들에게 디폴트 전략인 틱택토를 이길 수 있는 전략을 만들어서 토너먼트 방식으로 승부를 가리는 게임올림픽을 제안했다. 게임올림픽의 목적은 내시 균형점을 극복하고 반복되는 게임을 통해 개인에도 도움이 되고 집단에도 도움이 되는 파레토 최적점에 도달할 수 있는 승자전략을 찾기 위함이다. 파레토 최적점이란 죄수의 딜레마 게임에서 개인들이 자신의 이득만을 위해 게임에 임할 때 마주하는 막다른 골목인 모두가 죄를 고백하는 전략을 극복하고 장기적으로 자신에게도 이득이 되고 상대에게도 이득으로 돌아오는 집단합리성을 실현하는 솔루션을 의미한다.

게임올림픽 토너먼트에서는 수없이 많은 다양한 틱택토 전략들이 선보였다. 공격을 강화한 전략, 무작위 섞기 전략, 항상 협력하는 전략 등이 그것이다. 하지만 게임올림픽에서 제안된 모든 전략은 강점과 약점을 가지고 있어서 특정한 전략을 우승전략으로 규정하기는 힘들었다. 게임올림픽을 주관했던 액설로드는 전략들이 서로 경쟁하는 과정을 관찰하고 분석해서 다음과 같은 틱택토 수정전략의 가이드라인을 제안하고 가이드라인을 상황에 맞춰서 유연하게 사용할 것을 권고했다.

우선 선제적으로 협력한다. 상대방에게 먼저 손을 내밀어 긍정적 분위기를 형성하고 장기적 관점에서 상호 이익을 추구하자는 메시지를 보낸다. 둘째, 상대방의 전략을 따라 한다. 만약에 상대가 처음의 메시지를 받아들여 협력한다면 본인도 협력해서 협력의 지속 가능성을 높인다. 상대가 협력하지 않는다면 뒤집기 전략으로 자신도 협력하지 않는 방식으로 상대에게 손해를 끼치는 방식으로 명확한 경고 메시지를 준다. 셋째, 상대가 다시 협력하면 과거의 실수를 용서하고 덮어서 변화의 기회를 부여한다. 과거보다는 미래의 협력 가능성에 초점을 맞춰서 협력을 가장 합리적이고 지배적 전략으로 받아들이도록 단서를 제공한다. 넷째, 협력을 충분히 학습할 수 있는 시간을 주었음에도 계속 협력하지 않고 자신의 이득만 취하는 상대에게는 더 강력한 보복전략을 사용한다. 틱택토 수정전략은 반복게임에서 상대가 협조적일 때는 상대의 편의를 최대한 보장하지만, 상대가 선의를 무시하면 손해를 보더라도 충분히 대가를 치르게 하는 나름 강력한 뒤집기 전략이다.

애덤 그랜트(Adam Grant)는 『기브 앤 테이크(Give and Take)』에서 성공하는 기버(Giver) 전략에 관해 설명하고 있다.[2] 그랜트는 직장에서 만나는 세 부류의 사람들에 관해 이야기한다. 받은 것보다 남에게 베풀기를 좋아하는 사람이 기버이고, 베푸는 것보다 더 많은 것을 가져가는 사람이 테이커(Taker)이며, 상보성 원리에 따라 받은 만큼만 베풀고 베푼 만큼만 받는 사람이 매처(Matcher)다. 그랜트는 성공의 사다리 제일 밑에 있는 사람도 기버인 반면, 성공의 사다리 정상에도 기버가 있다는 점을 밝혔다.

그랜트의 주장은 로버트 액설로드가 주장하는 틱택토 협력 전략이나 로버트 그린(Robert Greene)이 『권력의 법칙(The 48 Laws of Power)』[3]에서 주장하는 전략과는 배치된다. 액설로드의 틱택토 전략은 그랜트에게는 매처 전략이고 그린의 전략은 철저하게 협력하지 않는 약자를 응징하는 강자 전략이다. 그린의 전략은 "홀로 선하고자 하는 자는 반드시 파멸할 수밖에 없다"가 결론이다.

직장인들 대부분은 그린의 견해에 따라 직장을 생존경쟁, 각자도생, 승자독식을 위한 전쟁터로 생각한다. 직장은 경쟁에서 승리해 사다리의 꼭대기에 이르기 위해서는 기회가 되면 남의 것을 취하고, 경쟁에서 이길 수 있는 역량을 만들고, 강하고 단호한 모습으로 전투에 임해야 한다는 성공의 철칙을 가르쳤다. 구성원

---

2 Grant, Adam (2014). *Give and Take: Why Helping Others Drives Our Success*. Penguin Books. 한국어 번역본 있음.
3 Greene, Robert (2000). *The 48 Laws of Power*. Penguin Books.

대다수가 이런 전략을 따른다면 조직은 모두가 조직을 위해 협력하지 않는 내시 균형점을 벗어나지 못하고 조직을 위한 파레토 최적점을 잃어버려 어느 순간에는 무너진다.

그랜트가 주장하는 승자 기버는 아무런 선호 없이 무조건 양보하는 호구가 아니라 선한 세상을 만드는 목적을 가진 동지에게 더 많이 베푸는 선택적 기버다. 베푼 만큼만 반응하는 매처에게도 사용해 이들도 자신과 같은 기버의 대열에 합류시킨다.

그랜트는 전설적인 투자자 데이비드 호닉(David Hornik)을 선택적 기버로 조명한다. 호닉은 1970년대 벤처 투자 세계에서 철칙이었던 성공 가능성이 큰 소수 기업에 집중 투자하는 원칙과 투자금을 빨리 회수할 수 있는 성장성이 높은 기업에 집중적으로 투자하는 원칙을 깬다. 이런 지배적 전략에 눌려 조명을 받지 못했지만, 지속 가능성과 사회적 가치를 벤처의 목적으로 정한 기업에 투자하는 선택적 기버의 방식을 선택했다. 결과적으로 호닉의 전략이 먹혀들어 전설적 투자 성사율 89퍼센트(업계 평균 50퍼센트)를 달성했다. 그랜트는 호닉을 지속 가능성과 사회적 가치 창출을 염원했지만, 투자자에게 발굴되지 못했던 기업들을 발굴해 이들을 집중적으로 육성하는 선택적 기버라고 보았다.

미국 역사상 가장 위대한 건축가로 인정받는 프랭크 로이드 라이트(Frank Lloyd Wright), 미국 쇼 비즈니스 역사상 가장 성공적인 인물로 평가받는 존 메이어(John Mayer), 전설적 코치와 스승, 세일즈맨, 기록적 기부금 모금에 성공한 콜센터, 중고 물품 거래 웹사이트인 크레이그리스트(craigslist), 무료 물물교환 웹사이트 프리사이클 네트워크(Freecycle Network) 사례도 모두 한 가지 공통점을 가지고 있다. 모두 자신의 이득을 넘어서 조직, 사회, 국가의 공공선에 대한 근원적 변화를 실천한 결과로 성공을 따라오게 한 선택적 기버라는 점이다.

사이먼 사이넥(Simon Sinek)은 『인피니티 게임(The Infinite Game)』에서, 선택적 기버들은 게임을 정해진 시간에 승패와 동시에 게임이 끝나는 유한 게임이 아니라 승패가 죽을 때까지 반복되고 자신이 아닌 다른 누군가가 자신을 위해 다시 게임을 이어받는 무한 게임이라고 생각하는 성향을 보인다고 설명한다. 이들은 정해진 게임 기간에 이기고 지는 것이 목적이 아니라 게임을 통해 지속 가능성의 기반을 마련하고 이 기반을 다음 게임자에게 유산으로 넘겨주려는 목적으로 게임에 임한다고 설명한다. 인생은 유한하지만, 생명은 무한하게 이어진다는 지속 가능성에 대한 믿음을 실현하기 위해 장기적 관점으로 게임에 임한다고 설명한다.

액설로드의 틱택토 수정전략이 변화에 협력할 준비가 되지 않은 구성원을 변화에 협력하게 만들기 위한 나름의 뒤집기 전략이라면, 그랜트의 선택적 기버 전략은 더욱 성숙한 구성원을 위한 세련된 뒤집기 전략이다. 외형상으로는 그랜트의 매처 전략이 액설로드의 틱택토 협력전략과 비슷해 보이지만 결정적 차이는 매처 전략이나 틱택토 전략 모두 궁극적 목적에 대한 굳은 믿음을 명시적 끌개로 사용한 온전한 뒤집기 전략이 아니다. 반복적 게임은 존재목적을 끌개로 더 나은 게임을 통한 공동의 아픔을 해결하는 균흉을 밀개로 삼아 둘을 지렛대의 양축으로 장착하고 수행될 때 파레토 최적화 지점에 도달한다. 근원적 변화를 통해 궁극적 목적을 실현하는 것을 염두에 두지 않으면 매처 전략이나 틱택토 전략 모두는 정확한 계산을 주고받는 형태여서 정치적 계산 거래를 벗어나기 힘들다. 모든 일에 계산기를 두드리는 사람들을 통해서 근원적 변화를 만들어내기는 낙타가 바늘구멍 통과하기보다 힘들다.

협동과 협업의 차이

온전한 뒤집기 전략의 방식은 목적의 힘으로 상대의 공격을 방어하고 제압하는 것이다. 목적이 그려낸 큰 그림이 없다면 세밀한 뒤집기를 위한 지혜를 얻지 못한다. 목적의 큰 그림을 이해하지 못하면 근원적 변화를 성공시키기 위한 협동(Cooperation)과 협업(Collaboration)의 차이를 구별하지 못한다. 변화 관리자들이 협동과 협업을 구별하지 않고 쓰지만 인류 역사를 바꿔놓은 모든 근원적 변화는 협동이 아니라 협업에 기반해 만든 것이다. 인류가 문명을 만들 수 있었던 것도 낮에 수렵하고 식량을 채취하기 위해 협동하는 것을 넘어 밤이면 모닥불을 중심으로 서로 둥글게 원을 그리고 둘러앉아서 상대방의 등을 지켜주며 더 나은 내일을 위해 협업할 수 있었기 때문이다.

협업과 협동은 상호작용의 목적이 무엇인지에 따라 정해진다.

협업은 공동의 목적을 실현하는 것이 목적이다. 협동은 공동의 목적이 아니라 모인 사람들 각자의 이해관계를 실현하는 것이 목적이다. 각자의 이해가 틀어질 때는 서로 모여서 협동할 이유가 없다. 협동하는 사람들 사이에 마음이 맞아서 공동의 목적을 구성하고 이 공동의 목적과 직접 상호작용하는 협업으로 발전할 수 있어도 공동의 목적보다 각자의 이해가 강해져 충돌하면 다시 원래 참여자의 이해를 중시하는 정치적 관계로 돌아간다.

협업에서는 공동의 목적이라는 미래로 향하는 버스의 목적지를 정해 놓고 누구를 승객으로 태울 것인지를 결정하지만 협동에서는 일단 친분이 있는 사람들을 먼저 버스에 태워놓고 이 사람들의 이해관계를 협상해 버스의 가는 곳을 정하는 방식이다. 버스에 타고 있는 힘이 있는 누군가에 따라 목적지가 좌지우지된다. 버스 이동 중 분란이 생겨 힘에서 밀린 사람이 버스에 내려지고 목적지가 바뀌기도 한다. 협동의 원리가 작동하는 사회나 조직에서는 힘 있는 운전자가 과거로 회귀하는, 시대에 역행하는 목적지를 정해도 막을 방법이 없다.

협동이란 각자의 이해관계를 충족시키기 위해 각기 소유한 여유 자원을 이용해서 서로 돕는 정치 행위를 의미한다. 협동을 움직이는 근원적 동기는 각자의 이해 관심을 충족하기 위해 협상하고 정치하는 것이다. 사람들은 자신의 이해를 충족할 수 없다면 자발적으로 나서서 상대를 도와줄 이유가 없다. 이들은 자신의 이득과 상관없이 상대를 돕는 행위는 자선이지 협동은 아니라고 믿는다.

협동의 본질은 자신의 이해 관심을 극대화하는 정치적 행위다. 내가 쌀을 많이 가지고 있고 상대가 채소를 많이 가지고 있다면 당연히 여분의 쌀과 채소를 거래해서 누이 좋고 매부 좋은 상태를 만들려는 욕심이 생길 것이다. 가격을 정하기 위해 당연히 얼마의 쌀을 얼마의 채소로 바꿀 것인지 흥정을 해야 한다. 흥정이 깨진다면 자신의 욕구를 채울 방법이 없다. 문제는 거래를 통해서 자신의 이해 관심을 극대화하므로 자신이 가진 쌀이나 채소의 가격을 부풀리고 싶은 욕망에 시달린다는 것이다. 말로는 협동이라는 이름을 내걸지만, 협동을 성립시키기 위한 흥정 과정에서 품질을 속이는 일도 생기고 각종 연줄을 통한 정치가 개입한다. 협동을 실현하기 위해 경험해야 하는 갈등과 불신과 정서적 소진이 이득을 챙기기 위해 반드시 써야 하는 거래비용이다. 협동을 실현하기 위해서는 반드시 흥정을 위한 정치적 거래비용이 소요된다.

한 조직이 비슷한 처지와 힘을 가진 사람들로 구성되었다면 이들 사이에서 자신들의 이득을 위해 돕는 협동행위는 큰 문제가 생기지 않는다. 하지만 조직이 처지가 다르고 권력이나 직책이 다른 다양한 사람들로 구성되어 있으면 이들은 각자의 힘과 이익을 극대화하기 위해 혈연, 지연, 학연 등의 연줄을 동원해 카르텔을 만든다. 모든 협동 조직은 가장 힘이 있는 사람을 중심으로 연줄의 위계적 네트워크로 전환된다. 힘의 차별이 있는 조직에서 협동은 조직을 연줄과 위계 중심의 정치조직으로 갈기갈기 찢어 놓는 원리다. 협동은 필연적으로 조직을 권력과 연줄을 가진 사람들이 모인 내집단과 여기서 소외된 다수로 구성된 외집단으로 쪼개지게 만든다.

조직 내에서 힘 있는 사람과 힘없는 사람이 서로 협동할 경우 당연히 힘 있는 사람은 조금의 영향력을 행사해 주는 대가로 힘 없는 사람에게 많은 다른 것을 요구할 것이다. 아니면 힘 있는 사람에게 부탁하기 위해서는 이 사람에게 평소에 많이 주었을 개연성이 높다. 다수의 구성원이 존재하는 조직에서 이해 관심을 충족시키는 것이 목적인 협동이 돌아가기 위해서는 자신의 이해를 충족시키는 대신 상대의 이해 관심을 얼마나 들어주어야 하는지에 대한 정치적 협상에서 합의가 성립되어야 한다. 협동만이 가동되는 조직은 정치적 시장이 되고 결국 권력에 따라 구성원 각자 협동의 가격이 정해진다. 신뢰와 화합은 협동의 성공을 통해서 만들어질 수는 있어도 이때의 신뢰와 화합은 어디까지나 특정한 상대와의 관계 속에 갇혀 있는 구성원 간 일시적 신뢰와 화합일 뿐이다.

급진 거북이가 사용하는 뒤집기 전략은 정치적 협동을 넘어서 목적을 실현하는 일에 공동의 파트너로 나서도록 독려하는 협업

전략이다. 액설로드의 수정전략을 포함해서 행동경제학에서 제안하는 대부분 전략은 협동전략이다. 이런 협동전략이 목적을 매개로 한 협업전략으로 전환되지 않는다면 어떤 세련된 전략과 전술을 사용해도 파레토 최적점에 도달하는 것은 불가능하다. 액설로드의 수정전략이 파레토 최적점에 도달하는 것도 자신의 이득을 최대화하는 협동을 넘어 참여자들이 공동의 운명을 실현하는 목적을 위해 협업의 파트너가 될 때다. 그랜트의 선택적 기버가 행동경제학 게임 이론 예측과 달리 파레토 최적점에 도달한 것도 공동의 목적을 자신 삶의 중심에 놓고 자신의 재능과 역량을 지렛대로 사용해 다른 사람들과 협업했기 때문이다.

뒤집기 전략은 목적에 대한 지렛대와 목적이 일으키는 순풍의 힘을 이해하지 못하면 좋은 협동전략일 뿐이다. 존재목적이 앞에서 끌어주는 협업에 대한 이해 없이 어떤 게임 전략도 파레토 최적점에 도달하기는 힘들다. 목적에 대한 믿음이 있는 급진 거북이들만 협업을 실현해서 구성원들 사이의 정치적 목적을 넘어선 순수한 협동과 신뢰의 공동체를 만든다. 급진 거북이는 조직의 공유된 목적에 대한 협업의 성공을 통해 구성원 사이의 협동이 따라오게 만드는 전략가다.

베이징 나비의 날갯짓은 혼돈 이론(Chaos Theory)에서 나오는 비유다. 베이징에 있는 한 마리 나비의 날갯짓이 지구 반대편에 있는 미국에 커다란 폭풍우를 불러올 수 있다는 이야기다. 베이징 시골 마을에서 나비가 자신의 목적을 담은 의도를 날갯짓이라는 반복을 통해 지속해 전달하면 이 의도는 모든 것이 연결되어 존재하는 세상을 타고 태평양을 건넌다. 순수한 의도를 지닌 날갯짓은 맨해튼의 건물을 부술 수 있는 자기 조직력이 있다.

이카로스의 날갯짓은 그리스 신화에 등장한다. 뛰어난 장인이었던 다이달로스는 아들 이카로스와 함께 섬에 갇히게 되었다. 그는 날개를 만들어 날아서 아들과 함께 그곳에서 빠져나갈 요량이었다. 다이달로스는 자신과 이카로스의 어깨와 팔에 새들의 깃털을 모아 밀랍으로 이어 붙여 날개를 만들었다. 태양 가까이 가면 밀랍이 녹을 것이라는 아버지의 경고에도 불구하고 비행에 도취한 이카로스는 하늘 높이 날다가 태양열에 밀랍이 녹는 바람에 바다로 추락해 생을 마감한다.

날갯짓만 보면 베이징 나비의 날갯짓과 이카로스의 날갯짓은 구분되지 않는다. 둘의 차이는 날갯짓을 반복하게 만드는 의도 즉 초깃값의 차이다. 베이징 나비의 날개는 숨겨진 선한 의도를 실현하기 위한 것이라면 이카로스의 날개는 숨겨진 욕망을 실현하기 위해 급조된 날개다. 세상이 서로 연결되어 있지도 않고 게임이 큰 한 방으로 끝나는 도박이라면 이카로스의 날개가 승리하도록 짜일 수도 있다. 하지만 지금처럼 존재하는 것이 서로 연결되어 있고 이 연결된 것이 반복게임을 통해 의도가 수시로 검증되는 경우라면 베이징 나비의 날개가 승리할 개연성이 크다.

양자역학을 인용하지 않더라도 세상에 살아서 존재하는 모든 것은 에너지 덩어리이고 이 에너지를 선한 영향력의 형태로 교환해 번성을 누리거나 그렇지 못해 쇠퇴를 경험하게 된다. 열린 세상은 목적이 품고 있는 선한 영향력을 행동, 태도, 몸짓의 날갯짓으로 의도를 전달하고 실현한다. 존재목적이 담긴 의도는 자신의 이익을 실현하려는 의도가 담긴 에너지와 체급이 다르다.

모든 존재하는 것이 연결된 초연결 세상은 선한 의도가 반복적 날갯짓을 통해 지속한다면 어느 순간 우주가 나서서 도와주는 일과 같은 기적도 현실이 되는 세상이다. 초연결 세상에서는 목적에 대한 초깃값을 가진 급진 거북이가 연결된 네트워크와 디지털 기술 진보의 도움을 받아 오병이어 기적의 주인공이 될 개연성이 높다.

학습 포인트 요약

• 뒤집기 전략은 상대가 공격해 오는 힘을 역으로 이용해서 상대를 제압하는 주짓수 씨름 전략이다. 상대가 공격 대상의 약점을 보고 공격해 올 때 전면적으로 대응하기보다는 옆으로 비켜서서 상대의 약점을 보고 실현하려는 존재목적을 무기로 상대를 제압한다.

- 틱택토는 일단 먼저 협력하고 다음부터는 상대가 하는 대로 따라하는 전략이다. 틱택토 전략을 바탕으로 만들어진 수정 전략도 뒤집기 전략이다. 수정 전략도 공동의 목적을 의도로 품지 못하면 내시 균형점을 탈출해 파레토 최적점에 도달하지 못한다.

- 그랜트의 선택적 기버가 일반 기버와 달리 파레토 최적점에 도달하는 이유는 목적을 실현하려는 의도로 뒤집기 전략을 사용하기 때문이다.

- 관계적 최적화 지점을 찾아나가는 활동이 협동이라면 목적을 매개로 해서 협동을 따라오게 만드는 활동이 협업이다. 협동은 정치적으로 서로 도움을 주고받는 행동이고, 협업은 목적을 실현하기 위해 각자의 역량을 모아 공동의 파트너이자 주인으로 나서는 행동이다. 파레토 최적화 지점은 협동이 아니라 구성원을 초월해 제안된 존재목적을 매개로 설정한 협업을 통해서만 도달할 수 있다.

- 목적에 대한 선한 의도를 장착한 급진 거북이가 역풍을 만났을 때 사용하는 전략이 뒤집기 전략이다. 급진 거북이는 목적에 대한 신념을 이용해 역풍을 순풍으로 만드는 뒤집기 전략의 대가들이다.

8장

스파링 파트너 전략

나는 폭풍이 두렵지 않다. 배를 항해하는 법을 가르쳐주기 때문이다.

―올컷(Amos Bronson Alcott)

성공으로 가는 길은 언제나 공사 중이다.

―톰린(Mary Jean Tomlin)

한 사람이 팀에 지대한 영향을 미칠 수 있지만

한 사람으로 팀을 만들 수는 없다.

―압둘자바(Kareem Abdul-Jabbar)

변화를 수행하다 보면 지금 변화에 동의하는 사람들을 중심으로
숫자를 늘려가는 전략을 쓰게 되면 어느 시점에서는 강력한 힘

있는 반대자가 나타나 한계에 봉착한다. 스파링 파트너 전략은 현재 표면적으로 반대하는 사람들을 적이나 경쟁자가 아니라 근원적 변화의 근력을 탄탄하게 만들어 주는 스파링 파트너로 규정하는 전략이다. 스파링 파트너 전략은 지금 당장 변화를 반대하는 편에 서 있다 해도 변화를 조직 전체에 확산시키는 데 중요한 사람이라면 스파링 파트너로 생각하고 지속적이고 반복적으로 설득해 결국 연대 세력으로 만드는 방법이다.

변화에 대한 프로젝트는 지원 부서인 HR에서 주도하는 경우가 많다. 변화 프로젝트는 미래를 염두에 두고 사전적으로 개선에 나서는 활동이다. 현재의 현금 흐름이 중요한 회계 부서나 재무 부서는 이런 숫자로 표시되지 않는 활동에 귀중한 인력을 동원하는 것을 반대한다. 숫자로 단기적 성과를 증명하는 부서가 보기에 근원적 변화는 금방 성과로 나타나지 않고 큰 비용과 시간을 소모할 개연성이 높다. 막강한 힘을 가진 이들 부서로부터 한두 번 반대하는 이야기를 들으면 변화 담당자는 위축된다. 역풍에 직면하면 이들과 정면으로 충돌하는 것을 피하며 변화를 찬성하는 내집단 위주로 변화를 진행하게 된다. 이런 구도가 생성되면 변화를 찬성하는 내집단과 변화를 반대하는 집단 간 분열과 내분으로 조직 전체로 변화를 확장하는 데 어려움을 겪는다. 반쪽짜리 변화로 전락하고 변화를 전사적으로 전파하기가 어려워 결국 변화는 실패로 끝난다. 기업의 총수도 관심을 가지고 야심 차게 시작한 변화라도 이런 상황을 넘어서지 못하면 결국은 실패로 끝난다.

급진 거북이 전략을 구사하는 변화 챔피언은 회사의 미래 경계에 반드시 포함되어야 할 구성원에 대한 양동작전에 능하다. 변화에 찬성하는 내집단 숫자를 늘리는 작업도 게을리하지 않지만 반대가 예상되는 회계 부서나 재무 부서도 적이 아닌 스파링 파트너로 보고 수시로 틈날 때마다 접근하여 진정성 있게 변화를 설파한다. 급진 거북이는 이들이 한 번 찍어 넘어가리라고 기대하지 않는다. 찍어서 넘길 수 있으면 100번이라도 찍겠다는 각오로 접근한다. 이들이 사용하는 도끼는 조직 미래의 운명을 담고 있는 존재목적이다. 급진 거북이의 목적에 대한 진정성이 입증되면 반대하는 구성원의 마음에도 균열이 생긴다. 자신들의 공식적 반대 의견에도 불구하고 이해타산 없는 설득과 노력을 포기하지 않는 변화 챔피언의 진정성에 감화되어 조금씩 마음을 연다. 변화에 반대하던 사람들이 찬성 쪽으로 돌아섰다는 이야기가 소문으로 퍼지면 중도층도 자신들의 모호한 입장을 바꾼다.

급진 거북이는 스파링 대상에게 자신들이 하는 일이 정치적 의도가 없다는 점을 설파한다. 자신들이 이렇게 헌신적으로 나서는 이유가 회계나 재무 부서를 이기고 제압하려는 목적이 없음도 설득한다. 자신들의 의도는 오직 조직의 미래를 위해 공동으로 정한 목적을 드라이버로 내세워 조직 전체를 변화의 파트너로 동참시키는 것임을 설득시킨다. 스파링 파트너 전략을 사용하는 급진 거북이는 조직이 정치적 이해득실로 내집단과 외집단으로 갈라지지 않도록 모든 갈등에 공유된 약속인 존재목적을 최종 중재자로 세운다.

영업 센터장에 지원한 HR 매니저

SK는 그룹 차원에서 근원적 변화(Deep Change)를 위한 다양한 실험을 했던 회사다. 그룹 차원에서 수펙스(SUPEX: Super Excellent Level)를 끝개로 SKMS(SK Management System)를 밑개로 변화를 시도했다. 하지만 그룹 차원의 근원적 변화에 대한 시도가 개별사 차원, 개인들의 직무 차원으로까지 스며드는 데는 어려움이 많았다.

K 팀장은 SK의 주요 계열사에서 10년간 HR 업무를 맡았다. HR의 주도로 다양한 '딥 체인지(Deep Change)' 프로젝트를 주도했지만, 근원적 변화가 조직의 밑단까지 뿌리내리지 못했다. 실제 고객과 만나는 지점에 있는 영업 부서에까지 내재화하는 데 큰 장애를 느꼈다. 회사가 제공하는 서비스가 독과점 비슷한 형태여서 가두리 양식장에 갇힌 고객을 대상으로 영업해도 돈을 벌 수 있는 비즈니스 구조가 근원적 변화에 가장 큰 장애였다. 영업의 무사안일주의가 회사 전체에 퍼져 근원적 변화에 대한 외침이 공명을 얻지 못했다. 실제 경영진과 종업원 간 노사협상도 회사와 고객의 고통보다는 본인들의 밥그릇만 챙기는 경향이 농후했다.

형식적으로 협상이 잘 타결되어도 조직이 활성화될 기미를 보이지 않았다. K 팀장은 회사를 활성화하기 위해서는 회사 가치 체인의 후방인 HR이 아닌 고객과의 접점에 있는 영업에서 근원적 변화가 시작되어야 한다고 생각했다. 실험정신과 회사에 대한 신념이 누구보다 강했던 K 팀장은 자기 생각을 급진 거북이가 되어 실험해 보기로 작정한다. 비교적 편하게 근무할 수 있는 부서에서 마케팅 부문 영업 센터로 이동을 신청했다.

이런 의도를 모르는 회사는 이동을 거절했다. 표면적으로는 영업 경력이 전혀 없다는 이유였다. 포기하지 않고 다음 해에도 지원을 신청했으나 모호한 이유로 다시 거절당했다. 백번이라도 찍어 넘기겠다는 각오로 다시 신청했다. 운 좋게 세 번째 도전 끝에 영업 센터장 보직을 얻는 데 성공했다.

영업 센터 첫 회의에서 딥 체인지가 마케팅 전략에도 반영되어 있는지를 확인하기 위해 영업전략에 관해 물었다. 선임 역할을 했던 매니저가 나서서 애써 적대감을 감추며 대답했다. "저희는 마케팅 전략에 대해 크게 고민하지 않습니다. 그냥 대리점에 목표를 주고 일, 주, 월간 목표 달성을 점검하고 인센티브라는 당근을 가지고 실적을 조율해도 목표 달성에 문제가 없었습니다." 근원적 변화를 통해 미래를 선제적으로 개척해 보려는 생각은 고사하고 영업 본부와 현장 조직인 5개 지역 마케팅 본부는 그냥 돈 놓고 돈 먹는 그레이하운드 게임을 반복하고 있었다. 게임을 위해 매일 4회, 매주, 매월 실적 순으로 점수와 순위를 공개하였다. 종업원은 실적에서 다른 팀, 다른 본부에 뒤처지지 않기 위한 의미 없는 시시포스 돌 굴리기를 반복하는 쳇바퀴의 햄스터였다. 종업원들이 활기를 잃어버린 이유를 이해할 수 있었다.

영업조직이 돌아가는 방식이 바뀌지 않으면 안 된다는 생각에 지사장을 찾아가 부탁했다. "영업직원들이 무사안일에 오랫동안 노출되어 고객만족도가 곤두박질치고 있습니다. 이런 상황에도 이동할 대안이 없는 고객들 때문에 회사는 문제없이 돌아가겠지만, 회사 브랜드는 점점 하락할 것입니다. 관공서처럼 움직이는 영업조직의 분위기가 회사 전체의 분위기를 침체시키고 있습니다. 제가 맡은 센터만이라도 변화를 시작해 보겠습니다. 대신 기반을 닦기 위해 더도 말고 덜도 말고 3개월만 우리 센터가 꼴찌 하는 것을 허락해 주십시오." K 팀장의 진심을 알고 있던 지사장은 3개월이라는 한시적 시간 동안 지금도 꼴찌인 센터에 큰일이 나도 문제가 없다는 생각에 제안을 흔쾌히 받아들였다.

K 센터장은 다른 센터에 소문이 돌지 않도록 조심하며 센터에서 자체적으로 문제를 해결할 수 있는 딥 체인지 전략을 그라운드 룰로 만들었다. 센터 내에서 실적이라는 용어를 절대로 사용하지 않기, 영업직원으로서 회사와 고객을 위해 목에 칼이 들어가도 반드시 해내야 할 약속을 사명서 형태로 작성하기, 사명을 제대로 실행하기 위한 전문적 역할 창안해 보기, 마케팅과 리더

십 서적을 읽고 현장에 도입해 보고 적용한 내용과 결과를 공유해 가며 학습하기, 고객에 대해 이해하기 위해 심리학을 공부해 보고 고객의 유형별로 대응전략을 마련해 보기, 배운 점을 이용해 맡은 대리점을 자발적으로 컨설팅해 보기, 실적 미달을 꾸짖기보다 실적을 만들 수 있는 구조와 시스템을 다시 구축하기, 구축된 시스템의 효과성 높이기 등이다.

3개월 동안 포기하지 않고 지속하자 영업 센터 구성원들도 조금씩 K 센터장의 노력을 진심으로 받아들였다. 구성원들이 조금씩 마음을 열어 추진력이 생기자, K 팀장은 직원들이 사명 선언에 따라 직무 정체성을 스스로 정리하고 이에 맞게 중장기 인생 계획까지 설계하도록 프로그램을 확장했다. 일과 삶을 통합해 일하는 의미가 생기자 일에 대한 몰입도도 높아졌다. 일하는 방식이 실적주의에서 학습을 통해 과정과 전문성을 챙기는 문화로 변해 갔다. 우려와는 달리 K 센터장이 맡은 센터는 그해 6개의 영업 센터 중 2등으로 영업을 마무리했다. 연말 전 영업본부 실적이 공개되자 센터 구성원도 실적은 따라가는 것이 아니라 따라오게 하는 것이라는 말의 의미를 이해했다.

새로운 지사장이 부임하자 역풍이 불었다. 매일 실적을 독려하라, 대리점 사장들에게 책을 사주지 말고 술을 사줘라, 당근과 채찍 사용하는 방법을 가르쳐줄 테니 배워라 등등을 회의 때마다 강조했다. K 센터장은 이런 역풍에 굴하지 않고 새 지사장을 스파링 파트너로 규정하고 면담을 신청했다. 틈날 때마다 그동안 일을 해온 방법과 성과에 대해 객관적 자료를 가지고 지사장을 설득해 나갔다. 실적에 대한 책임을 질 테니 방법은 맡겨달라고 요청했다. 만날 때마다 같은 이야기를 반복해 가며 설득하는 K 센터장의 노력에 지사장도 더는 공개적인 간섭을 멈췄다.

영업에 대한 배경이 전혀 없었던 K 센터장이 낸 공식적 성과와 활성화된 센터 분위기에 대한 입소문이 퍼지자 다른 센터와 부서에서 벤치마킹을 요청하기 시작했다. 본부 내 타 팀뿐만 아니라 차츰 타 본부와 본사에서까지도 벤치마킹을 요청해 왔다. 얼마의 시간이 지나자 K 센터장이 영업조직을 스파링 파트너로 삼아 시도한 변화전략이 회사의 규범으로 받아들여졌다. 이런 성과에 고무된 회사는 K 센터장을 본사 교육 팀으로 다시 발령했다. 그간에 축적한 스파링 파트너 전략의 경험을 반영해 전사의 딥 체인지를 활성화하는 교육 프로그램 설계하는 일을 맡겼다.

디자인 임원의 고군분투기

1990년대 초 이건희 회장은 일본 소니를 배워야 한다는 생각에 소니를 자주 방문해 가며 벤치마킹했다. 이건희 회장이 디자인 경영을 통해서 삼성전자를 초일류로 바꿔보겠다고 결심한 것도 소니에서 목격한 한 사건이 계기가 되었다. 하루는 이건희 회장이 소니의 한 회의를 참관하게 되었다. 회의가 너무 창의적으로 진행되고 있어서 이 회장은 회의를 주재하는 사람이 누구인지를 묻게 된다. 회의를 주재했던 사람이 디자이너라는 이야기를 듣고 충격에 빠진다. 디자이너는 제품이 나오면 끝단에서 포장을 멋지게 하는 후방의 일을 처리하는 사람이라는 고정관념이 무너진 것이다. 소니의 제품이 세계시장을 석권할 수 있었던 것도 결국은 일본을 대표하는 '작은 것이 아름답다'는 미니멀리즘 철학과 '남을 따라 하지 않고 창의적으로 선도한다'는 경영전략을 가전제품 속에 녹여서 팔 수 있었기 때문이었다는 사실을 깨닫는다. 이런 깨달음을 바탕으로 이건희 회장은 1993년 시작했던 신경영 비전을 실행하기 위한 엔진으로 디자인을 지목하고 1996년 신년사에서 디자인 혁명을 선언한다.[1] 신년사에는 삼성을 디자인 경영 회사로 만들어 초일류기업으로 성장시키겠다는 이건희 회장의 의지가 반영되었다.

1996년 디자인 경영이 삼성전자의 새로운 비전이자 쇄빙선으로 선포되었음에도 디자이너의 지위는 크게 개선되지 못했다. 디자이너들이 철학에 따라 개념을 먼저 만들고 이것을 제품 속에 녹이는 디자인의 본연의 업무를 주도하기까지는 다시 10여 년의 시간이 흘렀다. 이건희 회장의 디자인 경영을 구현하기 위해 개

---

1 신년사 내용은 다음으로 요약된다(http://bit.ly/2OpNZ7K). "다가올 21세기는 '문화의 시대'이자 '지적 자산'이 기업의 가치를 결정짓는 시대입니다. 기업도 단순히 제품을 파는 시대를 지나 기업의 철학과 문화를 팔아야만 하는 시대라는 뜻입니다. 디자인과 같은 소프트한 창의력이 기업의 소중한 자산이자 21세기 기업경영의 최후 승부처가 될 것이라고 확신합니다."

발자들을 설득하는 디자이너들의 노력은 눈물겨웠다. 이 당시 쇄빙선을 이끌던 디자이너들이 사용한 전략이 스파링 파트너 전략이다. 다음은 개발자들이나 엔지니어를 적이 아니라 스파링 파트너로 삼고 이들에게 디자인의 중요성을 설득했던 디자인실 임원의 이야기다.

"이건희 회장께서 디자인 경영을 선포하시고 나자 상품기획에서 디자인 이야기가 많이 나왔어요. 이건희 회장은 사실 반도체가 기능을 모두 담당하면 형태의 제약이 사라지고 이렇게 형태의 제약이 사라진 것을 기회삼아 회사의 철학이 반영되는 제품이 나올 수 있도록 디자인 프로세스를 이끌라고 주문했습니다. 이런 일은 실제 사업본부나 상품기획이 제대로 할 수 있는 것은 아니거든요.

저희 디자인 센터가 앞장서서 상품기획이 할 수 없는 일을 해내야겠다고 생각했습니다. 그런데 막상 저희가 하겠다고 나서니 정말 저희가 할 수 있다고 생각하는 임원이나 본부장이나 경영자는 많지 않았습니다. 저는 반대에 부딪칠 때마다 이들을 경쟁자라고 생각하지 않고 설득해야 할 스파링 파트너라고 생각했습니다. 이들을 설득하기 위해 디자인이 무기로 들고 나선 것이 시각화입니다. 실제 그림으로 그려서 보여드리는 방식으로 이들을 설득했지요. 돌이켜보면 아무리 좋은 그림으로 설득해도 한 번 설득으로 설득이 성공한 경우는 없었습니다. 본사 보직을 맡으면서 보직을 쇄빙선으로 삼아 설득 작업을 시작했지요. 1년에 제가 본사 인사 팀장, CFO, 사업부 사장님, 비전실 사장님들께 드리는 보고가 40번에서 50번인 거예요. 매 보고를 이건희 회장이 생각하는 디자인 경영을 설득할 기회로 활용했지요. 보고서를 들고 가서 회장님 디자인 경영을 팔아가며 우리가 할 일이 이거고, 이렇게 해야 하니까 재정 좀 지원해 주세요 했지요. 회장님을 팔며 그림으로 차근차근 설득하니 처음과 달리 크게 반대하시는 분은 별로 없었습니다. 오히려 이렇게 조직을 신설하고 다른 부서와 이렇게 협업하라고 조언해 주며 많은 팁을 주셨어요.

어렵게 디자인 철학에 입각한 사업이 시작되어도 실무선으로 내려가면 또 충돌이 생겼습니다. 가장 큰 충돌은 상품기획 쪽과 엔지니어들이지요. 지금까지 삼성전자의 정서로 상품기획 쪽은 문과에서 공부 좀 한다는 친구들이 포진해 있고 엔지니어들은 이과에서 난다 긴다 하는 사람들이 포진되어 있어서 그림쟁이 디자이너에 대한 편견이 많았습니다. 실제로 이런 편견을 이기고 설득하기가 쉽지 않았습니다. 상품기획 쪽을 설득하기 위해 쓴 전략은 새로운 디자인 개념을 실현하기 위한 일은 우리가 할 테니 팀은 너희가 주도하라고 양보하는 것이었습니다. 엔지니어들을 설득할 때는 디테일과 실험 데이터로 했습니다. 틈만 나면 공학 개념을 공부해서 디자인 개념을 이들 엔지니어의 언어로 바꿔서 설득했습니다. 실제 기능 손실 없이 제품의 원형을 바꿀 수 있고 이렇게 바꾸면 더 큰 ROI가 나올 수 있음을 자료로 설득했습니다. 마지막에는 우리의 특기인 목업으로 승부했습니다. 이들을 스파링 파트너로 삼아서 설득하는 노력에, 진정성이 받아들여지기 시작하자 디자인 철학을 반영한 제품을 위한 협업 팀이 여기저기서 가동되기 시작했습니다."

디자인 경영이 반영되어 2006년 출시된 삼성전자의 보르도 TV는 세계 TV 시장 1위였던 소니를 제치고 1위 자리를 차지했다. 보르도 TV 프로젝트는 삼성전자 마케팅실에서 주관하고 상품기획, 전략, 마켓 리서치, 디자인, 프로그래머, 엔지니어 등 10여 명의 각 영역 전문가들이 참가한 다기능 협업 프로젝트였다.[2]

"빨리 가려면 혼자 가고, 멀리 가려면 동행을 구해서 같이 가라"는 아프리카 속담이 있다. 기업의 근원적 변화를 달성하는 여정은 동행들과 협업의 파트너로 같이 가는 장거리 여정이다. 설사 지금은 반대하는 위치에 서 있어서 경쟁자로 보여도 목적지에 도달하기 위해서는 동행해야 할 소중한 스파링 파트너들이다. 급진 거북이들은 변화에 찬성하는 사람들만으로 팀을 이루는 것으로는 이 장도를 완성하지 못한다는 것을 알고 경쟁자 혹은 적으로 보이는 사람들에게도 파트너십을 제안하고 이들을 공유된 목적에 대한 진정성으로 설득한다.

---

2 https://dbr.donga.com/article/view/total/article_no/8472.

스파링 파트너 전략은 기업 안의 근원적 변화를 이뤄내기 위해 사용되는 전략이지만 기업생태계를 공진화시키려는 목적을 가진 기업가들도 이 전략을 사용한다. 2005년부터 2022년까지 18년간 LG생활건강의 지속 가능한 변화를 견인해 온 차용석 부회장은 한 기자와의 인터뷰에서 다음과 같이 고백하고 있다.[3]

"경쟁자 없이 혼자 뛰는 게임은 외롭다. 힘이 들더라도 P&G, 아모레퍼시픽이라는 강력한 경쟁자들과 공정하게 경쟁하는 게 더 낫다."

리더십 인사이트 | 설득의 힘

초뷰카 디지털 세상은 변화에 대한 답이 정해져 있는 세상이 아니다. 누군가 조용한 반역자가 나와서 이런 것이 답이 되는 세상이 되었으면 좋겠다는 꿈에서 변화가 시작된다. 조용한 반역자는 꿈을 좀 더 개념화하고 꿈이 실현된 상태를 비전으로 만든다. 조용한 반역자는 비전을 실현할 수 있는 능력, 재력, 기술을 가진 사람들을 찾아다니며 자신이 생각하는 답을 그들도 답으로 받아들여질 수 있게 설득한다. 설득이 통해서 비전을 실현할 수 있는 사람들로 팀이 구성되면 이들의 협업으로 비전이 실현된다. 실현된 비전이 답이다. 초뷰카 시대에 답은

---

3 https://www.businesspost.co.kr/BP?command=article_view&num=282741.

실현하려는 존재목적에 대한 믿음을 가진 리더의 상상에서 시작된다. 이 상상이 답이 되는지는 답을 실현할 수 있는 사람들에게 답을 답으로 받아들이게 설득하는 능력에 달렸다.

설득에 관해 가장 영향력이 있는 연구자는 미국 애리조나 주립대학교의 로버트 치알디니(Robert B. Cialdini)[4] 교수다. 그는 다양한 매체를 통해 국가 베스트셀러로 선정된 저서 『영향력(Influence)』에서 설득에 성공하기 위해 따라야 할 여섯 가지 기준으로 ① 호혜성(Reciprocity) ② 헌신(Commitment)과 일관성(Consistency) ③ 사회적 공인(Social Proof) ④ 선호성(Liking) ⑤ 권위(Authority) ⑥ 희소성(Scarcity) 을 제시하고 있다.

가는 것이 있어야 오는 것이 있다는 속담대로 평소 호의를 베풀어준 사람의 말은 더 잘 들어준다(호혜성). 설득 상대가 평소 헌신하고 있거나, 헌신과 관련한 과거의 행적과 일관성이 있다면 설득이 쉽다(헌신과 일관성). 상대가 중요시하는 타자들도 비슷한 주장을 펴는 경우 이들을 인용하는 것도 설득을 위한 좋은 방법이다(사회적 공인). 설득 상대가 좋아하는 점을 파악해 관련성을 언급하는 것도 방법이다(선호성). 상대가 존경하고 있는 권위 있는 사람이나 전문가의 주장도 도움이 된다(권위). 주장이 쉽게 일상에서 찾아볼 수 없는 희귀성을 가지고 있을 때 쉽게 설득된다(희소성).

목표를 넘어서 목적을 연동시킨 설득은 이 여섯 가지의 기준을 넘어 가장 강한 설득의 근거를 획득한다. 첫째, 목적이 달성되었을 때는 서로에게 호혜적으

---

4 Cialdini, Robert B. (2007). *Influence: The Psychology of Persuasion.* HaperCollins.

로 도움이 될 뿐 아니라 당사자를 넘어서 관련된 사람들 모두에게 호혜적일 수 있음을 설득할 수 있다. 둘째, 상황과 때를 넘어서 높은 일관성을 달성하고 헌신하는 대상은 존재목적, 사명, 가치와 관련된 것들이다. 셋째, 목적은 개인의 영달을 넘어서 공공선에 이바지하는 것들에 대한 약속이다. 목적은 다양한 관계자들의 사회적 공인을 얻어낼 수 있다. 넷째, 공공선을 지향하는 목적을 실현해서 사회의 생존과 번성에 이바지하면 모든 사람이 자발적으로 좋아하게 만드는 지위에 도달한다. 지위를 획득했다는 것은 좋아함을 넘어 영향력을 획득한 것이다. 다섯째, 지위는 저항이 없는 가장 높은 수준의 권위다. 마지막으로 목적을 실현했다는 것은 자신이 대체 불가능한 존재우위를 가지고 있는 사람임을 인증한 것이다.

호혜성, 헌신과 일관성, 사회적 공인, 선호성, 권위, 희소성 모두를 목적에 일관되게 연동시켜 스파링 파트너를 설득할 수 있는 사람이 최고의 설득 전문가다.

목적경영 vs 전략경영

신자유주의 시대의 기업경영 원리인 전략경영과 저자가 설파하고 있는 21세기 초뷰카 시대 목적경영 사이에 가장 큰 차이를 보이는 것은 경쟁자에 관한 생각이다.[5] 전략경영에서는 외부의 경쟁자를 적으로 규정하고 싸움에서 확실하게 이기기 위해 이들의

---

5 윤정구 (2018). 『황금수도꼭지』. 쌤앤파커스; 윤정구 (2022). 『초뷰카 시대 지속가능성의 실험실: 애터미』. 21세기북스.

약점과 강점을 제대로 파악해 자신의 차별적 역량을 세우는 것이 핵심이다. 차별적 역량이란 나의 강점을 살리고 약점을 숨겨가며 상대의 강점과 약점을 공략하는 무기다. 전략의 존재이유는 경쟁자와의 싸움에서 이기는 것이다. 경쟁자를 이기는 목적이 없다면 경영전략의 존재이유도 없다.

목적경영에서는 경쟁자를 적이라고 생각하기보다는 생태계를 같이 키워가는 스파링 파트너로 생각한다. 산업 간의 경계가 무너진 초연결사회는 모든 것이 직간접적으로 연결되어 있고 연결된 것들 사이는 상호 의존성을 떠나 존재하지 못한다. 겉으로는 경쟁자처럼 보이는 회사들도 그 줄기를 파고 들어가면 같은 기반을 공유하고 있다. 경쟁자로 보이는 사람이나 회사도 따지고 보면 운명을 공유해 가며 서로를 강하게 만들어주는 운명공동체의 스파링 파트너이다.

「사무엘상」에 보면 사울 왕이 사망했다는 소식을 듣고 다윗은 대성통곡한다. 다윗의 가장 큰 적이 죽었다는 소식을 전해 주면 좋아할 것으로 생각했던 군사들도 상황을 이해할 수 없었다. 하지만 다윗에게는 너무도 당연한 일이다. 다윗은 자신을 그렇게 괴롭혔던 사울 왕을 적으로 생각하기보다는 하나님에 대한 믿음을 견고하게 만드는 좋은 스파링 파트너로 생각했다. 다윗이 사울 왕을 스파링 파트너로 생각할 수 있었던 것은 사울과 다윗을 초월해서 자신들을 같은 하나님의 울타리 안에 있는 사람이라고 생각했기 때문이다. 하나님에 대한 믿음을 통해 둘 간의 공동 운명체의 울타리를 만들었다.

적으로 생각했던 사람을, 자신을 튼튼하게 만들어주는 스파링 파트너로 생각하기 위해서는 자신과 상대를 초월해서 엮어주는 제3의 실체인 목적에 대한 믿음이 있어야 가능하다. 둘을 넘어 제3의 객관적 존재로 작용하는 목적에 대한 믿음이 없다면 모든 것은 나나 상대만을 위한 부분 최적화로 막을 내린다. 부분 최적화를 넘어서 전체 최적화는 목적에 대한 믿음의 울타리 안으로 나와 상대가 들어갈 수 있어야만 가능한 일이다.

학습 포인트 요약

• 변화에 반대하는 사람을 적이나 경쟁자로 생각하기보다는 설득해서 파트너로 만드는 전략이 스파링 파트너 전략이다.

• 스파링 파트너 전략은 조직이 변화를 찬성하는 내집단과 변화를 반대하는 외집단으로 갈라져 갈등하는 국면을 선제적으로 막는 전략이다.

• 스파링 파트너 상대를 설득하기 위해서는 둘이 공유하고 있는 더 높은 목적의 공동 우산을 같이 쓰고 있음을 상기시킨다.

- 치알디니의 여섯 가지 설득 원리도 다시 한 번 존재목적과 연동시켜 설파한다면 근원적 변화를 위한 당위성의 수준을 한 단계 높인다.

- 이기고 지는 것이 목적인 전략경영을 극복하고 상생의 생태계를 위한 파트너십을 만드는 목적경영이 근원적 변화를 위한 비밀병기다.

Part 3

급진 거북이
거시전략

급진 거북이 미시전략이 산성화된 토양에서 근원적 변화를 시작하는 쇄빙선 전략이라면 거시전략은 변화의 동력이 형성되었을 때 근원적 변화를 대세로 굳어지게 만드는 전략이다. 급진 거북이가 자신의 삶 속에서 반복되는 일상의 동학을 이용해서 목적을 지렛대의 받침으로 삼아 목적에 대한 약속을 점진적으로 실현하는 전략이라면, 거시전략은 이렇게 각자의 영역에서 쇄빙선을 이끌고 참여한 세력을 규합해 마지막 고지를 점령하는 전략이다. 급진 거북이 미시전략이 각자 영역에서 출발한 거북이에 더 방점을 두는 전략이라면, 거시전략은 마지막 목적지에 대한 급진성에 방점을 두고 우군과 연합군을 동원해 변화의 속도를 높이는 전략이다.

선승구전(先勝求戰)이란 변화를 통해 목적에 대한 약속이 달성된 미래 상태를 현재로 가져와서 현재의 문제를 풀고 이를 통해 우군들을 연합하는 전략이다. 베이스캠프 전략은 근원적 변화에 도달하는 첫 번째 베이스캠프를 높은 장소에 마련하고 그것에 도달하는 계단은 최대한 촘촘하게 설계하는 전략이다. 비밀결사대 전략이란 회사가 전체적으로 변화에 대한 무기력증에 빠져 있어서 변화를 진행하기 어려운 경우에 숨어 있는 우군들을 결집하여 모닥불을 들불로 만드는 전략이다. 동적 역량은 이원론으로 분열해 싸우는 내부의 힘들을 규합하여 근원적 변화의 시너지로 만들어내는 전략이다. 이 모든 전략을 일관되게 지휘하는 총사령관은 공공선을 향한 존재목적에 대한 믿음이다.

9장

선승구전 전략

삶에 대한 태도는 두 가지다.

하나는 기적이 전혀 없다고 믿는 것이고

또 다른 하나는 모든 것이 기적이라고 믿는 것이다.

—아인슈타인(Albert Einstein)

살면서 가장 중요한 것은

내 마음속에 빛이 꺼지지 않도록 하는 것이다.

—슈바이처(Albert Schweitzer)

급진 거북이는 변화로 달성될 세상에 대해 급진적 믿음을 가지고 있는 변화 챔피언을 지칭한다. 남들이 두려워하는 불확실성의 망망대해에 이들이 벌거벗은 채로 용기 있게 몸을 던질 수 있는 근원적 자신감을 가지는 이유는 목숨을 바쳐서라도 완성해야 할 존재목적에 대한 굳건한 믿음이 있어서다. 이들이 미래에 대한 불확실성을 제거하는 방법은 자신이 선택한 옳은 일을 제외하고 다른 대안을 인정하지 않는 믿음이다. 이 믿음을 공유하는 사람들의 울타리가 심리적 안전지대를 만들어내고 이 안전지대 속에서 목적으로 향하는 고속도로가 건설된다.

선승구전(先勝求戰)이란, 먼저 반드시 이길 수밖에 없는 명분과 전략으로 상상적 실험을 해보고 나서 이길 것이 분명하다는 결론이 나왔을 때 전쟁에 임하는 방식이다. 선승구전은 『손자병법』의 핵심이다. 『손자병법』의 선승구전을 "이기는 싸움이 아니면 싸움을 시작도 하지 않는다"라고 해석하는 것은 잘못이다. 선승구전이란 싸움 전에 상상적 실험을 통해 명분에서 먼저 이기고, 구체적 전략에서도 승리할 수 있는지를 확인하고, 마지막으로 전략을 집행하는 미세한 전술에도 이길 수 있는지를 시뮬레이션해 보는 것을 의미한다. 선승구전은 명분, 전략, 전술에서 세밀한 상상적 실험을 통해 반드시 이길 수밖에 없는 시나리오에 기반해 실전에 응하는 전략이다.

애터미의 선승구전

선승구전 전략을 앞세워 글로벌 기업으로 등극한 기업이 애터미다. 애터미는 충청남도 공주에 본사를 둔 토종 네트워크 마케팅 기업이다.[1] 2022년 매출이 2조 2000억 원에 이르는 글로벌 매출 순위 10위의 회사다. 2009년 설립해서 지금까지 한국 본사를 포함해 27개의 현지 법인을 운영하고 있다. 회원 수는 약 1500만 명이다. 같은 품질이라면 가장 낮은 가격, 같은 가격이라면 최고의 품질을 고수하는 절대품질 절대가격 전략을 앞세워 헤모힘을 비롯한 건강식품과 앱솔루트 셀렉티브 스킨케어 등 화장품을 주력 상품으로 팔고 있다.

2009년 회사가 설립된 후 최초의 사업자 세미나가 열렸던 곳은 전북 익산의 망하기 직전의 오리탕 집이었다. 여기서 17명의 사업자가 처음으로 모였다. 첫 세미나에 모인 사람 중 설립자 박한길 회장을 비롯해 13명이 신용불량자였다. 『주간동아』와의 인터뷰에서 박한길 회장은 당시의 상황을 다음과 같이 증언했다.[2]

"애터미 첫 세미나에 17명이 모였어요. 그때 제가 이렇게 말했죠. 여러분, 이 사업을 같이 해야 합니다. 같이 해서 '스타 마스터' 가 되면 1000만 원을 드리겠습니다. '로열 마스터'가 되면 5000만 원을 드리겠습니다. 그랬더니 다들 눈이 커져요. 그 위 '크라운 마스터'가 되면 3억 원을 드리고 에쿠스 한 대도 줄 겁니다. 당시 제가 세미나장에 타고 간 차는 280만 원짜리 중고 카니발이었어요. 폐차 직전 그 차가 전 재산이었죠. 그런 제가 에쿠스를 주겠다고

---

1 https://shop.atomy.com/kr.
2 https://weekly.donga.com/List/3/all/11/1103559/1.

큰소리를 친 겁니다. 최고 직급인 '임페리얼 마스터'에게는 10억 원을, 그것도 1만 원권으로 바꿔서 주겠다고 했어요. 앞으로 매달 5000만 원, 7000만 원씩 받는 사업자가 되고, 전 세계로 뻗어가는 글로벌 사업자가 될 거라고도 했습니다. 그때 우리 회사는 1000만 원이 없어 사무실을 얻지 못했어요. 3개월간 카니발이 사무실이고 차 트렁크가 제품 창고였죠. 직원이라고는 회장과 부사장 달랑 두 명이었고. 부사장은 친동생이었죠. 대표이사도 없었어요. 둘 다 신용불량자라 대표이사를 할 수 없었거든요. 그래도 저는 어차피 회장 될 거니까 처음부터 회장이라 하고, 이 회사로 전 세계를 석권하겠다고 당당히 얘기했습니다."

애터미 사업자들을 위한 콘퍼런스인 2017년 10월 애터미 석세스 아카데미에서 박한길 회장은 최고 직급을 달성한 1호 사업자 P 임페리얼에게 지게차로 10억 원의 현금을 전달했다. 7년 전 약속을 지킨 것이다. 2024년 현재까지 17명 중 13명이 임페리얼이 되어 현금 10억씩을 받았다.

『포춘』지 인터뷰에서 1호 사업자이자 1호 임페리얼이 된 P 사업자에게 당시 박한길 회장의 이야기를 처음 들었을 때 무슨 생각이 들었는지 물었다.[3]

---

3 http://www.fortunekorea.co.kr/news/articleView.html?idxno=422.

Q 당시 박 회장의 설명을 들으면서 어떤 생각을 했는지 궁금합니다.

A 액면 그대로 믿지는 않았습니다. 다 낡은 카니발 중고차를 타고 와서, 그것도 아무 가진 게 없다는 사람이 "10억 원을 주겠다, 익산에서 가장 좋은 아파트에 살게 해주겠다"고 하는데, 누가 그 말을 쉽게 믿겠어요. 하지만 제품과 사업계획서는 괜찮아 보였습니다. 그리고 당시엔 제가 하던 오리탕 집이 잘 안 되고 있었어요. 가게를 폐업하면 생계가 막막해지는데 뭐라도 일을 해야 했습니다. 자본이 없어서 다른 장사를 시작할 여유도 없었고요. 애터미 사업은 돈이 없어도 시작할 수 있어서 단골손님들에게 제품을 팔면 생활비 정도는 벌 수 있으리라 생각했습니다.

다른 사업자의 인터뷰에도 비슷한 내용이 나온다.[4] 사실 신용불량자였기 때문에 더는 잃을 게 없었고 박한길 회장이 가져온 4페이지 분량의 사업계획서를 보고 한 가닥 희망을 읽었다고 한다. 신용불량자였던 자신을 실제로 일어나게 한 끌개는 10억 현금이 아니라 실현 가능한 사업계획서였다고 고백한다.

4페이지 사업계획서를 놓고 박한길 회장은 어렵게 일어선 신용불량자 사업자들에게 10억씩을 받는 상상적 실험을 했고, 실전

---

4 윤정구 (2022), 『초뷰카 시대 지속가능성의 실험실: 애터미』, 21세기북스, pp.154-180.

에 임하기 전에 사업계획서를 실행하는 과정에서 직면할 수 있는 각종 어려운 상황을 극복하는 전술에 관해서도 셀 수 없을 정도로 상상적으로 실험했다. 시작할 때부터 상상적 전투에서는 지는 것이 불가능한 싸움이었다.

애터미는 기독교 기업이다. 독실한 신자인 박한길 회장의 철학, 전략, 전술, 행동은 모두 생계에 어려움을 겪고 있는 사업자들에게 공의로운 운동장을 제공해 주인으로 일어서게 하는 목적과 연동되어 있다. 박한길 회장은 각자에게 성공의 시간 차이는 있을 수 있지만 이런 공공선을 위해 사업자들이 같은 운동장에서 제심합력(齊心合力)해 가며 땀을 흘리는데, 성공이 따라오지 않을 이유가 없다고 믿었다. 싸움 이전에 상상적 실험을 통해 먼저 승리를 체험해 보는 전략은 "생각을 경영한다"라는 애터미의 공식 철학으로 정립되어 있다.

애터미는 사업자에게도 인생 시나리오를 직접 작성해 봄으로써 상상적으로 성공을 먼저 체험하도록 독려한다. 이것이 사업자들에게는 큰 동인이 된다. 인생 시나리오는 임페리얼이 되어 받는 10억 원을 기정사실로 해놓고 이것을 달성하기 위해 미래에서 현재에 이르기까지의 여정에 대한 지도를 작성해 보는 작업이다.

역시간 공학(Reverse Time Engineering) 방식의 상상적 실험은 스티브 잡스가 도달해야 할 미래의 목적지를 먼저 규정하고 여기서 현재와 과거를 연결하는 전략적 지도 작업을 통해 애플의 아키텍처를 설계한 방식이다. 스티브 잡스는 미래의 목적이 먼저 규정되지 않으면 과거, 현재가 명료하게 이해되지 않기 때문에 사업가들은 먼저 목적을 설정하고 역으로 과거와 현재를 연결하는 전략적 지도 작업을 제안했다. 아마존이 실행한 AWS, Lego의 실험실 Mindstorms, GoPro의 Action Camera 플랫폼에서도 성공적으로 실험되었던 역혁신(Reverse Innovation)도 역시간공학의 일종이다.[5]

애터미는 토종기업을 넘어 글로벌 네트워크 마케팅 기업으로서의 성장세에 힘입어 2022년에만 연 1억 원 이상을 버는 사업자가 417명 등록되어 있다. 애터미는 '대한민국 일하기 좋은 기업' 상을 3년 연속 수상했고 2023년 전체 순위는 5위다. 2022년에는 아시아에서 가장 일하기 좋은 중견기업 순위 2위에 랭크되어 있다,

리더십 인사이트 | 정주영 회장의 돌멩이 수프

돌멩이 수프에 대한 이야기는 여러 버전이 존재한다. 아마도 가장 유명한 버전은 마샤 브라운이 그림책으로 만들어 1948년 칼데콧상(그림책 상)을 수상한 세 군인 이야기일 것이다.[6]

---

5 Govindarajan, Vijay, & Trimble, Chris (2013). *Reverse Innovation*. Brilliance Audio.
6 마샤 브라운 (2007). 『돌멩이 수프』. 고정아 역. 시공주니어.

이야기의 줄거리는 다음과 같다.

전쟁이 종결되어 집으로 돌아가던 배고프고 피곤함에 찌든 세 명의 군인이 하룻밤 묵어갈 수 있는 곳을 찾는다. 마침 마을이 나타나 그곳에서 신세를 지기로 작정한다. 하지만 마을 사람들은 이들이 오는 것을 보고 음식을 숨긴다. 이들이 나타나자 올해 농사를 망쳐 자신들도 굶어 죽을 처지라고 하소연한다. 그러자 군인들은 자신들에게는 마법의 돌멩이가 있어서 그 돌멩이로 맛있는 수프를 만들어줄 수 있다고 말한다. 이들은 실제 돌멩이를 넣어 수프를 끓이기 시작한다. 돌멩이 수프 맛이 궁금해진 동네 사람들이 하나둘 모여든다. 군인들은 그들에게 마법의 돌로 끓인 그 수프가 지금도 충분히 맛이 있지만, 양파를 조금만 넣으면 맛이 더 기가 막힐 거라고 언질을 준다. 양파를 숨기고 있던 농부가 궁금해서 양파를 자발적으로 가져온다. 이런 식으로 지켜보던 마을 사람들은 양배추, 소금과 후추, 당근, 고기 등 군인들이 수프에 넣고 싶어 하는 재료를 하나씩 들고 나타난다. 이들이 가져온 재료 덕에 맛있는 수프가 완성된다. 군인들은 동네 사람들과 함께 식탁을 차리고 수프를 먹고 즐기며, 즐거운 저녁 시간을 보낸다. 잠자리까지 받은 군인들은 다음 날 마을 사람들의 배웅을 받으며 고향으로 향하는 길을 나선다.

돌멩이 수프 이야기는 리더가 세상에 무에서 유를 만들어내는 과정을 묘사하고 있다.

1968년 고 정주영 회장이 조선 사업을 시작하겠다고 선언할 때까지만 해도 아무도 이 말을 심각하게 받아들이지 않았다.[7] 1971년 7월 울산 미포만 모래사장 사진 한 장, 지도 한 장, 유도선 도면이 담긴 조선소 사업계획서를 만들어 자

---

7 박정규, "정주영 도전경영 5: 돼지몰이론 '생각하는 불도저가 돼라.'" 「뉴데일리경제」, 2015.1.13.

금을 구하기 위해 돌아다니지만, 세계시장 점유율이 1퍼센트에도 못 미치는 한국의 상황에서 조선소를 실현하기 위한 외자 확보는 불가능에 가까웠다. 현대는 당시 영국 최고의 은행이던 바클리즈(Barclays)에도 510억 원에 이르는 차관을 요청했지만, 바클리즈 측은 현대의 조선 능력과 기술 수준이 부족하다며 거절했다. 정주영 회장은 낙심하지 않고 차가운 현실을 바꿀 우회 전략을 구사했다. 1971년 9월 고 정주영 회장은 바클리즈에 영향력을 행사할 수 있는 선박 컨설턴트 회사 '애플도어'의 롱바텀 회장을 찾아간다. 사업계획서를 들려주었지만 롱바텀 회장 역시 고개를 가로저었다. 이때 정 회장은 재빨리 지갑에서 거북선 그림이 있는 500원짜리 지폐 한 장을 꺼내 펴보였다.

"우리는 1500년대에 이미 철갑선을 만들었습니다. 영국보다 300년이나 앞서 있었는데, 산업화가 늦어져서 아이디어가 녹슬었을 뿐이오. 한번 시작하면 잠재력이 분출될 것이오."

롱바텀 회장은 현대건설 등을 직접 둘러본 뒤 추천서를 써서 바클리즈에 건넸다. 그리고 현대조선은 조선업 세계 1위가 되었다.

정주영 회장의 500원짜리 지폐에 담긴 믿음, 스티브 잡스의 셀폰에 대한 믿음, 애터미 박한길 회장의 4장짜리 사업계획서 및 인생 시나리오에 대한 믿음은 모두 돌멩이 수프를 만든 돌멩이였다. 이들은 돌멩이 수프에 담긴 믿음을 운명의 동업자들에게 팔았다. 그들을 협업에 동원해 현재의 기적을 만들었다. 일반 사람들은 기적이 눈앞에 나타나야 믿지만, 급진 거북이에게 믿음의 대상은 눈앞에 나타난 기적이 아니다. 이들이 믿었던 대상은 미래에 기적을 만들어낼 자신의 목숨과도 바꿀 수 있었던 돌멩이처럼 단단했던 목적의 진실성이었다.

죽음과도 바꿀 수 없는 목적함수

노나라와 위나라에서 활동했던 오기(吳起)의 『오자병법(吳子兵法)』 '치병(治兵)' 편에 보면 "필사즉생 행생즉사(必死則生 幸生則死)"라는 전술이 소개된다. "반드시 죽을 각오로 달려드는 자는 살고, 요행히 살고자 하는 자는 죽을 것이다"라는 뜻이다. 오기는 춘추전국시대 위(魏)나라 사람으로 76전 무패를 자랑하는 명장이다. 오기의 '필사즉생' 전략은 죽음을 각오하고 다른 대안의 존재를 배제하겠다는 뜻이다. 이기는 선택지 아니면 죽는 선택지만 있는 사람과 이기는 선택지와 퇴로가 있는 선택지의 사람이 비슷한 역량으로 전쟁한다면 후자가 전자를 이길 방법이 없다.

오기가 놓친 것은 죽을 각오가 아니라 죽음을 치르고라도 지켜야 하는 가치와 목적에 대한 믿음이다. 역사적으로 선승구전에 성공한 장수들은 죽음 앞에서도 구차하게 목숨을 구걸하지 않고 싸워야 하는 이유에 대한 믿음을 목적함수(Objective Function)로 설정했다. 다른 변수와 상수는 모두 이 목적함수를 최적화하기 위한 수단이다.

죽음을 희생하고라도 실현할 목적과 가치에 대한 믿음으로 싸우는 필사즉생의 전략은 충무공 이순신이 명량해전 전날 병사들에게 당부한 말로도 알려져 있다. 『난중일기』를 보면 이순신은 "생즉사 사즉생(生卽死 死卽生)" 즉 "살기를 도모하는 사람은 죽을 것이요, 죽기를 각오하고 싸우면 살 것이다"라는 말로 병사들을 독려한다. 1597년(선조 30년) 음력 9월 16일(양력 10월 26일) 이순신이 지휘하는 조선 수군 함선 12척이 명량 해협에서 일본 수군 함선 133여 척을 격퇴했다. 이순신이 죽음을 담보로 싸워야 했던 이유는 왕이나 자신의 명예가 아니라 싸움에 지면 지금도 고통받는 백성이 더 고통받는 모습이 눈에 밟혔기 때문이다.

전략은 이기고 지는 것을 넘어 반드시 이겨야만 하는 이유를 찾아서 세우고 실행하는 수단이다.[8] 이겨야만 하는 명분과 선한 의도가 사라지고 이김만을 위해 싸우는 전쟁은 설사 전쟁에서 이겼어도 다시 전쟁이 전쟁을 불러일으켜 결국은 지는 전쟁으로 귀결된다. 이겨야만 하는 이유가 분명한 선한 전쟁은 반드시 이길 수 있다는 믿음을 만들어내고 설사 첫 전쟁에 패했어도 기회가 있을 때마다 다시 일으켜 세우는 힘이 된다. 자신이 주인이 되어 반드시 이겨야 하는 신성한 이유는 어려운 상황에서 회복력을 복원해 결국은 반드시 이기는 전쟁으로 이끈다.

2006년 음료 회사 펩시코의 첫 여성 최고경영자(CEO)가 된 인드라 누이(Indra Nooyi)도 펩시가 목숨을 잃더라도 반드시 실현해야 할 존재목적을 다시 세웠다. 기업이 살아남기 위해서는 당장 돈이 되는 제품만 팔아서는 안 되고 '목적성과'를 위해 목숨을 걸

---

8   Bartlett, Christopher A. & Ghoshal, Sumantra (1994). "Changing the Role of Top Management: Beyond Strategy to Purpose." *Harvard Business Review*, November-December.

어야 한다고 주장했다. 회사 모든 경영지표도 재무적 성과에서 목적성과로 바꿨다.[9] 펩시코는 설탕과 지방을 줄이면서 맛을 유지할 수 있는 제품 개발에 목숨을 걸고 인적·물적 투자를 집중했다. 생사의 갈림길에 서 있다고 상상해 가며 아쿠아피나 생수, 트로피카나 오렌지주스, 퀘이커 오트밀 등을 핵심 제품군으로 추가했다. 이런 누이의 목적에 목숨을 건 경영이 자리 잡자, 펩시코는 여전히 콜라 전쟁에서는 코카콜라를 누르지 못했지만, 전체 매출과 주가에서는 코카콜라를 앞섰다. 펩시는 '설탕물만 파는 회사'가 아니라 '사회적 이슈인 비만 문제를 해결하는 회사'로 지금까지 지속 성장하고 있다.

파타고니아 창립자 이본 쉬나드(Yvon Chouinard)가 목숨을 걸고 싸우기로 작정한 것은 지구를 구하는 일이다.[10] 지구를 구하기 위해 사생결단하는 마음으로 몰입한 파타고니아의 사업은 큰 반향을 일으켰다. 파타고니아의 "우리 회사의 새 옷을 사지 말고 리사이클해 돌려 입으라"는 광고도 이들의 결단을 반영했다. 이런 선한 목적이 긍정적으로 작용해서 파타고니아는 아웃도어 산업에서 최고의 브랜드 가치를 만들어냈다. 심지어 월스트리트의 애널리스트도 자신이 돈만 벌기 위해서 일하는 사람들이라는 이미지를 숨기기 위해 파타고니아 조끼를 작업복으로 입는다.

9 인드라 누이 (2023). 『인생의 전부』. 신솔잎 역. 한국경제신문.
10 이본 쉬나드 (2020). 『파타고니아, 파도가 칠 때는 서핑을』. 이영래 역. 라이팅하우스.

MS가 독과점으로 벌어들이는 재무적 성과에 취해 길을 잃고 망하기 직전, 사티아 나델라(Satya Nadella)가 나서서 MS가 잃어버린 경영 목적을 필사의 각오로 살려내 기사회생에 성공했다.[11] 나델라는 MS가 길을 잃어 거의 죽어간다고 생각하고 소생을 위해 히트 리프레시(Hit Refresh)라는 산소마스크를 준비했다. 기존의 오피스 묶음 제품에 대한 독과점 판매를 통해 단기적 이윤을 올리는 목표가 생태계에서 MS를 고립시켰다는 점을 뼈아프게 받아들였다. MS는 새롭게 생성된 경영 생태계에 맞는 공진화를 새 목적함수로 설정해서 결국 기업을 되살려내는 데 성공했다. 지금 MS는 열린 생태계를 반영한 비즈니스 모형인 클라우드 서비스와 오픈 AI 사업에서 선두를 달린다. 새로운 목적함수에 의한 경영이 정착되자 기업의 시가 총액도 애플을 넘어섰다.

2019년 8월 19일 미국 대기업 연합인 BRT에서 신자유주의를 포기하면서 목적의 중요성에 대해서 설파했다. 기업의 존재이유를 '주주 이윤의 극대화'에서 '목적을 실현함으로써 재무적 이윤이 따라오게 한다'로 개정했다. 기업들이 존재목적에 목숨을 바칠 각오로 실현하면 사업의 승리를 판가름내는 재무적 성과는 저절로 달성된다는 믿음은 결과적으로 선승구전의 주장과 결을 같이한다.

---

11 사티아 나델라 (2018). 『히트 리프레시』. 최윤희 역. 흐름출판.

목적과 사명을 위해 죽음을 각오하고 싸우는 기업이 단기적 목표를 종속변수로 설정한 기업보다 선승구전할 수 있는 개연성은 역경을 만났을 때의 회복탄력성(Resilience or Grit) 차이 때문이다. 단지 경제적 이윤을 높이기 위해 사업하는 회사보다 신성한 목적을 위해 죽음을 각오하고 싸우는 회사의 구성원들은 어려운 환경이 닥쳐도 불굴의 의지로 스스로가 쇄빙선이 되어 어려움을 뚫고 나간다. 죽음을 각오하고 뚫고 나가야 할 신성한 이유가 있기 때문이다. 돈 말고는 스스로가 나가서 싸워야 할 명분이 없는 용병으로 고용되어 싸우는 싸움에서 용병은 상황이 어려워지면 목숨을 바쳐서 이것을 뚫고 나갈 이유가 없다.

급진 거북이는 이런 선한 목적이 실현되는 공의로운 세상을 위해서 죽음을 각오하고 싸우는 사람들이다. 급진 거북이는 자신이 개입해서 이길 수 없는 경우라도 누군가는 목적에 대한 믿음을 부활시켜 다시 싸움에 임하고 결국은 이길 수밖에 없는 종착역에 도달하리라고 믿는다.

진성리더들이 목적지에 도달하는 방식은 인디언들의 기우제와 비슷하다. 인디언들은 비가 오게 해달라는 기도를 비가 올 때까지 멈추지 않는다. 이들이 기우제를 그만두는 순간은 실제 비가 내렸을 때다. 비 오는 상황 말고는 다른 대안을 인정하지 않고 기우제를 지내는 것이다. 이쯤 되면 비를 내려주는 하늘도 질려서 이 인디언들이 원하는 대로 비를 먼저 보내줄 것 같다. 이 방식이 인디언과 하늘 사이가 아니라 선한 목적을 가지고 죽을 각오로 싸우는 사람과 생계를 위해 싸우는 사람 사이에 적용된다면 인디언처럼 공동체의 목적을 위해 기도하는 경쟁자를 이길 방법은 없다.

비즈니스 실험

변화 챔피언은 목적을 실현하는 일을 제외한 다른 대안들이 이입되는 것을 차단해 불확실성을 제거하고 가능성이 희박하지만 실패했을 때 사용할 저점에 대한 시나리오를 제시해 설사 실패하더라도 실패가 죽고 사는 문제가 아니라는 점을 설득한다. 마지막으로 실제 변화 실행 과정에서 생길 일말의 실패 위험조차도 시뮬레이션과 실제 비즈니스 실험을 통해 사전에 충분히 분산시킨다. 실제 변화가 집행되는 과정을 사전에 상상적으로 충분히 시뮬레이션해 보고 시뮬레이션이 예측하는 결과를 실험해 보는 것이 선승구전을 위한 마지막 조치다.

많은 스포츠(육상, 축구, 야구, 테니스, 골프, 럭비, 스키, 체조, 수영, 농구 등)에서 최고의 수준에 있는 선수들은 훈련 기간뿐만 아니라 대회 중(준비운동 중, 공식 경기의 휴식시간 중, 던지기 전, 점프전, 프리킥 전 등)에도 실제 수행을 시각화해서 시뮬레이션한다.[12]

12 Utay, J. & Miller, M. (2006). "Guided Imagery as an Effective Therapeutic Technique: A Brief Review of its History and Efficacy Research." *Journal of Instructional Psychology*, 33(1): 40–43; Newmark, T. (2012). "Cases in Visualization for Improved Athletic Performance." *Psychiatric Annals*, 42(10): 385–387.

축구선수는 페널티킥을 차기 전에 공이 골대 안으로 들어가 뒤편 그물을 때리는 모습을 떠올리는 상상적 방법으로 성공을 체험한다. 마라톤 선수들도 코스를 돌아보며 실제로 뛰기 전 상상적 완주를 통해 전 코스맵을 시냅스에 미리 각인한다. 생생하게 성공에 대해서 상상하는 시각화(Visualization) 기법은 실제로 경기력을 향상시키고 근육 강도를 키워주며 자신감과 집중력을 높이고 불안을 줄여준다. 구체적 상상을 통해 통증 관리, 지구력, 수행 동기 및 신체적 수행 능력 등을 향상시킨다는 연구도 많다. 최상의 결과를 얻기 위해서는 상상적 시각화 기법에 촉각, 청각, 시각, 후각, 미각이 포함되어야 하며, 관점, 감정, 환경, 과제 및 타이밍과 같은 중요한 측면도 변수로 고려되어야 한다. 상상적으로 생생하게 미리 체험해 봄으로써 잠재의식이 해당 경험을 실제로 인식하게 만들어 습득에 관여하는 뉴런을 활성화한다. 상상적 체험을 통해 운동선수들은 성공을 위한 정신적 로드맵을 뇌의 시냅스에 미리 각인한다.

기업에서 실제로 다양한 변화전략을 집행하기 전에 비즈니스 실험과 시뮬레이션을 먼저 시행한다. 아마존, ETSY, Facebook, Google, Netflix, Priceline 등 클라우드 기반의 디지털 선도기업들은 변화 과정에서 시뮬레이션이라는 상상적 실험과 시뮬레이션을 바탕으로 한 실제 실험을 통해 변화에서 예측되는 불확실성을 극복할 수 있는 시나리오 지도를 작성한다. 시뮬레이션과 실험은 데이터로 성공 가능성이 있는 미래의 프로토타입(prototype)을 만들 수 있는 가장 확실하고 실용적이고 경제적인 방법이다. 데이터 기반의 초우량기업은 지금과 다른 세상에 대해서 상상하고 이 상상한 결과를 산출하는 새 방식이 기존의 방식과 어떤 다른 결과를 산출하는지를 시뮬레이션해 검증한다. 이렇게 시뮬레이션으로 산출된 새로운 결과가 실제 회사에 적용될 수 있는지를 다시 확인하기 위해 특정한 부서에 실험적으로 실행해 본다. 데이터 시뮬레이션이 이론적 실험이라면 필드에서 실제로 효과성을 다시 검증하는 방식은 실험이다.

실제로 스테판 톰키(Stefan Thomke)는 요즘 기업가치가 급등하는 회사는 최소한 1년에 비즈니스 실험을 1000회 이상 하는 회사들(아마존, MS, LinkedIn, Google, Netflix, Facebook, Booking.com, Etsy, Pinterest, Skyscanner)이라고 주장한다. 그림 9-1은 초뷰카를 선도하는 회사가 매년 비즈니스 실험을 얼마나 늘려가고 있는지를 그래프로 비교해 보여주고 있다.[13]

변화를 진행하는 과정에서 불확실성이 심각할 경우, 급진 거북이는 총 쏘고 대포 쏘기라는 상상적 실험실 전략을 수행한다. 총 쏘고 대포 쏘기는 상황이 불확실할 경우 소총으로 쏘아서 맞는지 틀리는지 실험적으로 영점조준을 하고 맞으면 대량으로 대포 사

---

13 https://www.slideshare.net/slideshow/why—some—companies—are—more—innovative—than—others/98535294#2.

격을 시작하는 방식이다. 총 쏘고 대포 쏘기 전략을 구사하는 이들의 전제는 상황은 아무리 완벽한 예측을 해도 불확실성을 완전히 제거할 수 없다는 것이다. 상황은 불확실성을 전제하므로 완벽한 예측을 목적으로 모형을 만들거나 행동하지는 않는다. 소총 쏘기를 반복하며 조금이라도 불확실성을 줄여나가는 것을 목적으로 한다. 이들은 그간 경제학이나 전략 이론가들이 만들어놓은 거대이론을 무시하지 않는다. 다만 이들 거대이론을 최종 답이 아니라 영점사격을 위한 초깃값으로 이용한다. 현실과 달리 이론은 예측을 위한 초깃값일 뿐인데 이것을 진리처럼 받아들이는 데서 문제가 생긴다.

기업이 직면하고 있는 경영환경은 불확실성이 더 심각해지는

그림 9-1. ICT 기업과 S&P 기업의 실험 빈도수

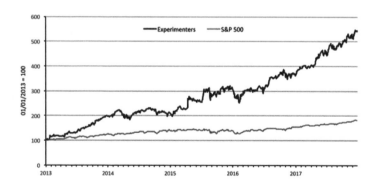

Experimenters: Amazon, ETSY, Facebook, Google, Microsoft, Netflix, Priceline (Booking.com)

Source: Bloomberg (01/02/2018)

쪽으로 바뀌고 있다. 이럴 때일수록 가장 현명하게 불확실을 통제하기 위해서는 대가들이 만든 이론이나 우량기업의 관행을 그대로 실행하지 않고 초깃값으로 삼아 자신의 상황에 맞는지 틀리는지를 실험해 보고 이 실험결과에 기반해 대포를 쏠 수 있는 자신만의 모형을 만들어내는 전략을 써야 한다. 물리학 이론도 마찬가지고 어떤 상황에도 보편적으로 적용될 수 있는 보편이론이 가능하다고 믿는 시대는 이미 오래전에 지났다.

불확실성을 좋아하는 사람은 아무도 없지만, 미래를 개척하는 사람들에게 불확실성은 엄연한 현실이고 삶의 본질이다. 사람들이 그렇게 돈을 많이 벌고 권력을 축적하려는 이유도 세상을 자신의 손아귀에 넣음으로써 불확실성에서 벗어나기 위해서다. 불확실성이 없다면 모든 사람이 신이 된다. 선승구전은 목적, 과정, 결과에 대한 상상적 체험을 통해 불확실성을 완전히 제거할 수는 없지만, 통제 가능한 수준으로 줄여가는 전략이다. 불확실성만 제거할 수 있다면 누구나 변화에 성공하지 못할 이유도 없고 신나는 여행과 같은 근원적 변화 과정에 동참하지 않을 이유도 없다.

리더십 인사이트 | 선승구전에서 Why의 중요성

돈벌레에 대한 유명한 메타포가 있다. 이 벌레의 특징은 발이 많이 달려 있다는 것이다. 실제로 돈은 발이 넷 이상이라고 하는 이야기가 있다. 발이 둘인 사람으로서는 아무리 좋아가도 더 빨리 달아나버리는 돈을 결코 따라잡을 수가 없다. 이 메타포가 의미하는 바는 결국 돈에 대한 부조리다. 오직 돈 벌 목적으로만 어떤 일을 시작할 경우, 결국 잔챙이 돈은 운 좋게 벌 수 있을지 몰라도 큰돈은 벌지 못하게 마련이다. 반면에 돈을 피해 멀리 달아나버리려는 사람에게는 돈이 기가 막히게 알아차리고 쫓아온다. 돈은 따라올 마음만 먹으면 돈을 피해 달아나는 사람을 언제든 따라잡을 수 있다는 의미다.

돈벌레의 메타포는 승진, 성과, 인센티브, 학점 등 모든 외재적 보상에 다 적용된다. 이런 외재적 보상을 추구하며 사다리를 놓고 따라가봤자 그것들은 그만큼 더 성큼 달아나버린다. 외재적 보상만을 성취하기 위한 목적으로 어떤 일을 도모했을 때 이들은 좀처럼 잡히지 않는다.

펄(Judea Pearl)과 맥킨지(Dana Mackenzie)는 『이유에 관한 책: 원인과 결과에 대한 새로운 과학(The Book of Why: The New Science of Cause and Effect)』[14]에서 이런 일이 발생하는 것은 인과적 관계를 설명하는 진짜 원인을 찾아서 모형을 구성하지 못했기 때문이라고 설명한다. 특히 데이터 분석을 통해 제공되는 원인과 결과에 대한 잘못된 생각이 잘못된 성공의 원인을 따라가게 만든다고 말한다. AI, 빅 데이터, 데이터 마이닝, 머신 러닝, 딥 러닝 기법으로 확보한 인과 관계 중 대부분이 가짜 인과 관계라는 것이다. 이들은 많은 데이터나 현란한 기법을 사용하여 마치 인과 관계가 증명된 것처럼 포장하는 데에 속지 말라고 조언한

---

14 Pearl, Judea & Mackenzie, Dana (2018). *The Book of Why: The New Science of Cause and Effect.* Basic Books.

다. 비슷한 맥락에서 아인슈타인도 문제에 대한 원인은 문제와 같은 수준의 데이터를 통해서는 찾을 수 없다고 말한 바 있다. 원인은 지금 문제로 파생된 외생적 데이터보다 깊은 곳에서 내재적 가치로 숨어 있다.

펄과 맥킨지는 미래를 선제적으로 상상할 수 있는 인간만이 인과 관계의 원인을 제대로 설정할 수 있다고 주장한다. 인과 관계는 미래에 열릴 수 있는 과일을 상상하며 상상적 과일에서 밀알을 얻어와 현재 일에 씨앗으로 뿌려서 과일나무를 얻었을 때 씨앗과 과일의 관계다. 밀알의 형태로 미래에서 가져온 생각이 원인이고 이렇게 해서 실제로 얻게 될 미래의 과일이 결과다. 밀알이라는 원인은 오직 미래에 대해서 상상할 수 있는 인간만이 종묘해 낼 수 있다. 원인인 밀알은 미래에 실현될 목적과 가치를 담고 있는 생각이나 믿음이고, 결과는 이 믿음을 키워서 만들어낸 눈에 보이는 결과물이다. 밀알이 원인이 되어 뿌리를 내리고, 묘목으로 자라고, 나무가 되고, 꽃을 피우고, 과일을 맺기 위해서는 상당한 시간이 소요된다. 이런 상황에서 누군가가 눈에 보이는 단기적 결과에 경도되어 꽃이 피어야 과일이 열매를 얻을 수 있으니, 꽃이 원인이라고 주장한다면 이것은 잘못된 인과적 주장이다. 진실한 인과 관계에서 원인은 미래의 가치를 함축한 믿음이나 내재적 가치를 담은 생각이고, 결과는 눈으로 확인 가능한 외재적 가치를 함축하고 있다. 내재적 가치가 원인이 되어 외재적 결과를 가져오는 것은 진실한 인과 관계일 개연성이 크지만 외재적 원인이 외재적 결과를 산출한다는 유사 인과 관계의 주장이 난무한다. 씨앗과 뿌리 없이도 나무에서 꽃을 피우고 과일을 얻을 수 있다는 주장은 모두 유사 인과 관계 주장일 뿐이다.

인과 관계 주장이 객관적으로 알려져 있어도 인과 관계를 실현하는지는 또 다른 문제다. 인과 관계는 원인에 해당하는 씨앗을 누군가가 몸에 내재화해서 자신을 통해 일인칭으로 결과를 산출하는 사건을 통해서만 실현된다. 지행격차를 극복하지 못한 인과 관계는 그냥 지식으로 암기했다 잊어버리는 지식일 뿐이다. 누군가의 의도와 행위로 내재화되지 못한 인과 관계는 변화를 만들지 못한다.

선승구전이 실현되는 진실한 인과 관계를 만들어낼 수 있는 리더는 밀알로 가져올 삶에 대한 목적과 가치에 대한 믿음이 견고할 뿐 아니라 가져온 밀알을 목숨을 바치고라도 자신의 몸, 정신, 마음에 심어서 일인칭 주체로 지행격차를 극복한 사람들이다. Why에 대해서 답할 수 있는 고유한 밀알이 없는 사람들은 남들이 만들어내는 성공이라는 결과에 대한 인과적 관계를 이해하지 못한다.

학습 포인트 요약

• 선승구전 전략을 수행하는 급진 거북이는 목숨을 걸고도 변화를 쟁취해야 하는 이유를 확인하고 이 이유를 밀알로 삼아 근원적 변화를 실현한다.

• 대안적 목적이 가져올 수 있는 기회비용을 고려하지 않는 믿음이 목적을 달성하는 과정에서 생길 대부분의 불확실성을 제거한다.

• 변화 프로젝트에 실패했다고 가정했을 때 추락 시 살아날 수 있는 저점을 확인하고 이 저점에 안전망 그늘을 준비해 실패에 대한 보험으로 삼는다.

- 변화의 실질적 과정을 상상적으로 시뮬레이션해 봄으로써 벌어질 수 있는 불확실성 요소를 사전에 인지하고 제거한다.

- 불확실성을 완전히 제거할 수는 없지만 통제 가능한 수준으로 줄이는 것은 가능하다. 목적에 대한 믿음과 실행 과정에 있을 장애에 대비해 상상적 시뮬레이션을 통해 불확실성을 줄이는 것이 선승구전을 위한 급진 거북이의 책무다.

- 대부분의 인과적 모형에서 원인은 원인이 아니다. 과일나무를 길러낼 생각으로 과일나무의 씨앗을 생각의 밀알로 가져올 수 있는 인간만이 진실한 인과관계의 주체다.

- 목적에 대한 믿음과 시뮬레이션을 통해 목적을 실현했을 때의 성취에 대해 상상적으로 체험을 해본다. 그리고 실패하는 시나리오에서 살아남는 상상적 체험, 실패를 딛고 일어난 구체적 변화 과정에 대해 시뮬레이션해 본다. 이는 상상적 체험과 실제 체험을 구별하지 못하는 뇌를 통한 준비운동이다.

10장

베이스캠프 전략

누구나 산 정상에 서고 싶어 하지만
행복과 성장은 정상에 오르는 과정에서 나온다.
―루니(Andrew Aitken Rooney)

성공으로 가는 엘리베이터는 고장이 났다.
한 번에 하나씩 계단을 차근차근 올라가는 길이 유일한 길이다.
―지라드(Joseph Samuel Girardi)

2004년 이전까지 에베레스트를 정복하는 사람의 숫자는 매년 평균 2명에서 3명 정도인 것으로 알려졌다. 이 숫자가 2004년을 기점으로 매년 300명 이상으로 튀었다. 많은 분석이 있겠지만 해답은 베이스캠프에 있었다. 무슨 이유에선지 2004년 이전에는 베이스캠프를 해발 2000미터 정도에 설정하는 것이 규범이었다. 그런데 누군가에 의해서 이 베이스캠프를 해발 6000미터 정도로 옮기는 실험이 시작되었고, 이곳을 베이스캠프로 삼은 사람들의 에베레스트 정상 등반 성공 소식이 전해지면서 모두 베이스캠프를 해발 6000미터 정도로 옮겼다. 베이스캠프 이동이 매년 300명이 넘는 등반 성공자를 만들었다.

베이스캠프는 등반가에게 에베레스트 정상에 이르는 중요한 지점을 연결해 주는 마일스톤이다. 등반이란 베이스캠프로 지칭되는 마일스톤과 마일스톤을 연결하는 작업이다. 일반인도 에베레스트에 오를 수 있었던 비결은 등반 실력이나 장비가 좋아진 것이 아니다. 등반가들이 사용하는 마일스톤 지도인 정신모형 전환이 이런 결과를 만든 것이다. 일상에서도 100퍼센트 달성이라는 목표를 설정해서 일하는 사람은 70퍼센트의 성과밖에는 달성하지 못하지만 목표를 130퍼센트 바꾼 사람은 100퍼센트를 달성한다.

베이스캠프 전략은 마일스톤을 연결해 최종적 목적지에 도달하는 지도를 설계할 때 첫 번째 마일스톤을 크고 장대한 곳에 설정하는 대신 여기에 이르는 계단은 최대한 촘촘하게 설계하는 방식이다. 급진 거북이가 첫 베이스캠프에 이르는 계단을 촘촘하게 설계하는 이유는 다음 마일스톤에 도전할 수 있는 근력을 만들기 위함이다. 실제 상당히 높은 곳에 베이스캠프가 있어도 여기에 이르는 계단만 촘촘하게 설계되면 누구나 근력을 만들며 첫 베이스캠프에 도달할 수 있다. 장거리 마라톤에서 첫 마일스톤 지점까지 단거리 경주하듯 처음부터 전력질주하는 급진적 급진주의는 대부분 완주에 실패한다.

파레토 분포의 비밀

파레토 분포(Pareto Distribution)는 부의 양극화를 비롯해 다양한 양극화 현상에 적용된다.[1] 예를 들어 한 조직에서 만들어내는 성과의 80퍼센트는 상위 20퍼센트의 뛰어난 핵심인재가 산출한 것이라거나, 80퍼센트의 중요한 결정은 회의 시간 초기 20퍼센트에서 산출된다는 주장도 파레토 분포를 따른 것이다. 숫자는 약간 차이가 있지만, 웹페이지 연결을 추적해 보면 80퍼센트 연결이 상위 15퍼센트의 페이지에 집중되어 있고, 과학 논문의 인용 관계를 분석해 보면 80퍼센트의 인용이 상위 30퍼센트의 연구자들의 연구를 인용한다. 할리우드 인기 배우들의 친구 관계를 분석하면 80퍼센트의 친교가 상위 30퍼센트의 스타 배우를 중심으로 집중되어 있다. 범죄자의 20퍼센트가 전체 범죄의 80퍼센트를 저지르고, 운전자의 20퍼센트가 교통사고의 80퍼센트를 일으키고, 맥주를 많이 마시는 20퍼센트의 술꾼이 전체 맥주 소비량의 80퍼센트를 마신다는 통계도 있다. 기업의 시장 점유율, 범죄 발생

---

1 Pareto, Vilfredo (2014). *Manual of Political Economy.* Edited by Montesano, A., Zanni, A., Bruni, L., Chipman, J. & McLure, M. Oxford University Press.

률, 교육 수준 등 다양한 불균형에 적용된다.[2]

파레토(Vilfredo Pareto)는 20세기 초 조국인 이탈리아 소득 분포에 대한 자료를 보다가 이 법칙을 발견한다. 부의 분포를 추적해 보니 상위 20퍼센트가 전체 부의 80퍼센트 정도를 독점하고 있었다. 파레토는 기술적으로 이런 분포가 존재한다는 것을 발견했지만 이런 분포가 왜 생겼는지는 설명하지 못했다.

현실적으로 파레토 분포가 어떻게 만들어지는지를 설명하기 위해서는 몇 가지 가정이 추가되어 새로운 이론이 구성되어야 한다. 첫째는 처음 시작한 누군가가 초깃값을 밀알로 개입시켰다는 가정이다. 둘째는 초깃값을 기반으로 게임이 반복되고 누적되는 반복이 차이를 만들어 80/20의 불평등 결과 분포를 만들어낸다는 가정이다. 셋째는 지금의 양극화에 도달하는 과정에서 임계점이라는 첫 번째 마일스톤을 통과했다는 가정이다. 급진 거북이가 도달한 첫 번째 베이스캠프는 임계점을 넘은 지점에 설치된다. 넷째는 첫 번째 임계점이라는 마일스톤을 통과해 마지막 지점인 80/20의 목적지에 도달하기까지는 N번의 마일스톤이 연결된다. 통과한 마일스톤에서 쌓은 경험과 학습은 다음 마일스톤에 도달하는 다리를 건설하는 교각으로 작용한다. 다섯째는 N번의 마일스톤의 후반에 이를수록 누군가가 행로에 올라타는 것은 가능하

---

2 Koch, Richard (1997). *The 80/20 Principle: The Secret to Achieving More with Less*. Crown Currency.

나 이 사람이 행로의 방향을 바꾸는 것은 점점 불가능해진다.

지금까지 인류 변화의 역사는 일상적 목표에 목적이라는 신성한 의도를 밀알로 삼아 초깃값으로 개입시킨 20퍼센트의 사람이 주도했다. 이들이 초깃값을 밀알로 품고 장시간 동안 지속과 반복을 통해 차이를 축적해 마침내 우리가 지금 목격하는 80퍼센트의 현실을 만들었다. 부의 양극화도 돈 벌겠다는 의도를 개입시킨 초기 사람들이 어떤 어려운 상황에도 이 의도를 포기하지 않고 반복을 축적해 지금의 양극화된 차이를 만든 것이다. 고대 시대보다 더 살 만한 지금 세상이 만들어진 것도 일상의 목표에 누군가가 신성한 의도인 목적을 삽입해 반복적 게임을 통해 사회를 자기 조직화한 결과였다. 부의 양극화처럼 부정적 결과도 초래했지만, 지금과 같은 좋은 세상의 80퍼센트는 초기에 급진 거북이를 열망하는 시인같이 꿈꾸던 누군가가 신성한 목적을 담은 의도를 반복되는 일상에 개입시켜 현재의 운동장에 도달한 것이다. 시작은 미미했지만, 임계점을 지나면 복리 효과로 작던 눈덩이가 커지기 시작한다. 커진 눈덩이가 표준으로 받아들여지면 좋은 쪽으로든 나쁜 쪽으로든 양극화가 굳어진다. 급진 거북이는 좋은 쪽으로 양극화를 만들기 위해 목적과 사명에 목숨을 건다.

의도가 개입되지 않고 만들어지는 대부분의 분포는 파레토 분포가 아니라 종 모양의 정규 분포다. 유전자 복권으로 받는 키나 몸무게, 미모, 건강, 머리, 자연의 활동으로 만들어진 현상은 모두

정규 분포다. 하지만 부, 성공, 근원적 변화 등등 자그마한 의도라도 의도가 개입해 반복되어 만든 현상은 20퍼센트가 결과의 80퍼센트를 지배하는 파레토 곡선의 분포다. 하버드 교육대학원 교수 토드 로즈(Todd Rose)는 『평균의 종말(The End of Average)』에서 우리가 의도를 개입시켜서 만든 모든 변화가 파레토 분포나 다른 분포 형태임에도 무작위적 자연의 분포인 정규 분포를 가정해 평균을 내고 평균의 표준편차를 통해 성취와 변화를 평가하는 것이 삶을 얼마나 폭력적으로 왜곡할 수 있는지를 설명한다.[3]

파레토 분포는 초기의 자그마한 의도라도 반복적으로 이어지는 게임을 만나 큰 결과를 산출하는 것을 설명한다. 혼돈 이론에서 자주 인용되는 베이징 어느 시골 마을 나비의 날갯짓이 태풍을 만들고 태평양을 건너와 뉴욕의 건물을 쓰러트릴 수 있는 것은 나비의 초기 날갯짓에 나비의 목적에 대한 의도가 들어가 있었고 이 의도가 네트워크로 연결된 세상에서 반복적인 축적을 통해 자기 조직적으로 발현을 일으킨 것이다. 초기 의도가 개입되지 못했다면 나비의 날갯짓은 정규 분포로 끝나지만, 의도가 개입된 나비의 날갯짓은 임계점과 마일스톤을 조직해 큰 폭풍을 만들어낸다. 목적이라는 밀알이 개입해 만든 의도의 반복이 자기 조직력을 만들어내는 원천이다. 목적으로 무장한 일관된 의도가

3 토드 로즈 (2018). 『평균의 종말』. 정미나 역. 21세기북스.

없다면 나비의 날갯짓은 자기 조직력으로 발현되지 못하고 베이징 근처 시골 마을의 수많은 나비의 날갯짓으로 끝났을 것이다.

"어려서 고생은 사서라도 한다"는 속담도 성공하는 자기 조직적 습관을 만들어낸 사람이 행사한 초깃값의 중요성에 대한 조언이다. 젊어서 하는 고생에 담긴 의도는 자기 조직력을 가지고 영향력을 확대해 말년에 좋은 결과를 얻는다는 것이다. 20퍼센트의 선한 의도를 담고 시작한 초기의 게임은 반복을 통해 점진적으로 초기 의도에 부합하는 게임을 만들어 인생 말년에는 자신에게 유리한 80퍼센트에 이르는 최선의 결과를 산출한다. 초깃값 개입

그림 10-1. 정규 분포와 파레토 분포

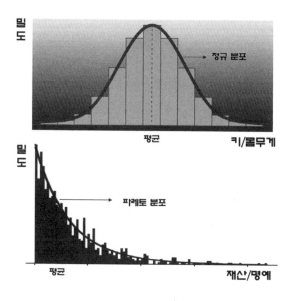

없이 중간에 끼어들거나 말년에 무엇을 시작해서 큰 성공을 거둔다는 것은 운이 좋았을 경우다. 반복되는 일상과 어려움 속에서 지킨 일관된 의도가 없는 사람이 큰 성공을 거둔다는 것은 낙타가 바늘구멍에 들어가는 것보다 힘들다.

말년에 성공한 사람들은 초반에 수도 없이 실패했어도 실패가 학습되어 임계치를 넘었기 때문이다. 긍정적으로 양극화된 현실을 만들기 위해서 누군가는 초기에 공공선을 지향하는 목적에 대한 믿음을 삶의 매 국면에 개입시켜야 한다. 의도가 조그만 차이를 만들고 차이를 지렛대로 삼아 일정한 임계점에 도달하기까지 반복될

그림 10-2. 로저스의 혁신 곡선

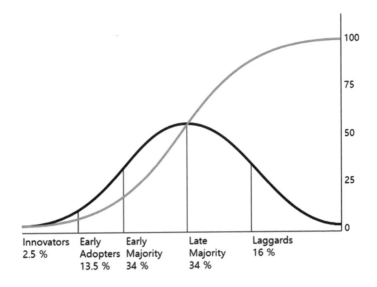

				100
				75
				50
				25
				0

Innovators Early   Early   Late   Laggards
2.5 %   Adopters   Majority   Majority   16 %
            13.5 %   34 %   34 %

때 의도는 꽃을 피워 자기 조직력을 획득한다. 급진 거북이는 이 임계점을 넘어선 언덕 어느 곳에 첫 번째 베이스캠프를 설치할 것을 계획한다.

혁신이 전파되는 과정을 밝힌 에버렛 로저스(Everett Rodgers)의 혁신 확산 이론(Diffusion of Innovation Theory)도 반복을 통해 만든 임계점의 중요성을 강조한다.[4] 초기 2.5퍼센트의 혁신자들이 혁신의 밀알을 만들어 퍼트리면 이들 혁신에 대한 반복적 노력이 13.5퍼센트의 초기 사용자를 끌어들여 자기 조직력을 형성한다. 자기 조직력으로 34퍼센트의 후기 혁신자까지 끌어들이면 혁신은 이전 상태로의 번복이 불가능해진다. 2.5퍼센트의 급진 거북이가 혁신의 초기 씨앗을 퍼트린 결과 자신들을 포함해 16퍼센트의 얼리어답터(Early Adopters)를 모으는 지점에 도달하면 첫 번째 베이스캠프가 설치될 임계점을 달성한다. 이 임계점을 지나면 혁신은 자기 조직력을 가지고 스스로 모습을 드러내는 발현(emergence)으로 진행된다. 자기 조직력을 획득한 혁신은 네트워크 효과를 통해 기하급수의 속도로 파급된다. 초기 혁신의 씨앗과 이 씨앗을 퍼트리는 반복이 초기의 34퍼센트 지지자를 끌어들이면 첫 번째 베이스캠프를 넘어서 두 번째 마일스톤으로 새로운 표준(New Normal)이 세워진다. 뉴노멀이 달성되면 혁신이 대세

---

4 Rogers, E. (1995). *Diffusion of Innovations*, New York: Free Press.

가 되어 한 개인이 나타나서 다시 방향을 바꾸는 것이 불가능해진다. 새로운 표준으로 자리 잡고 난 후에 여기에 올라타는 사람들은 상투를 잡는 사람들이다.[5]

미래로부터 가져온 목적을 밀알로 심어 초깃값을 만든 급진 거북이가 변화의 시발점이다. 이들이 가져온 밀알이 발아해 조직의 16퍼센트가 동조하는 상태를 만들어낸다면 첫 번째 베이스캠프에 도달한 것이다. 베이스캠프 전략에서는 조직의 구성원이 100명이라면 100명 모두를 급진 거북이로 만드는 것이 아니라 초기 16명을 결집해 만든 임계점을 통과하는 도전이 핵심이다. 베이스캠프에 도달한 사람들이 자기 조직력을 지렛대로 삼아 둘째, 셋째, 베이스캠프에 오르는 것은 그리 큰 문제가 아니다. 근원적 변화의 성공은 목적에 대한 믿음을 가진 초기 16퍼센트의 급진 거북이에 달렸다.

첨단엔프라의 베이스캠프

경기도 화성에 1997년 창업 이래 27년째 자동차 부품을 제조하고 있는 '첨단엔프라'라는 강소기업이 있다. 회사 정문에 들어서면 '진성카페'와 '진성도서관'이라는 간판이 부착된 건물이 눈에

---

5 Hannan, Michael T. & Freeman, John (1993). *Organizational Ecology.* Harvard University Press; Hannan, M.T. and Carroll, G.R. (1992). Dynamics of Organizational Populations: Density, Competition, and Legitimation. New York: Oxford University Press.

들어온다. 로비에 있는 85인치 모니터에서는 '목적을 통해 이끌기(Leading from Purpose)'라는 글귀와 회사의 목적 선언문, 대표이사 목적 선언문, 올해의 핵심 비전과 종업원 스스로 묻는 7가지 코칭 질문 등이 슬라이드 쇼로 방영된다. 일단 사내에 들어오면 목적의 울타리에 따뜻하게 둘러싸이는 느낌이다. 작업장도 마찬가지다. 어디를 가든 회사 목적 선언문, 부서 목적 선언문, 관리자 목적 선언문 등을 설명하는 배너가 있다. 일반 중소기업과는 다른 모습이다.

이 회사는 10년 전부터 회사 대표가 목적을 경영의 초깃값으로 끼워 넣어 베이스캠프를 만드는 목적경영에 헌신하고 있다. 초기에는 대표이사만의 의지로 목적과 철학을 담은 목적 선언문을 게시하고 공유하여 회의 시에 반드시 같이 읽고 시작했다. 우여곡절을 겪었지만, 낯설어하던 종업원들도 지금은 각자의 목적 선언문에 대한 일인칭 작가로 참여한다. 회사는 직원 각자가 헌신하기로 작정한 목적 선언문이 중요한 결정의 최종 의사결정권자라고 조언한다. 직원들도 목적의 밀알을 자신의 업무에 끼워 넣고 있어서 자신이 생계를 넘어 각자의 자리에 왜 있어야 하는지를 잘 안다. 직원들은 공유한 목적의 울타리 안에서 심리적 안정감과 근원적 자신감을 가지고 주인이 되어 일한다.

첨단엔프라는 다른 기업과 달리 목적경영을 회사의 홈페이지를 장식하는 구호로 외치는 것이 아니라 작업 현장 곳곳에 내재화해 실질적 베이스캠프로 운용한다. 회사의 목적과 비즈니스가 통합되어 베이스캠프의 운동장으로 작동하고 이 운동장에서 실제로 글로벌 최고 수준에 도달한 부품들을 생산해 내고 있다.

회사는 매년 말이면 회사의 목적 선언문과 부서의 목적 선언문, 중간관리자의 목적 선언문을 개정하는 작업을 한다. 다음 베이스캠프의 마일스톤을 설정하고 여기에 이르는 계단을 만드는 작업이다. 다음 마일스톤인 회사의 비전과 각 부서의 비전을 설정하고 중간목표, 사업계획을 설정해 서로 협업을 통해 달성하도록 조율한다. 첨단엔프라는 회사의 존재목적에 이르는 마일스톤은 담대하게 설계되어 있지만, 여기에 이르는 계단은 촘촘하게 설계되어 있다. 비전과 연동된 성과지표를 피드백하기 위해 부서별 WIG(주간 목적성과)와 MPS(월간 목적성과) 회의를 진행한다. 회의는 계획과 목적성과를 공유하고 평가하고 개선하기 위한 학습 과정으로 설계된다. 회의의 초점은 서로가 책임진 지표가 목적과 비전의 달성을 위해 협업하는지다.

첨단엔프라의 존재목적은 "우리는 대한민국이 세계 제일의 K-자동차 강국이 될 수 있도록 자동차 엔지니어링 플라스틱 모듈 부품 히든 챔피언 기업이 되어 국가와 사회에 공헌한다"이다. 구성원이 목적에 이르는 길에 도달하기 위해 지켜야 할 가치관은 "첫째, 모든 업무의 의사결정권자는 목적이다. 둘째, 목적에 대한 협업으로 변화와 성과를 만든다. 셋째, 타 부서의 업무협업은 내

부서 일을 우선한다"로 정해져 있다. 비전은 "히든챔피언 5item을 확보한다, SQS를 모체로 공정품질 1000ppm을 달성한다, 자발적 ESG 비전 지표를 달성한다"로 정해져 있다. 비전은 매년 수정할 사항이 있으면 반영해 수정한다.

회사는 목적을 대표이사로 정하고 목적에 협업하는 구성원의 전문적 역할의 책무성에 의해서 자기 조직적으로 운영되어 대표이사나 중간관리자들의 관리 비용이 없다. 관리하는 데 시간과 비용을 쓰는 일이 없어서 대표이사는 아침에 출근해서 청소하거나 화단을 가꾸고 구성원을 만나면 격려해 주는 일을 한다. 약속한 목적을 실현한 고지인 100년 기업을 향한 베이스캠프가 일반 중소기업과 비교하면 상당히 높은 곳에 설정된 회사다.

5P로 설계한 베이스캠프

맥킨지(McKinsey)에서는 전통적으로 워터맨(Robert Waterman)과 피터스(Tom Peters)가 개발한 7S 모형을 기반으로 조직 컨설팅을 진행해 왔다.[6] 7S란 전략(Strategy), 시스템(System), 문화(Style), 구성원(Staff), 역량(Skill), 구조(Structure), 공유가치(Shared Value)를 가리킨다.[7] 공유가치를 축으로 놓고 하드 시스템을 구성하는 전

---

6 Waterman, R.H., Peters, T.J. & Phillips, J.R. (1980). *Structure is Not Organization*. Business horizons: 14–26.
7 같은 책.

략, 시스템, 구조를 소프트한 시스템인 문화, 구성원을 정렬시키는 작업이 컨설팅의 핵심이다.

최근 들어 맥킨지는 전통적 7S 모형보다는 5P 모형을 기반으로 한 베이스캠프 전략을 사용하고 있다.[8] 5P는 포트폴리오/제품(Portfolio/Product), 인재(People/Culture), 과정(Processes/System), 성과(Performance), 이해 관계자 헌신(Position/Engagement)이다. 이 다섯 모듈에 가치를 넘어서 실현할 공유된 목적이라는 밀알을 종묘하고 밀알을 키우는 수평적 통합과 수직적 통합을 컨설팅한다. 수평적 통합은 다섯 모듈 사이를 정렬해서 큰 운동장을 만들어내는 작업이고, 수직적 통합은 이렇게 통합된 다섯 모듈을 조직이 정한 존재목적과 통합하는 작업이다. 각 영역에서 산출된 결과물을 KPI나 OKR을 통해 수평 정렬하고 다시 목적으로 수직 정렬시켜 목적성과를 만들어내는 컨설팅을 진행하고 있다. 5P 모형에서 성과는 수평적 축을 담당하는 각 부서가 독립적으로 낸 총 성과와 이 부서가 수직적 축을 구성하는 목적에 대한 협업을 통해서 산출한 성과의 합으로 측정한다.[9]

베이스캠프 작업의 핵심은 지금보다는 더 높고 더 평평한 곳에서 목적을 중심으로 협업하며 편하게 일할 수 있도록 일터의 운

---

8 Leape, S., Zou, J., Loadwick, O., Nuttall, R., Stone, M. & Simpson, B. (2020). "More Than a Mission Statement: How the 5Ps Embed Purpose to Deliver Value," *McKinsey Quarterly*, 2020. November.

9 성과(Total Performance) = 부문성과 + 부분성과 × (각 부문 성과의 기하평균/각 부분의 산술평균).

동장도 설계하고 문화도 만드는 것이다. 이 모든 것의 중심은 어떤 어려운 상황에도 회사가 존재해야 하는 이유를 설명하는 목적이다. 존재목적은 회사의 베이스캠프에 씨앗으로 심어지고, 발아된 씨앗은 커서 베이스캠프를 건강한 나무들의 과수원인 비즈니스 모형을 만들고, 과수원은 회사의 철학을 담은 서비스나 상품(업)을 산출한다. 존재목적은 베이스캠프에 심어지는 Why를 구성하고, 과수원인 비즈니스 모형은 How를, 결실은 What을 구성한다. 건강한 회사는 Why, How, What이 Why를 중심축으로 서로 온전하게 수직적으로 통합된 상태다. Why, How, What이 수직적으로 통합되어 온전한 알고리즘을 만들었을 때 자신만의 고유한 Way를 가진 회사가 된다. Way가 있는 회사가 튼튼한 베이스캠프를 가진 회사다.

리더십 인사이트 | 운칠기삼의 원리

운칠기삼(運七技三)은 흔히 실력이 있어도 운(運) 좋은 사람을 이기지 못한다는 말로 쓰인다. 성공을 결정하는 데 운이 70퍼센트이고 능력이나 재능이 30퍼센트라는 의미도 된다. 많은 사람이 이 말에 동감한다. 그런데 실제로 삶에서 성공한 사람들을 좀 더 파고들어가서 살펴보면 이들의 성공을 이끈 것이 운이냐 능력이냐 하는 이원론적 선택의 문제가 아님을 알게 된다. 성공한 사람들 대부분은 무작위로 전해지는 70퍼센트의 운도 자기편으로 끌어들이는 지혜를 가진 사람들이다.

1960년부터 20년 동안 미국 브루클린 연구소에서 아이비리그 예비 졸업생 1500명을 대상으로 '어떤 직업 동기를 가졌을 경우 성공했는지'를 연구하였다. 연구 대상인 1500명의 예비 졸업생 중 1245명(83퍼센트)은 일반적으로 사람들이 생각하기에 '돈을 많이 버는 직업'을 선택하였고, 255명(17퍼센트)은 당장 돈이 안 되더라도 자신에게 충분히 '의미 있다'고 생각하는 직업을 선택하였다. 20년이 지난 1980년 그 1500명을 추적해 조사해 본 결과 백만장자가 된 사람은 101명이었다. 그런데 놀라운 사실은 백만장자 101명 중 100명이 돈보다는 '의미 있는 일'을 선택한 사람이었고, 단 1명만이 '돈을 많이 버는 일'을 선택한 사람이었다. '돈을 많이 버는 일'을 선택한 사람보다 '의미 있는 일'을 선택한 사람이 백만장자가 될 확률이 100배나 높았다. 백만장자가 되겠다고 돈을 좇은 사람들은 백만장자가 못 되었다. 반면, 돈과 상관없이 자신과 사회에 의미 있는 일을 하겠다고 나선 사람들에게는 돈이 따라 백만장자가 되었다.

이 이야기 속에 숨겨진 비밀은 무작위적으로 달아나는 운을 끌어들이는 목적의 끌개(Attractor)에 관한 것이다. 의미 있는 직업을 택한 사람 중에도 운을 끌어들인 사람들은 주도적으로 살기 시작한 삶의 초기 시점부터 그 사람만의 존재목적과 존재목적이 풍기는 사명의 향기를 가졌다. 존재목적이라는 초깃값을 통해 만들어낸 사명의 향기가 운을 끌어들이는 최고의 미끼였다. 사명이 다른 많은 사람의 성공에 도움을 줄 때 많은 사람이 도움을 받게 되고 이 도움받은 사람들이 십시일반으로 자신의 성공을 도운 사람을 찾아내 은혜를 갚으면 인복을 통해 전달되는 운의 네트워크 효과도 거둘 수 있다. 사명과 인복이 무작위로 주어지던 70퍼센트의 운을 자기 것으로 자기 조직화한 것이다. 인복과 사명으로 무장한 운의 끌개를 가진 사람들은 어떻게 해도 성공을 피해 갈 수 없다.

운이 좋아도 인복이 많은 사람을 넘지 못하며, 인복이 많아도 명(命)이 긴 사람을 이기지 못한다는 말이 있다. 이때 명은 생명의 명이기도 하고 사명의 명이기도 하다. 건강의 명도 중요하지만, 사명의 명도 여기저기 무작위로 떨어지는 운을 끌어들이는 가장 중요한 끌개다.

학습 포인트 요약

• 베이스캠프 전략은 근원적 변화의 여정에서 첫 번째 기착지를 높은 곳에 설정하고 여기에 이르는 계단을 최대한 촘촘하게 설계하는 방식이다.

• 근원적 변화란 베이스캠프와 베이스캠프의 마일스톤을 연결해서 존재목적이 실현된 정상에 도달하는 과정이다.

• 초깃값을 구성하는 목적을 밀알로 심어 일과 과제 속에서 성장시켜 결과를 산출하는 임계점까지 키워낸다고 볼 때 첫 번째 베이스캠프는 임계점을 넘은 언덕에 세운다.

• 공공선을 향한 의도가 초깃값으로 장착된 근원적 변화만이 좋은 쪽으로 양

극화된 파레토 분포를 만든다.

• 베이스캠프는 목적을 밀알로 해서 과일나무를 길러내고 과수원을 만드는 작업이다. 목적이라는 존재이유, 비즈니스 모형이라는 과일나무, 풍성하고 맛좋은 과일이라는 Why, How, What의 삼박자가 정렬되어 있을 때 신나게 일할 수 있는 베이스캠프의 운동장이 된다.

11장

비밀결사대 전략

혼자로는 세상을 바꿀 수 없지만,

혼자서라도 물 위에 돌을 던져 물결을 일으킬 수는 있다.

—마더 테레사(Mother Teresa)

소수의 신경 쓰는 사람들만으로는 세상을 바꿀 수 없다고 믿지 마라.

사실 그들이 세상을 바꿨던 사람들이다.

—미드(Margaret Mead)

변화를 받아들이는 가장 좋은 비결은 낡은 것과 싸우지 말고

새로운 것을 만드는 데 모든 에너지를 집중하는 것이다.

—소크라테스(Socrates)

회사의 중간관리자급 직원들과 변화전략에 대한 세미나를 진행하다 보면 자주 받는 질문이 있다. 자신 회사의 조직문화가 변화와 혁신에 지나친 반감이 있고 진정성에 눈길조차도 주지 않을 때 이런 상황을 어떻게 극복하며 변화와 혁신을 성공시킬 수 있느냐다. 경쟁과 단기적 성과주의에 따라 추동되는 신자유주의에 오랫동안 노출되어 있어서 조직의 분위기가 산성화된 경우 진성리더십을 실천하기는 쉬운 일이 아니다. 이런 경우를 위해 추천하는 전략이 비밀결사대 참호 전략이다. 비밀결사대를 위한 참호는 회사가 사활을 걸고 직접 만들 수도 있고 회사의 공식 계통과 상관없이 중간관리자급이 모여 자발적으로 만들 수도 있다.

비밀결사대 참호 전략은 이탈리아의 그람시가 주창했다.[1] 참호 전략이란 연합세력들이 자신의 영역 안에서 진성리더십을 조용히 실천할 수 있는 진지를 구축하는 것이다. 이것이 성공할 경우 진지와 진지의 연합전선을 펴가면서 변화의 저항세력을 극복할 수 있는 세를 조금씩 키운다. 참호 전략에서는 변화에 대한 저항세력의 공격으로부터 자신을 보호하며 조용히 변화를 실험할 수 있는 방어진지들의 연합을 구축하는 것이 핵심이다. 급진 거북이 전략은 변화의 목적지에 대한 믿음을 지키기 위해 다른 대안을 포기하는 기회비용을 감내하며 헌신하는 반면, 현실에서 목적

1   그람시 (1999). 『그람시의 옥중 수고 1(정치편)』. 이상훈 역. 거름.

을 실현하는 방식은 자기가 가진 것만 가지고 당장 시작할 수 있는 것, 자신의 권한 안에서 시작할 수 있는 것의 울타리(참호)를 정하고 이 안에서 조용히 진행한다. 성공하면 다른 비밀결사대 참호와 연대를 확장한다. 비밀결사대 참호 전략을 운용하는 급진 거북이는 하방에 구축한 참호 간 연대를 통해 변화를 위한 충분한 힘이 축적될 때까지 내부의 저항세력이나 외부의 저항세력에게 참호 간 연대가 노출되는 것을 최대한 자제한다.

스컹크 웍스

스컹크 웍스(Skunk Works)는 회사가 직접 나서서 조직 안에 참호를 파는 전략이다. 외부 공격에 회사의 지휘부가 무너지더라도 회사가 구축한 참호에 숨어서 활동하던 비밀결사대를 가동해 회사를 살려낼 개연성을 타진하기 위함이다. 스컹크 웍스는 경영진이 기득권을 지키기 위해 사적으로 동원하는 구사대와는 정면으로 대치되는 조직이다.

최초의 스컹크 웍스는 1943년 6월, 2차 세계대전 중 미국 방산업체 록히드마틴에 의해서 시행되었다.[2] 회사는 캘리포니아 공장 한구석에 큰 천막을 치고 신형 항공기 개발을 위한 비밀결사대를 가동했다. 회사는 기존의 팀은 관료주의가 만연해 새로운 항공기

---

2 https://www.lockheedmartin.com/en-us/who-we-are/business-areas/aeronautics/skunkworks.html.

를 개발할 여력이 없다고 판단했다. 텐트를 설치한 지역은 근처의 고무 공장에서 나는 역한 냄새로 '스컹크 웍스'라고 불렸는데 이 이름이 회사의 미래를 구하기 위한 비밀결사대 팀의 공식명칭이 되었다.

당시 33세였던 켈리 존슨(Kelly Johnson)이 이 팀의 책임자로 임명된다. 존슨은 스컹크 웍스 운영에 대한 전권을 위임받아 회사의 관료제의 공격으로부터 자신들을 보호할 수 있는 참호를 구축한다. 팀도 관료제에 오염되지 않은 최고의 인재들을 모을 수 있도록 전권을 부여받았다. 1968년까지 25년 동안 그는 회사와 절연된 참호 안에서 뛰어난 능력과 강력한 리더십을 발휘하여 제트기와 초음속 시대를 위한 고성능 군용기를 개발하며 항공기 역사에 새로운 지평을 열었다. 켈리 존슨의 뒤를 이은 벤 리치(Ben Rich)는 참호를 감쌀 수 있는 포용적인 리더십으로 팀을 16년 동안 이끌며 스텔스 비행기를 개발한다. 록히드마틴사는 스텔스 개념을 항공기에서 군함, 잠수함, 미사일로 확장해 최고의 번성기를 누린다.

포드도 1960년대 초 머스탱을 개발할 당시 스컹크 웍스를 가동했다. 그 당시 회사는 대형 세단과 트럭에 집중하고 있었지만, 젊은 엔지니어들은 젊은 고객의 스포츠카에 대한 숨겨진 수요를 읽었다. 회사는 젊은 엔지니어들의 스포츠카 개발을 지원하기 위해 이들에게 참호를 제공한다. 참호 속에서 비밀리에 스컹크 웍스를 가동했다. 회사의 공식적 전략은 대형 세단과 트럭에 집중되어 있어서 기득권을 쥐고 있던 엔지니어들의 방해 공작을 예상해 프로젝트는 최대한 비밀리에 진행되었다. 스컹크 웍스 팀은 회사 밖 장소에서 비밀리에 가동되었다. 비밀결사대 팀은 빠르게 의사결정을 내려 머스탱이 시장에서 빠르게 성공할 수 있도록 모든 관료적 절차를 철폐했다. 팀원도 젊은 엔지니어들로 구성해 기존의 틀에 얽매이지 않고 새로운 아이디어를 자유롭게 구현할 수 있게 했다. 스컹크 웍스의 자유로운 분위기는 머스탱의 독특하고 스포티한 디자인에 그대로 반영되었다. 머스탱은 스포츠카를 좋아하는 젊은 세대의 열망을 담아낸 모델로 큰 인기를 얻었고, 2024년 현재 7세대에 이르기까지 인기를 구가하며 포드의 대표적 브랜드로 정착했다.

스컹크 웍스라는 비밀결사대 전략은 최대의 저항세력인 관료주의 세력으로부터 회사의 미래를 구하기 위한 표준전략으로 벤치마킹되어 다른 기업에도 급속도로 전파되었다. 스컹크 웍스를 시작한 록히드마틴의 경쟁사인 맥도넬 더글러스도 '팬텀 웍스'를 출범시켰다. 뒤이어 미 해군도 '에어 웍스'를 설립했다. 스컹크 웍스는 빅테크 기업들의 기술 혁신을 이끄는 비밀결사대 전략으로 채용되고 있다. 1980년대 IBM의 PC 개발팀, 2004년에 출시된 모토롤라의 베스트셀러 Razr폰, 마이크로소프트의 엑스박스, 구글의 Google X, 그리고 아마존의 킨들과 Echo 스마트 스피커 개발

팀도 비밀결사대 전략의 사례다. 21세기 디지털 시대에는 단절적 변화가 상수인 시대여서 이를 따라잡기 위해 구축한 비밀결사대 참호 전략이 더욱 주목받는다.

일반 기업에서도 팀장이나 중간관리자 정도 되면 자신이 자율권을 가지고 움직일 수 있는 참호 연합을 구축할 수 있다. 이들이 조직의 목적과 사명을 지키기 위해 구축한 참호는 중간관리자들이 기득권을 지키기 위해 회사의 사명이나 목적과 상관없이 구축하는 토굴과는 목적이 다르다. 힘 있는 정치세력에 라인을 만들어 소모전으로 자신들을 희생하는 것을 극도로 경계한다. 기득권과 대항해서 싸우는 조직정치에 관한 관심을 자제하고 자신의 참호 안에서 목적의 씨앗을 가져와 심고 길러내는 조용한 실험에 집중한다. 자율적으로 처리할 수 있는 자신의 참호 안에서 조용히 목적을 실현하기 위한 비밀 프로젝트를 기획하고 실행한다. 성과가 나올 때까지 기다렸다가 성과가 산출되면 자신이 만들어낸 긍정적 일탈(Positive Deviance)에 대해 조용히 소통을 시작한다.

LG 코치스

회사가 주도해서 회사에 만연한 관료제가 침투하지 못하게 참호를 판 비밀결사대도 있지만, 비밀결사대는 회사의 사명에 대해 헌신하고 이를 지키기 위해 근원적 변화를 열망하는 중간 리더들의 도원결의를 통해서도 결성된다. 이들은 자신의 영역에서 참호를 파고 조용하게 프로젝트를 진행하며 기회가 있을 때마다 참호를 연대하고 확산해 어느 시점에서는 참호에서 만든 변화를 회사의 공식 프로그램으로 편입시킨다.

최근 LG그룹은 기업이 시장생태계에서 생존하고 번성하기 위한 전략의 일환으로 코칭 문화 정착에 공을 들이고 있다. 잠재력이 최대한 발휘되도록 구성원을 개발해 주는 LG 철학이 내담자의 자발성과 주도성을 중시하는 코칭과 접목된 것이다. LG에서 코칭 문화가 전사적으로 확산된 계기는 몇몇 중간 리더들의 각성에서 시작되었다. 2019년 어느 날 뜻을 같이하는 각 계열사의 몇몇 코치들이 모여 학습조직인 'LG 코치스'라는 비밀결사대를 발족한다. 이들은 LG 각 계열사에 자신 급의 코치를 최대한 많이 육성해서 코칭으로 일하는 방식을 혁신하자는 '코칭 선언'을 결의한다.

이들이 코칭에 특별한 관심을 두게 된 이유는 지금까지 회사의 공식적 변화 프로젝트가 전사 차원에서 하향식으로 수행될 때는 내재화에 큰 어려움을 겪었기 때문이다. 윗단에서 시작한 변화 프로젝트가 대표나 경영진이 바뀌게 되면 다시 원상태로 돌아가는 문제도 경험했다. 특히 답 자체가 없는 초뷰카 디지털 플랫폼 시대에는 전통적 하향식 변화만으로는 현장의 문제를 통해 일으키는 아래로부터의 자발적 혁신이 어렵다는 것을 알았다. LG 코치스는 회사의 변화 프로젝트에 코칭 방식을 결합하면 위로부터의 변화와 아래로부터의 변화를 혁신적 방법으로 조율할 수 있다고 생각했다. 코칭이 내담자를 주인으로 일으켜 세우는 작업이어서 변화 프로젝트에 코치가 조력자로 나서면 현업 구성원에게 변화에 대한 자발성을 일으켜 세우는 문제를 효과적으로 해결할 수 있다고 믿었다.

LG 코치스는 '자율적 자기 주도 혁신' 코칭 모형을 만들어 실험했다. 자기 주도적 혁신 코칭의 핵심은 자기 주도성 회복이다. 관리자가 코치가 되어 자신과 구성원의 주도성을 깨우고 일으켜 세워 모두가 주인으로 일하는 문화를 만드는 것이 핵심이다. LG 코치스는 자기 주도 혁신을 촉진할 수 있는 사내 코치 그룹을 육성해 LG 하면 모두가 주인이 되어 주도적으로 일하는 회사라는 브랜드를 만들어보기로 다짐했다.

LG 코치스의 멤버들은 자신의 계열사에 주도적이고 자율적 조직문화 내재화 작업을 위해 각자의 참호를 마련했다. 계열사의 코치들이 연대해서, 자기 주도 혁신을 코칭하기 위한 지속적인 학습, 사례 공유, 본인이 맡은 업무에 적용하는 활동을 조용하게 진행했다. 오픈 생태계 관점에서 외부 코칭 전문기관(한국코치협회, 코칭펌, 타사 코치)과 지속적으로 교류하면서 외연도 확장했다. 회사가 시켜서 한 것이 아닌 코치 비밀결사대가 자발성을 가지고 사내/외 전문가들을 연결해 상호학습하고 공감대를 만드니 점차 작은 물결이 파도로 전환되고 있음이 느껴졌다. 내공을 축적하는 과정에 많은 시행착오로 좌절한 때도 있었지만, 그때마다 모여 고민을 나눠가며 전 계열사에 혁신을 자기 주도하는 코치가 보통명사가 되는 날이 올 거라는 믿음을 다져나갔다.

이런 노력이 축적되어 어느 정도 성과를 내자 LG 코치스 이야기가 그룹의 경영진에게도 전해졌다. 경영진이 코칭에 대해 긍정적으로 인식하는 계기가 마련되면서 그룹에서도 지원에 나섰다. 그룹 차원에서 코칭 문화 확산을 위한 전담 조직이 만들어졌고, 코칭 확산을 위한 내부 코치 양성 과정이 개설되었다. 리더들 대상의 코칭 리더십 개발 프로그램, 임직원들을 대상으로 내부 코치를 활용한 1:1 코칭, 팀 코칭 프로그램이 개설되어 운영되었다. 개설된 대부분 프로그램은 여전히 자발적으로 참여하고자 하는 의지가 있는 임직원들의 신청을 받아 운영하고 있다. 기존 교육에서는 회사에서 필요로 하는 교육에 대해 대상자를 선발해서 참여시키는 공급자 중심의 접근이 지배적인데, 구성원의 자발적 의사에 기반한 참여를 통해 프로그램을 운용하니 프로그램에 대한 심리적 소유의식도 높고 프로그램의 효과성도 높아졌다. 코칭 프로그램의 효과성이 높으니 이 프로그램을 체험한 사람들이 내는 입소문도 늘고 있다. LG 코치스가 미미하게 시작한 LG에서 코칭을 보통명사로 만들자는 운동이 모닥불에서 들불로 번질 조짐이다.

십자군 소통 vs 목적성과 소통

진성리더들은 자신의 조직이 산성화되어 있는 수준을 고려하며 근원적 변화를 조직의 맥락에 맞게 전파한다. 산성화된 조직에서 혼자 나서서 근원적 변화를 외친다면 바위에 달걀 던지는 행위이다. 진성리더에게 가장 큰 금기사항은 조직 정치가가 되어 십자군 전쟁을 벌이는 것이다. 산성화된 조직 전체를 적으로 삼아 논리적으로 싸우는 전략은 총론에서는 승리하는 것처럼 보여도 변화의 실무와 관련된 각론에 들어가면 항상 패배한다. 조직 전체가 산성화된 경우 근원적 변화를 시도하기 위해서는 총론이 아닌 각론에서 먼저 승리할 수 있는 비밀결사대로 나서야 한다. 비밀결사대가 되어 참호를 파고 급진 거북이 전략 실험이 성공할 수 있는지를 검증해 가며 거둔 성과를 통해 조용히 소통한다.

급진 거북이는 성과로 소통한다. 참호 밖에 울타리를 치고 그 안에서 조용히 사부작사부작 성공시켜 성과에 대해 동료들이 벤치마킹이라는 이름으로 찾아와 배우게 하는 전파 방법을 쓴다. 급진 거북이는 관료제 방식으로 일을 처리하는 관행에 대해 스스로 판단중지하고 일의 목적함수를 다시 정의해서 더 높은 수준에서 최적화를 시도해 프로세스 손실을 줄이고 동시에 프로세스 이득을 증가시킨다. 장기적 관점을 가지고 목표를 목적과 연동해 일하기 때문에 성과를 내지 않을 수 없다. 급진 거북이의 성과가 탁월한 이유는 회사가 잃어버린 사명과 울림이 있는 방식으로 성과를 도출해서다. 사명과 무관하게 벤치마킹이라는 이름으로 낸 성과가 아니라 회사가 잃어버린 목적을 밀알로 삼아 회사의 맥락에 최적화된 고유한 방식으로 성과를 내기 때문이다. 이렇게 만든 성과는 회사의 맥락에 맞게 만든 성과여서 조직 어디에 전파되어도 이질감이나 부작용이 없다. 성과에 대한 소문을 듣고 조직의 다른 부서가 벤치마킹을 하면 조직 여기저기에 모닥불이 번진다. 모닥불이 번져 들불로 일어나기 시작할 때 급진 거북이가 전하고 싶었던 목적 대한 이야기를 꺼내 소통한다.

진성리더십은 리더가 상황에서 답을 찾고 상황에 적응하는 것을 답으로 생각하는 상황 이론(Contingency Theory)이 아니다. 상황을 변화에 더 유리한 맥락으로 만들어 주체적으로 변화를 일구어내는 맥락 이론(Context Theory)이다.[3] 최고의 맥락은 조직이 정한 존재목적에 공명이 있는 방식으로 변화가 전개될 때 생성된다. 진성리더십으로 무장했다 하더라도 목적이 밀알로 발아되어 과일나무로 키우고 여기서 얻은 과일로 소통할 수 있는 맥락을 만들지 못한다면 리더십은 뿌리조차 내리지 못한다. 달걀로 바위치기 하는 결과로 종결된다. 상황을 공허한 메아리가 아닌 존재목적과 울림이 있는 맥락으로 바꾸지 못한다면 주도적 변화는 불가능한 일이다. 최고의 농부는 밭을 탓하지 않는다. 자신에게 맡

3 윤정구 (2015). 『진성리더십』. 라온북스.

겨진 산성화된 밭을 경작이 가능한 밭으로 가꾸는 일에 묵묵히 땀을 쏟을 뿐이다.

리더십 인사이트 | 모닥불이 들불로

모닥불은 기세가 미약할 때는 외풍이 불어오면 꺼지지만 모닥불이 연합을 만들면 외풍이 모닥불들을 모아 들불로 키운다. 들불이 되면 근원적 변화를 위한 노력은 대세가 된다. 관료제로 무장하고 변화에 저항하던 세력도 결국에는 모닥불로 연대한 비밀결사대에게 항복하지 않을 수 없다. 모닥불이 들불로 번지는 현상은 행동경제학의 주제이기도 하다.

노벨 경제학상 수상자인 토머스 셸링(Thomas Schelling, 1921~2016)[4]은 행위자의 미시 동기가 구조적 양극화라는 거시 현상을 만드는 과정을 분절 이론(Model of Segregation)으로 설명한다. 셸링의 행동경제학 이론을 말콤 글래드웰(Malcolm Gladwell)은 티핑 포인트(Tipping Point)[5]라는 더 실용적이고 일반적 개념으로 제시했다. 글래드웰은 상호의존적으로 살아가는 사회를 도미노에 비유해 설명한다. 세상은 작은 도미노가 큰 도미노에 연결되어 있고 도미노가 무너지는 사건이나 계기가 티핑 포인트다. 작은 도미노가 티핑 포인트를 통해 큰 도미노를 무너트

---

4 Schelling, Thomas C. (1969). "Models of Segregation." *American Economic Review*, 59(2): 488-493; Schelling, Thomas C. (1981). *The Strategy of Conflict*. Harvard Business Press.
5 Gladwell, Malcolm (2000). *The Tipping Point*. Little Brown.

리는 현상과 모닥불이 들불로 번지는 현상은 동학적으로 비슷하다.

글래드웰은 모닥불이 들불로 번지는 티핑 포인트를 만들기 위해서는 초기 모닥불이 다음과 같은 세 요건을 충족해야 한다고 설명한다. 소수의 법칙(The Law of the Few), 접착성(The Stickiness Factor), 맥락의 힘(The Power of Context)이다. 소수의 법칙은 파레토 분포의 80/20 법칙처럼 80퍼센트의 들불을 일으키기 위해서는 소수 20퍼센트 마당발의 존재가 요구된다는 설명이다. 접착성은 급진 거북이가 전파하는 이야기의 접착성이다. 이야기에 활력이 넘치고 진정성이 있을수록 뇌에 각인되는 접착성이 높다. 마지막으로 맥락의 힘은 이야기가 외부 환경을 구성하는 맥락에 울림이 있을 때 티핑 포인트로 작용한다는 설명이다.

이야기를 종합해 보면 비밀결사대의 모닥불이 들불로 번지는 티핑 포인트를 만들기 위해서는 변화의 목적지에 대한 믿음이 강한 소수의 급진 거북이의 연대가 요구된다는 것이다. 이들 비밀결사대가 변화를 통해 실현할 목적에 대한 강력한 이야기가 감동을 줄 때 도미노를 무너뜨릴 티핑 포인트가 생성될 개연성이 높다. 마지막으로 목적을 실현한 성과가 요즈음 뉴노멀로 제시되는 ESG, DEI, UN의 지속 가능성, 지구온난화, 2019년 8월 19일 BRT가 선언한 신자유주의 포기선언이라는 공공선을 실현하려는 거시적 맥락과 결합할 수 있다면 더 강력한 티핑 포인트를 만들 수도 있다. 거시적 맥락에서 만들어진 울림은 모닥불을 들불로 키우는 외풍이 되어 되돌아온다. 우리도 광화문 혁명을 통해 초기의 작은 모닥불들이 모여 큰 들불을 만든 사회적 사건을 직접 목격했다.

• 비밀결사대 전략은 조직이 관료제로 산성화되어 있어서 공식적으로 근원적 변화를 시도하기 어려운 상황에서 가동된다.

• 비밀결사대는 자신이 할 수 있는 것, 당장 할 수 있는 것, 가진 것만 가지고 할 수 있는 과제의 범위를 정해 조직의 외압에 방해받지 않고 조용히 변화를 수행할 수 있는 참호를 파고 비슷한 신념을 가진 사람들과 조용히 연대한다.

• 회사의 경영진이 회사 안에 스컹크 웍스의 형태로 비밀결사대 참호를 만들 수도 있고, 회사의 중간관리자급이 연대해 비밀결사대 형태로 만들 수도 있다.

• 비밀결사대가 회사와 소통하는 방식은 이념에 대한 십자군 전쟁이 아니라 목적을 실현한 성과를 통해서다.

• 모닥불과 모닥불이 모여 들불로 전환되는 사례는 티핑 포인트 이론으로도 설명된다. 강력한 티핑 포인트는 목적에 대한 강력한 믿음을 가진 소수의 급진 거북이가 서로 연대해, 목적이 실현되었을 때 상상할 수 있는 성공 체험을 지렛대로 삼아 도미노를 무너트릴 때이다.

12장

동적 역량 전략

인간으로 최고 수준의 지능을 구가할 때는
반대되는 두 극단의 모순을 마음속에 담고
정상적인 생활을 영위해 나가는 것이다.

—피츠제럴드(Francis Scott Key Fitzgerald)

학자들은 현실을 이해하기 위해 현실 중 가장 두드러지게 나타나는 특성들을 부각하고 부수적인 요소를 제거해서 한 축의 양극단에 배치함으로써 개념을 만든다. 예를 들어 변화와 질서의 개념도 변화 쪽을 구성하는 속성들을 부각해서 한쪽에 배치하고 질서쪽의 속성을 조합해 다른 쪽에 배치한 것이다. 변화와 질서는 한차원의 양극에 배치되어 이원론의 토대가 된다. 이런 개념적 양극화는 세상을 이해하는 데는 도움이 될지 모르지만, 더 나은 미래를 만들어가는 일에서는 치명적이다. 변화 관리자가 이원론에 오염되면 현실에서 개인적 선호에 따라 양극단 중 한쪽을 더 가치 있다고 믿고 선택한다. 선택하지 않은 다른 쪽은 없거나 극복할 대상으로 생각한다. 자신이 선택한 쪽을 선택한 사람들은 우군이 되고 다른 쪽을 선택한 사람은 적이 되어 서로를 배격하기 시작한다. 이원론을 받아들인 사람들은 자신이 선택한 현실을 더 공고히 하는 것이 미래라고 믿는다. 자신이 선택한 한쪽을 유일한 현실이라고 믿어가며 반대를 선택한 사람들을 차별하기 시작하면 전체는 분절되기 시작한다. 변화는 고사하고 현실은 반쪽과 반쪽의 싸움터로 전락한다.

개념적 이원론과 현실을 분별하며 양극단으로 배치한 개념을 떼어 데카르트의 좌표에서 x축과 y축이라는 두 독립적 축으로 만들어내고, 이 두 축이 다 높은 지점에 있는 공간을 좌표로 삼아 이 공간을 현실 세상 속에서 구현해 내는 능력을 동적 역량(Dynamic Capability)[1]이라고 부른다. 급진 거북이는 이원론을 벗어나 동적 역량으로 무장해 근원적 변화를 완성한다.

급진 거북이는 학자들이 이원론적으로 나눈 것을 연결해 더 높은 수준에서 수평적으로 통합할 뿐 아니라 수평적으로 통합된 새

1 Eisenhardt, Kathleen M. & Martin, Jeffrey A. (2000). "Dynamic capabilities: what are they?" *Strategic Management Journal*, 21: 1105–1121; Helfat, C.E., Finkelstein, S., Mitchell, W., Peteraf, M., Singh, H., Teece, D. & Winter, S.G. (2007). *Dynamic Capabilities: Understanding Strategic Change in Organizations*, Wiley.

로운 지평이 조직이 정한 존재목적을 위해 협업하는 구조로 작동할 수 있도록 수직적 통합의 지혜도 발휘한다. 변화와 질서, 보수와 혁신, 주변과 중심, 좌파와 우파, 비용과 품질, 자율성과 통제, E이론과 O이론[2], 장기적 성과와 단기적 성과, 외재적 동기와 내재적 동기, 활용과 탐색, 음과 양, 성공과 실패, 레드오션과 블루오션 등등의 이원론은 통합을 위해 사용되는 초깃값이다. 급진거북이는 수평적 통합을 날줄로 수직적 통합을 씨줄로 동적 역량을 구축한다. 근원적 변화의 실패는 수평적 통합과 수직적 통합을 달성하지 못한 상태를 의미한다.

시바 비전

시바 비전(Ciba Vision)은 제약회사 노바티스(Novartis)의 한 부문으로 시각과 관련한 안경렌즈, 콘택트렌즈 등을 개발하고 그와 관련된 약품도 개발해서 판매하고 있다.[3] 시바 비전은 1980년대에 최초로 다초점렌즈를 개발해 판매하기도 했다. 탄탄했던 회사가 시장의 변화를 따라잡지 못하는 동안 시장에서 지배력을 확장해 가고 있는 존슨앤존슨(J&J)에 밀려 시장에서 퇴출당할 위기에 봉착했다. 고객과 시장의 흐름을 먼저 읽은 J&J는 일회용 콘택

---

2 Beer, Michael & Nohria, Nitin (2000). *Breaking the Code of Change*. Harvard Business Review Press.

3 O'Reilly III, Charles A. & Tushman, Michael L. (2004). "Ambidextrous Organization." *Harvard Business Review*, April.

트렌즈까지 개발해 시장의 돌풍을 일으키고 있어서 전통적 콘택트렌즈만 판매하던 시바 비전은 더욱 궁지에 몰렸다.

사업을 매각하라는 압력에도 CEO였던 글렌 브래들리(Glenn Bradley)는 이사회를 설득해 회사를 기사회생시키는 전략적 모험을 감행한다. 브래들리는 회사 제품 포트폴리오에 근원적 변화를 담은 6개의 신규 프로젝트를 시행했다. 그중 한 개는 일회용 콘택트렌즈에 관련한 프로젝트였고, 또 한 개는 새로운 안경렌즈와 관련된 프로젝트였고, 두 개는 제조공정에 관련된 프로젝트였다. 자금도 일반 렌즈에 관련된 자질구레한 R&D 예산을 중지하고 모두 신규 프로젝트에 투입했다. 신규 프로젝트를 수행하는 조직의 사무실을 본사와는 다른 장소로 분리했다. 신규 프로젝트가 기존 프로젝트 직원에 의해서 저항받는 것을 사전에 방지하기 위해서다. 자금, 예산, HR도 독립시켜 독자적인 자회사처럼 운용하도록 했다. 일터의 문화도 소통이 자유로운 수평적 문화를 개발하도록 독려했다. 브래들리가 직접 나서서 도전적 프로젝트에 대한 위험을 뚫고 기회를 창출할 수 있는 임원급 리더를 직접 선발해서 배치했다.

브래들리는 신규 프로젝트를 담당하는 회사를 독자적인 회사처럼 운영하게 하는 동시에 기존 비즈니스에서 축적된 전문성과 자원을 유연하게 지원받는 구조로 운영했다. 기존 사업부와 새로운 사업부의 수평적 통합을 해낼 수 있는 헌터(Adrian Hunter)를 신규 사업부의 수장으로 임명했다. 헌터는 기존 사업과 신규 사업 모두를 잘 이해하고 있고, 회사에 광범위한 임원 네트워크를 가지고 있었다. 기존 사업과 신규 사업을 연결해 회사 전체의 생존을 위해 협업하게 만들 수 있는 적임자였다. 실제로 헌터는 브래들리와 긴밀하게 소통해 가며 두 사업 부문의 갈등을 효과적으로 조정했다. 회사의 인센티브 시스템도 자신의 부문을 넘어 회사의 성공에 협업으로 이바지하는 정도와 연동시켰다.

브래들리가 마지막으로 공들인 작업은 두 사업 부문을 수직적으로 통합할 수 있는 새로운 시바 비전의 사명이다. 구성원들과 워크숍을 통해 고객이 '평생 건강한 눈(Healthy Eyes for Life)'을 지킬 수 있도록 시바 비전이 책임지겠다는 사명 선언문을 도출했다. 사명 선언문은 자신들이 이윤을 넘어 고객의 눈에 대한 아픔을 해결하기 위해 존재한다는 점을 부각해 신규 사업과 기존 사업 간 분열될 수 있는 역할과 임무의 수직적 통합에 기여했다.

사명을 반드시 완수해 회사를 살려야 한다는 절체절명의 위기의식과 사명을 중심으로 통합된 두 사업부의 협업에 힘입어 신제품이 지속해서 출시되었고 시장에서 좋은 반응을 얻기 시작했다. 3억 달러에 정체되었던 매출은 10년이 지나자 10억 달러로 치솟았다. 결국 J&J가 지배하던 시장의 상당 부분을 다시 가져오는 데 성공했다. 시장으로부터 동적 역량이 있는 회사로서의 명성을 인정받아 회사의 주가도 우상향 곡선을 그리고 있다.

시바 비전은 기존 사업을 효율적으로 운용하여 현금 창출원을 만들어내는 활용(Exploitation)과 신사업으로 미래의 먹거리를 만들어내려는 탐색(Exploration) 중 하나를 양자택일로 선택하지 않고 두 축을 독립적 축으로 생각해 통합에 성공한 양손잡이 조직(Ambidextrous Organization)의 사례다. 시바 비전은 두 사업부를 독립적 축으로 세우고 두 사업부가 지향하는 가장 높은 지점을 교차해 수평적 통합을 달성했고 수평적 통합을 통해 확보된 탐색과 활용 역량이 시바 비전의 사명을 위해 협업할 수 있도록 수직적 통합에도 성공했다.

수평 호칭의 곤경

실리콘밸리발 수평적 문화에 고무된 최근 한국 기업에서 '호칭 파괴' 바람이 거세다.[4] 전통적인 직급과 호칭 대신 수평적이고 비공식적인 호칭을 사용하여 조직문화를 개선하려는 움직임이다. 이 변화는 삼성전자, CJ그룹, 현대차그룹, SK뿐 아니라 카카오, 네이버 등 IT 대기업을 거쳐 중소 중견기업에 이르기까지 대한민국 기업의 신규범으로 자리 잡았다. 심지어 최근 오너리스크를 일으켜 매스컴을 장식하고 있는 위메프도 호칭 파괴의 선두에 섰던

---

4 김경민 기자. "MZ세대 잡는다-계급장 떼고 수평 호칭." 『매경 Economy』. 2023.2.17; 변상근 기자. "네이버, '책임리더' 호칭 없앤다, 수평적 조직문화 구축." 『전자신문』. 2024.4.4; 고승연 & 김광현. "공유와 신충헌을 통해 몰입도 높은 수평조직 만들다: 카카오 조직문화." 『동아비즈니스리뷰』. 244호(2018.3. Issue 1호).

회사였다.

삼성전자는 '이름+님'이나 영어 이름, 이니셜을 사용하는 '수평 호칭' 제도를 도입했다. 예를 들어, 이재용 회장은 'JY'나 '재용님'이라고 부른다. CJ그룹은 이미 2000년부터 직급 호칭을 없애고 모든 직원을 '님'으로 부르고 있다. SK와 현대차그룹도 2019년부터 직급을 '매니저'와 '책임 매니저'로 단순화했다. 카카오는 2010년 9월 회사명을 카카오로 변경하고 '님'자조차 쓰지 못하도록 모두가 영어 이름을 의무적으로 만들어 부르도록 했다. 김범수 씨도 회장님이 아니라 그냥 브라이언(Brian)이다.

왜 수평 호칭을 채용하는지를 묻는다면 회사는 변화가 상수가 된 시대에 맞게 수평적 문화를 통해 소통을 활성화하고 의사결정을 신속하게 하기 위함이라고 답한다. 이런 눈물겨운 노력을 기울이며 수평 호칭을 도입한 기업에 정말 수평적 문화가 신장되었는지 내부 직원들에게 물어보면 답이 긍정적이지는 않다. 직급을 단순화하거나 보상과 평가를 비롯한 실질적 제도적 수평화가 실현되지 않은 상태에서 호칭만 바꾼다면 무늬만 수평적 문화인 회사로 전락한다.

한국 기업들이 수평적 문화를 만드는 데 해결하지 못한 더 근본적 문제는 이원론의 한계를 극복하지 못하는 것에서 파생한다. 모든 문화와 제도가 다 수평적으로 통합되어 있다고 수평적 소통이나 신속한 의사결정이 저절로 따라오지는 않는다. 설사 수평적 통합이 완벽하게 달성되어도 통합된 운동장이 조직이 정한 공유된 존재목적을 위해 통합되는 수직적 통합이 완성되지 못하면 신속한 열린 소통과 의사결정을 위한 동적 역량이 사라진다.

수직적 통합 없이 수평적 통합만으로 근원적 변화를 달성할 수 있다고 생각하는 것은 최고의 자동차를 만든다면서 세상에 존재하는 최고의 회사에서 자동차의 부품을 수입해서 조합하는 것과 비슷하다.

험지 주행을 위한 4동 구륜 시스템은 랜드로버에서 빌려오고, 운전대 설계는 포르쉐, 엔진 시스템은 페라리, 연비 시스템은 토요타, 자동차의 내장 디자인과 승차감을 위해서는 롤스로이스, 전자장치는 마세라티, 동력전달장치는 람보르기니, 브레이크는 볼보, 감성적 디테일은 벤츠 마이바흐 S클래스, 배기장치는 벤틀리에서 빌려와 조합한다고 최고의 자동차를 만들 수 있는 것은 아니다. 최고의 자동차는 고사하고 중급 수준에도 도달하지 못하는 뻔한 차가 만들어진다. 차의 존재이유를 설명하고 각 부품을 존재이유에 맞게 통합해 주는 철학이 반영된 브랜딩이라는 수직적 통합을 달성하지 못했기 때문이다.

조직도 마찬가지다. 최고의 관행들을 모두 벤치마킹해 와서 회사를 최고의 일터로 만들어도 이런 수평적 운동장이 회사의 존재목적에 대한 약속을 실현하는 구조로 동원되는 수직적 통합이 없다면 초일류는 고사하고 최고의 관행은 편자일 뿐이다. 조직의 존재목적이 거버넌스의 중심으로 작용해 수직적 통합이 없다면 다양하게 전문화된 역할을 최적화하는 실질적 협업이 불가능하다. 아무리 뛰어난 스타급 전문가들이 모여 있어도 이들로 하여금 존재목적을 위해 자발적 협업을 가능하게 만드는 수직적 통합이 없다면 이들에게 제공하는 비싼 임금은 그저 밑 빠진 독에 물 붓기다.

마찬가지다. 수직적 통합이 가능한 회사는 굳이 호칭을 영어 이름으로 부르지 않더라도 직급 차이를 극복하고 조직이 정한 목적 실현을 위해 자발적으로 협업한다. 직급은 대리나 과장이라 하더라도 사장처럼 내면화한 존재목적을 중심으로 사장급 대리, 사장급 과장, 사장급 부장으로 책무감을 가지고 협업한다. 설사 회사가 위계 관료제 구조로 일해도 수직적 통합이 되어 있다면 관료제의 장점을 최대한 활용해서 목적을 실현하는 수단으로 동원한다.

대한민국 기업들이 고민하는 수평적 소통과 신속한 의사결정의 문제는 호칭과 수평적 통합으로 해결할 수 있는 문제가 아니다. 모든 경영, 제도, 문화의 이원론적 요소를 분해해 실현한 수평적 통합도 불완전하지만, 수평적으로 통합한 요소들이 목적을 위해 협업하는 구조로 만드는 수직적 통합이 안 되었기 때문이다. 수직적 통합을 가능하게 만드는 목적에 대한 진정한 헌신의 부재가 문제의 근원이다.

한국에서 이런 수평적 호칭을 가장 먼저 사용한 카카오가 존재 목적을 잃고 헤매는 동안 회사에서 영어 이름과 문화적 통합의 기치로 내건 '신충헌(신뢰, 충돌, 헌신)'이 각 계열사에서 각자도생을 위한 토굴을 파는 도구로 전락했다. 최근 논란의 중심에 선 위메프도 마찬가지다. 경영진이 존재목적을 상실해 수직적 통합의 구심점을 잃으니 회사를 위한 최소한의 협업 비용이 치솟았고 결국 도산했다. 최근에는 수평적 호칭이 오히려 장애로 작용한다고 판단하고 다시 옛날로 돌아가는 기업도 늘고 있다. KT, 포스코, 한화그룹이다.

직조복제

사람들은 논리의 세계와 실제의 세계를 혼동한다. 이런 혼동 때문에 이론적 주장을 기반으로 실제에서도 이것 아니면 저것이 맞는다는 이원론적 입장을 견지한다. 모든 근원적 변화는 이율배반적으로 나눠놓은 것을 다시 통합할 수 있는지에 달렸다. 논리의 세계는 지식의 세계이지만 현실은 이 나눠진 논리를 시대의 지평에 맞게 통합하는 지혜의 세계다. 논리로 분절시킨 세상의 한쪽을 자신의 땅이라고 선언하고 진영논리를 펴가며 상대 땅도 자신의 논리에 동질적인 대상으로 포섭하려 노력하는 사람들은 정치가이지 리더나 경영자는 아니다.

이율배반적인 모순을 결합하는 천재성(genius of both)은 타협이나 평균과는 다른 개념이다. 타협이나 평균은 단일 차원을 이야기하지만, 이율배반적인 모순을 결합하는 천재성은 두 개의 독립된 차원을 가정한다. 독립적 차원이어서 두 차원이 다 높을 수도 낮을 수도 있고, 하나만 높고 하나는 낮을 수도 있다. 직조복제(Weaving Isomorphism)란 x축과 y축의 다름을 인정하고 이 다름의 차이를 교차해서 이 차이를 더 높은 차원에서 연결할 수 있는 새로운 지평을 가진 태피스트리로 만드는 작업이다.[5] 직조복제에 의한 통합은 음과 양을 합해 회색을 만드는 것과 다르다. 직조복제는 음과 양을 한 축의 양극단이 아니라 음과 양이라는 독자적 축으로 설정하고 음과 양이 다 높은 지점에 수평적으로 통합된 평평한 운동장을 세우는 작업이다. 다양한 차원이 존재할 경우 같은 원칙에 따라 N차원의 직조복제를 통해 수평적 운동장이 만들어진다.

예를 들어 동적 역량을 구축한 급진 거북이는 기업이 단기적 이윤과 장기적 이윤을 고민할 때 두 이윤의 양극단이라고 생각하지 않고 단기적 이윤을 x축, 지속 가능한 이익인 장기적 이익을 y축의 독립적 축이라고 가정한다. 한 축의 양극단이라고 생각

---

5 무거운 물건을 들어 올릴 때 사용하는 집게손가락 그리퍼의 원리도 직조복제다. 그리퍼는 PET 플라스틱 띠를 직조해 만든다. 이렇게 만들어진 그리퍼의 무게는 130그램 정도지만 자기 무게의 770배인 100킬로그램 이상을 들어 올릴 수 있다. 윤정구 (2022). 『초뷰카 시대 지속가능성의 실험실: 애터미』. 21세기북스; Smith, Wend K. & Lewis, Marianne W. (2022). *Both/And Thinking*. Harvard Business Review Press.

하면 그림 12-1의 데카르트 공간에서 y를 주장하는 사람들은 y가 100이고 x가 0인 세상이 바람직하다는 믿음을 가질 것이고 x를 주장하는 사람들은 x를 100으로 y를 0으로 하는 세상이 바람직하다는 믿음을 가질 것이다. 이 두 믿음으로 자신의 견해만 주장할 때 결국 상대를 힘으로라도 제압해야 한다는 위험한 생각에 도달한다.

단기적 이익과 장기적 이익을 x축 y축을 구성하는 두 독립적 축으로 고려하면 해법은 달라진다. 단기적 이익은 분기마다 산출되고 다시 원점으로 재시동되는 것이 아니라 앞 분기 이익이 다

그림 12-1. 직조복제와 동적 역량

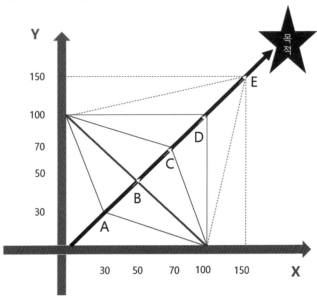

음 분기 이익에 영향을 미치는 관계로 분석된다. 분기와 분기가 차례로, 구슬로 꿰어지듯 연결되어 결국은 장기적 이익이라는 멋진 목걸이를 만들어가는 관점이 된다.

매 분기 원위치하는 단기적 이익이 아니라 앞 분기의 이익이 다음 분기의 이익에 영향을 미치는 관점에서 생각하다 보면 분기마다 달성하는 이익의 목표가 다음 분기 목표를 더 잘 달성하기 위한 학습 과정으로 받아들여진다. 설사 전 분기에 목표를 달성하지 못해도 여기서 얻은 실수를 지렛대로 삼아 그림 12-1에서 A 지점에서 B 지점으로, B 지점에서 C 지점으로 조금씩 이동해가며 결국은 E 지점에 도달해 단기적 이익과 장기적 이익이라는 두 마리 토끼를 잡는다.

경영전략에서 이런 직조를 통해 찾아낸 지점인 A, B, C, D, E 지점을 리처드 루멜트(Richard Rumelt) 교수는 크럭스(Crux)라고 부른다.[6] 크럭스를 정의해 내고 이 정의에 따라 이런 상태를 만드는 과정에서 찾아낸 C, D, E를 통해 선점한 시장을 김위찬 교수는 블루오션 전략(Blue Ocean Strategy)이라고 칭했다.[7] 예를 들어 전략을 가격 경쟁력에서 이기는 것을 선택하는 가격전략, 품질로

---

6 Rumelt, Richard (2022). *The Crux: How Leaders Become Strategists.* PublicAffair; Atsmon, Yuval. "Why Bad Strategy is a Social Contagion?" *MaKinsey & Company Journal,* 2022. November 2.

7 Kim, W.C. & Mauborgne, R. (2004). *Blue Ocean Strategy: How to Create Uncontested Market Space and Make the Competition Irrelevant.* Boston: Harvard Business School Press.

승부하는 고가전략 중 하나를 선택하는 개념으로 실행할 때는 피터지는 싸움터인 레드오션을 벗어나기 힘들다. 가격과 품질을 x축과 y축으로 설정하고 두 축이 다 높은 지점인 E의 시장을 실현할 때 비로소 레드오션을 벗어나서 당분간 경쟁이 없는 블루오션을 선점한다.

선승구전에서 소개한 애터미도 가격과 품질이 직각으로 만나는 크럭스를 찾아내고 이 크럭스를 실현할 수 있는 제품을 만들어 성공했다. 애터미가 실현한 크럭스 전략은 절대품질 절대가격 전략이다.[8] 어떤 제품을 생산할 때 가장 낮은 가격으로 생산할 수 있고 낮은 가격이지만 제품의 품질에서는 최고의 수준을 점할 수 있는 제품에 집중하는 전략이다. 애터미의 주력 상품인 헤모힘과 앱솔루트 화장품은 이런 크럭스 전략을 실현해서 절대가격과 절대품질을 교차해 두 차원이 모두 높은 차원을 찾아냈다. 이렇게 발견한 비즈니스 공간을 회사의 존재목적이라는 끌개를 이용해서 다시 끌어 올려 네트워크 마케팅 산업의 블루오션을 선점했다. 마찬가지로 단기적 이익과 장기적 이익을 한 축으로 생각하는 관점에서 벗어나는 순간 구성원들도 단기적 이익만을 달성하는 시시포스의 돌 굴리기에서 해방된다.

x축과 y축을 직조해 고유한 태피스트리를 만드는 작업이 수평

---

8 애터미 주식회사 (2021). 『애터미 DNA』. 중앙북스.

적 통합이다. 수평적 통합에서 상대적으로 자신에게 더 중요한 요소가 씨줄이고 상대적으로 덜 중요한 요소가 날줄로 배치된다. 혹은 필요조건으로 생각하는 요인은 날줄이고 충분조건으로 규정되는 요인은 씨줄이 된다. 직조복제를 통한 동적 역량을 확보하기 위해 두 축을 협업하게 만드는 끌개를 이해해야 한다. 수평적으로 통합된 x, y를 존재목적이라는 끌개를 통해 다시 수직적으로 통합해 둘이 서로 협업할 수 있을 때 동적 역량의 근력을 얻는다. 기업이 단기적 이윤도 포기하지 않고 이를 통해 지속 가능한 장기적 이윤도 포기할 수 없는 고유한 존재목적이 없다면 그래프 상에서 직조복제를 통해 도달할 수 있는 지점은 B까지다. 시바 비전에서 신사업과 기존 사업이 모두 성공할 수 있었던 이유도 이 두 사업 부문을 통합해 줄 수 있는 제3의 실체인 새로운 존재목적에 근거한 사명이 큰 역할을 해서다.

많은 기업에서 다양성을 주장하기는 하지만 이 다양하게 이입된 차원들을 통합하고 수렴하는 기업의 이유를 제시하지 못해서 결국 구호로 끝나는 경우가 많다. 남성과 여성, X세대와 Z세대, 지연, 혈연, 학연의 차원이 각각 독립적인 차원으로 수평적 통합에 성공해도 이들이 조직의 존재목적을 위해 협업하게 만드는 수직적 통합에 성공하지 못한다면 그냥 사공이 많은 배로 전락한다. 수직적 통합이 없다면 오히려 다양성 없이 동질적인 사람들이 일사불란하게 움직이는 조직이 더 효율적이다. 기업의 존재목적을 중심으로 다양한 차원들을 모아 수직적 통합에 성공한다면 자신의 차원이 최고라고 주장하며 다른 차원을 가진 사람들을 혐오하고 동질성으로 포획하려는 시도는 자연스럽게 사라지고 모든 다양한 구성원이 목적을 중심으로 협업하는 운명 공동체가 된다.

100년 기업으로 지속 가능한 기업이 된다는 것은 지금 인력 사이에 존재하는 다양한 차이를 직조복제를 통해 연결하는 수평적 통합과 목적을 기반으로 직조복제 운동장을 끌어 올림을 통해 남들이 따라올 수 없는 존재우위의 차이를 만드는 수직적 통합을 달성하는 것을 의미한다. 수평적 통합은 변화를 위해 경계를 확장하는 원심력을 달성하게 만든다면 수직적 통합은 원심력을 다시 조직의 존재목적이라는 구심력을 향해 통합되게 만든다. 원심력과 구심력을 모두 갖춘 역량이 동적 역량이다. 지속 가능한 100년 기업은 다양성으로 이입된 차이를 없애 경쟁우위를 만들고 공동의 운명을 실현하는 협업을 통해 존재우위에서 차이를 만드는 일 모두에 능수능란한 기업이다. 경쟁우위와 존재우위를 직조해 자신만의 고유한 태피스트리를 만든 기업이 100년 기업이다. 이들이 시간의 검증을 통과하며 100년 기업으로 태어나는 원리는 다양성에 대한 수평적 통합과 시간의 통합인 수직적 통합에 성공해 동적 역량을 구축했기 때문이다.

예술가들은 다른 사람이 모방할 수 없는 자신만의 고유함을 만드는 사람들이다. 예술가와 대립하는 성향이 있는 사람이 과학자다. 과학자들은 다른 사람이 충분히 모방할 수 있는 것을 만드는 사람들이다. 우리는 다른 사람의 삶을 제대로 모방해서 단시간에 성장해야 할 이유도 있고 다른 사람들이 감히 모방할 수 없는 존재로 자신을 만들어내야 하는 예술가의 의무도 있다.

한 개인이 가진 삶의 성숙도는 예술과 과학의 문제를 자신의 삶에 적용할 때 양자택일이 아닌 직조복제의 관점을 취할 수 있는지에 따라 결정된다. 둘 사이를 교차시켜 서로가 높은 지점에서 새로운 태피스트리를 만들 수 있는 사람이 예술적이기도 하고 과학적이기도 하게 삶을 성숙시킨 사람이다. 이런 사람들은 과학적으로 업데이트한 객관적 사실을 자신의 배경으로 삼아서 자신의 삶을 예술 작품으로 만든다. 과학이 가르쳐준 값을 삶의 초깃값으로 삼아서 이 초깃값을 발전시켜 자신만의 예술 작품인 태피스트리를 만들어낸다.

과학에만 머무르는 삶은 우리 삶을 보통명사로 진부화한다. 과학자로서 베끼는 삶은 누구에게나 요구되는 필요조건이지만 여기에 머무른다면 삶의 충분조건을 만들어내지 못한다. 예술의 대가들도 모두 따지고 보면 과학자로 베끼는 삶에서 시작해서 자신만의 태피스트리를 만든 사람들이다. 급진 거북이도 변화를 위한 자신만의 고유한 태피스트리 직조자이다. 급진 거북이에게 존재를 위해 발 딛고 서 있는 현실과 과학이 지배하는 세상은 날줄이고 자신의 존재를 구현하기 위해 찾아낸 예술의 세상은 씨줄이다. 급진 거북이도 날줄에 씨줄을 직조해 자신만의 무늬가 담긴 태피스트리를 만든다.

우리는 예술가의 삶과 과학자의 삶이라는 이원론으로 분절된 삶을 벗어나지 못하고 있다. 과학자처럼 효율적으로 모방하려는 욕망은 생존의 문제를 결정하는 누구에게나 보편성의 문제이고 삶의 시작점이다. 객관적 사실을 받아들이고 제대로 모방하지 못한다면 삶 자체가 위태롭다. 하지만 모방에만 멈춰선 삶은 자신이 대체 불가능한 존재임을 입증하지 못한다. 자신이 배우고 익힌 경쟁우위를 가진 모든 역량과 지식과 경험을 자신의 존재목적을 실현하는 예술가의 삶에 동원해 자신만의 고유한 태피스트리를 완성할 수 있어야 존재우위가 확보된 삶을 산다. 스티브 잡스가 애플이라는 회사에 대해 기술(과학)과 인문(예술)을 직조해 만든 태피스트리라고 설명한 이유다. 씨줄만 있거나 날줄만 있는 삶을 통해서는 근원적 변화에 도달하지 못한다.

학습 포인트 요약

• 동적 역량은 이원론을 극복하는 수평적 통합과 수평적으로 통합한 것을 조직의 존재목적과 다시 수직적으로 통합해 변화의 근력을 최대로 끌어올리는 역량이다.

• 수평적 통합은 사람들이 한 변수를 논리로 이원화해 양자택일로 삼는 경향에 대항해 두 개의 독립적 X축 Y축으로 나누고 이 두 축이 다 높은 지점을 찾아

직조복제하는 방식이다.

• 수직적 통합은 수평적으로 통합된 운동장의 목적을 중심으로 통합해서 요소들이 목적을 중심으로 협업하는 것이 가능하도록 해주는 작업이다.

• 직조복제는 태피스트리를 만드는 과정으로도 비유된다. 상대적으로 더 중요한 요소는 씨줄로 상대적으로 덜 중요한 요소는 날줄로 배치된다. 날줄은 태피스트리를 구성하기 위한 필요조건이고 씨줄이 충분조건이다.

• 기업의 다양성 운동은 성별, 나이, 지연, 가족 배경, 학벌 등을 수평적으로 통합하는 것을 넘어서 이렇게 통합된 운동장을 다시 조직의 존재목적으로 통합하는 수직적 통합을 달성해야 온전하게 전개된다.

• 급진 거북이는 과학과 예술을 날줄과 씨줄로 통합하여 고유한 태피스트리를 만들고 이 태피스트리를 존재목적의 끝개로 끌어올려 공진화시키는 리더다.

Part 4

근원적 변화의
심화 원리

13장

지도술사의 나침반

생각하면 할수록 놀라움과 경건함을 주는 두 가지가 있으니,

하나는 내 위에서 항상 반짝이는 별을 보여주는 하늘이며,

다른 하나는 나를 항상 지켜주는 마음속의 도덕률이다.

—칸트(Immanuel Kant)

세상은 우리 생각의 반영이다.

생각을 바꾸지 않고는 세상은 바뀌지 않는다.

—아인슈타인(Albert Einstein)

세상이 변화하면 이에 맞춰 새로운 지도를 그려내는 지도술사 역할이 급진 거북이가 해야 할 또 다른 중요한 책무다. 진성리더는 과거에서 현재에 이르는 길을 업데이트해서 정신모형 I이라는 지

도를 만들어내고 미래에서 현재로 이르는 길을 가늠해 정신모형 II라는 지도를 만들어 현재에 초점을 두고 두 개의 지도를 연결한다. 정신모형 I을 통해 업데이트된 길은 오래된 새 길이고, 정신모형 II를 통해 미래에서 현재로 이은 길은 미리 가본 새 길이다. 끊임없이 변화하는 세상에 맞춰 매번 지도를 다시 그려내는 작업은 고통스러운 도정이다. 리더가 지도 작업을 게을리해 낡은 지도에 의존해 길을 나서면 따라나선 구성원들은 넘어지고 쓰러지고 구덩이에 빠지고 가던 길을 되돌아와야 하는 고생을 반복한다. 실수와 실패를 벗어나지 못하는 고통도 해상도가 떨어지는 낡은 지도를 가지고 삶의 여정을 걸어온 죗값이다.

세상이 달라졌는데 오래전에 그렸던 정신모형 I 지도로 세상을 항해한다면 시각장애인 상태를 벗어나지 못한다. 쇼펜하우어는 『의지와 표상으로서의 세계』[1]에서 지도에 해당하는 표상이 세상의 본질에 해당하는 의지를 반영해 업데이트되지 못해 겪는 모든 어려움이 고통의 원천이라고 규정한다. 우리가 고통에서 벗어나지 못하는 것은 변한 세상에 맞는 해상도가 뛰어난 지도를 그려내고 업데이트하지 못했기 때문이다. 해상도가 떨어지는 잘못 그려진 지도를 가지고 길을 가다 보니 헤매기도 하고, 가끔은 허공을 길이라고 믿고 걷다가 실족해서 떨어지기도 한다. 구토가 나

1 쇼펜하우어 (2016). 『의지와 표상으로서의 세계』. 김진 역. 세창미디어.

고 현기증이 일고 정신이 혼미해진다. 쇼펜하우어는 잘못 그려진 지도에도 불구하고 지도를 고치기보다는 지금까지 살았던 방식을 고수하며 더 열심히 살 때 고통은 배가된다고 설명한다. 과거와 미래가 현재로 이어지는 해상도 높은 지도를 그려내는 진성리더들도 매번 새로운 지도를 그려내야 하는 고통을 벗어날 수는 없다. 진성리더는 지도에 대한 개념이 없이 사는 일반 사람들의 고통을 겪지는 않는다.

특히 변화와 위기가 상수가 된 초뷰카 시대는 능력이 있는 사람도 변화를 따라잡을 수 없을 정도로 급하게 돌아간다. 과거에 아무리 뛰어난 역량을 가지고 승승장구하는 삶을 살았더라도 어느 시점에서는 모두 길을 놓친다. 초뷰카 시대의 실존은 길 잃음이다. 기업, 사회, 국가도 마찬가지다. 무서운 것은 길을 잃었음에도 마치 길을 잃지 않은 사람으로 위장하고 살다가 숨겨진 싱크홀이나 절벽의 나락으로 떨어진다는 사실이다. 초뷰카 시대를 사는 진성리더는 길을 잃었음을 인정하는 용기를 가진 사람이다. 길을 잃었음을 고백하고 인정하는 용기를 가진 리더만이 겸허하게 변화한 지형에 맞는 지도를 다시 그린다.

"측량을 배운 사람이라면 누구에게나 그런 욕망이 존재한다. 자신의 몸으로 세계를 재어보려는 욕망 말이다. 그런 탓인지, 어느 틈엔가 나는 모든 상황을 내 몸으로 이해하지 못하면 불안감을 견디지 못하는 종류의 인간이 돼버렸다. 하지만 측량의 세계에 더 깊이 빠지면 빠질수록 '노력하는 한, 인간은 잘못을 범한다'라는 괴테의 말을 이해해야만 한다는 걸 깨닫게 된다. 측량의 세계에는 근사치만 있지, 참값은 존재하지 않기 때문이다. 요컨대 측량이란 완전해지지 않으려는 태도를 익히는 일이다. 자기 몸으로 세계를 재어보면 분명 참값을 경험할 수 있지만, 그것을 도면으로 옮길 때는 참값을 포기해야만 한다."[2]

지도술사의 나침반

리더로서 길을 잃었다는 것을 인정했을 때 필요한 도구가 나침반이다. 나침반은 영구자석이 남극과 북극을 가리키는 성질을 이용해 지구 위에서 방위를 알아내는 데 사용하는 도구다. 배나 비행기의 진로를 측정하거나 측량할 때도 사용한다. 항해 지도를 그리기 위한 물리적 나침반도 있지만 우리는 인생의 행로를 그리기 위한 내면의 나침반을 운용한다.

---

2   김연수 (2016). 『밤은 노래한다』. 문학동네. pp.57-58.

나침반의 기능은 전반적 방향을 알려주는 것이지만, 더 중요한 기능은 길 잃은 지점의 좌표를 정확하게 찾아주는 역할이다. 길 잃은 지점의 좌표를 정확하게 잡아내야 그 좌표를 중심으로, 눈으로라도 제대로 지도를 그려낼 수 있다. 누구든 지도가 있어야 여정을 시작할 수 있다. 실수도 잘못된 지도에 대한 믿음이 있어야 할 수 있다. 지도가 없다면 아무 행동도 할 수 없이 속수무책으로 주저앉을 운명이다. 그러나 나침반만 제대로 작동된다면 이런 황당한 상황을 걱정할 이유가 없다. 길을 잃었다는 것만 인정하면 나침반을 이용해 언제든 길 잃은 지점을 다시 찾아낼 수 있다. 길 잃은 지점의 좌표를 알아내면 그 지점을 중심으로 혼자 혹은 구성원과 협업해서 새로운 지도를 그려낼 수 있다. 길 잃었음을 인정하는 용기와 나침반만 있다면 리더들은 미래를 두려워할 이유가 없다. 진성리더의 근원적 자신감(Unconditional confidence)은 길 잃었을 때 길 잃은 지점의 좌표를 찾아낼 수 있는 살아 있는 진짜 나침반을 가지고 있다는 믿음에서 온다.

오랫동안 자신의 지도를 업데이트하지 못한 사람들도 지도를 업데이트해야 할 시점은 실패했을 때보다는 성공했을 때이다. 실패 경험은 억지로라도 지도를 업데이트하게 하지만 성공은 지도를 업데이트할 필요성을 부인하여 변화하는 세상에 점점 대응하지 못하게 만든다. 젊었을 때 엄청난 통찰력으로 영향력을 행사하던 리더들이 나이가 들어서는 현실과 너무 동떨어져 기시감까지 느껴지는 언사를 공공연히 하여 사람들을 어리둥절하게 하는 것도 그런 까닭에서다. 성공에 취해 오랫동안 지도를 업데이트하지 못했고 결국 자신이 만든 지도의 감옥에 갇힌 삶에서 벗어나지 못했기 때문이다. 성공을 계속하고도 지도를 업데이트하지 않으면 결국 낡은 지도는 자신을 가두는 감옥이 된다.

급진 거북이는 자신과 자신이 이끄는 조직에 실패, 성공, 각성, 고난 등등 사건을 경험할 때마다 자신의 나침반을 꺼내놓고 과거와 미래를 현재와 다시 연결하는(Connecting dots) 지도술사 작업을 수행한다. 급진 거북이는 세상에 대한 개입이 끝나는 시점까지 이런 N번의 지도 작업을 통해 지도를 업데이트하는 데 성공해 종국에는 자신들이 약속한 목적지에 도달해 여정을 마무리하는 영광을 누린다.

리더십 인사이트 | 떨리는 지남철 ―민영규

북극을 가리키는 지남철은 무엇이 두려운지
항상 그 바늘 끝을 떨고 있다.
여윈 바늘 끝이 떨고 있는 한 그 지남철은
자기에게 지니워진 사명을 완수하려는 의사를
잊지 않고 있음이 분명하며

바늘이 가리키는 방향을 믿어서 좋다.

만일 그 바늘 끝이 불안스러워 보이는 전율을 멈추고

어느 한쪽에 고정될 때

우리는 그것을 버려야 한다.

이미 지남철이 아니기 때문이다.[3]

진북과 진남

진성리더십에서는 리더가 운용하는 내면의 나침반 극성을 진성
(眞性)이라고 부른다. 진성의 극성을 가진 나침반도 일반 나침반
처럼 진북(True North)[4]을 향하는 플러스극과 진남(True South)을
찾아 향하는 마이너스극이 있다. 플러스극과 마이너스극이 교류
해 자기장을 가진 에너지 공간을 만든다. 나침반의 북극은 진성
리더가 찾아낸 자신의 존재목적이고, 남극은 진성리더가 품고 있
는 자기 긍휼(Self-Compassion)이다. 세상은 끊임없이 변화하기
때문에 이 내면의 나침반은 세상의 진북과 진남을 찾아 소통하고
피드백을 조율하는 과정에서 끊임없이 떨린다. 떨림이 멈춘 나침
반은 죽은 나침반이다. 떨림이 멈추었다는 사실은 나침반이 진북

---

3 역사학자이자 시인 민영규의 『예루살렘 입성기』(1976)에 나오는 글 중 다음에서 재인용. 신영
복 (2015). 『담론』. 돌베개.
4 목적을 나침반의 진북으로 설명하는 대표적 학자는 하버드 대학교 교수이자 기업인 빌 조지
다. George, Bill (2007). *True North: Discover Your Authentic Leadership*. Jossey-Bass.

과 진남을 찾는 노력을 중지했음을 뜻한다. 리더가 죽은 나침반을 가지고 있음에도 이것을 속이고 마치 살아 떨리는 나침반을 가진 것처럼 연기한다면 이는 유사리더다. 진성리더의 진정성은 리더의 나침반이 살아 있는지 아닌지에 있다.

진성리더는 단순히 남을 해치지 않고 법을 어기지 않겠다는 양심의 도덕률을 넘어, 나침반의 북극인 존재목적을 실현하겠다는 서약을 하고 이 목적으로 가치의 울타리를 만들어 그 안에서 죽는 순간까지 세상과 협업해 자신의 이름이 새겨진 근원적 변화를 실현한다. 진성리더는 생을 마치면서 존재목적에 대한 서약을 정산해서 유산을 남긴다. 유산은 후세의 기억의 뮤지엄에 헌정되고 그 순간 유산은 북극성 주변을 구성하는 하나의 별로 떠오른다. 근대 철학을 종합했던 칸트의 묘비에는 다음과 같은 글이 새겨져 있다.

"생각하면 할수록 놀라움과 경건함을 주는 두 가지가 있으니, 하나는 내 위에서 항상 반짝이는 별을 보여주는 하늘이며, 다른 하나는 나를 항상 지켜주는 마음속의 도덕률이다."

우리는 칸트의 주장을 '하늘엔 빛나는 별, 내 마음엔 도덕률'로 요약한다. 칸트는 『순수이성 비판』, 『실천이성 비판』, 『판단력 비판』을 통해, 밤하늘의 별을 그대로 인지할 수 있는 능력을 순수이성으로, 마음속의 도덕률(양심)에 따라 행동할 수 있는 능력을 실천이성이라고 보았다. 판단력 비판은 존재하는 것들이 합목적적 조화로움으로 생성되고 표출될 때 느끼는 숭고한 아름다움에 관한 것이다. 단순화의 오류를 무릅쓰고 정리하자면, 순수이성은 진(眞), 실천이성은 선(善), 판단력은 미(美)의 영역이다.

칸트의 순수이성에서 별은 진성리더십에서 존재목적(진북, True North)을 의미하는 북극성이고, 칸트의 실천이성에서 도덕률은 진성리더십에서 진성이라는 내면의 별 역할을 하는 나침반이다. 칸트의 판단력 비판에서 가리키는 아름다움은 진성리더가 존재목적을 실현하기 위해 되어감을 실천하는 합목적성과 되어감을 마감하고 후세를 위한 기억의 박물관에 헌정된 목적의 아름다움이다. 세상에 대한 개입이 끝나고 유산이 별로 하늘에 떠오를 때 다른 별들과 어울려 다양성으로 존재하는 아름다움이 판단력 비판의 핵심이다. 세상에 대한 개입이 끝나는 죽음은 칸트가 판단력 비판에서 언급하는 최상의 합목적성인 아름다움이 완성되는 순간이다.

인간이 만들어낼 수 있는 극치의 아름다움이란 하늘의 북극성과 마음속 별인 진성이 서로 공진하기 위해 협업할 때 나타난다. 죽은 후에도 누군가 사랑하는 사람의 기억 속에서 영원히 빛나는 별로 떠오를 때 아름다움은 극치에 달한다. 진성리더는 하늘의 북극성과 공진하는 나침반의 진북을 세우고 자신, 구성원, 세상과 공진의 울림을 찾아내는 사람이다.

칸트는 나침반을 북극성을 향한 내면의 양심으로 설명하지만, 진성리더가 운용하는 내면의 나침반은 목적의식이라는 진북과 자기 긍휼이라는 진남의 양극성을 가진다. 진성리더의 나침반은 진남과 진북이 극성을 가지고 서로를 촉발해 자기 조직적으로 공진하는 에너지장을 만든다. 진성리더가 하늘에 먹구름이 끼고 비바람이 몰아쳐 북극성을 볼 수 없을 때에도 길을 잃지 않는 이유는 나침반의 진남인 자기 긍휼감이 작동하기 때문이다.

내면의 나침반이 남극성을 찾아 떨림을 유지하는 상태가 긍휼이다. 긍휼(Compassion)이라는 말 속에는 이미 나침반(Compass)이라는 말이 내포되어 있다. 긍휼은 자신과 타인의 성장에 대한 아픔을 직면할 수 있는 용기이며 이 용기를 통해 아픔을 치유하고 근본적 솔루션을 위해 혁신적으로 행동하는 정서다. 아픔조차도 자신의 것으로 받아들이고 사랑할 수 있는 용기가 긍휼이다. 아픔을 용기 있게 직면하고 아픔의 원인을 찾아서 치유하고 성장시키는 긍휼의 사랑이 없는 리더가 세워지면 부모에게 유전적으로 물려받은 장점, 강점, 재능, 부모의 돈과 명예 등만을 사랑하는 사랑의 편애에 빠져 구성원은 길을 잃는다.

자신의 고통을 이겨내서 얻어낸 솔루션인 눈물 젖은 빵을 먹어본 자기 긍휼의 사람들만이 자신과 남의 고통을 온전하게 사랑하는 긍휼을 터득한다. 우리는 고통을 온전하게 받아들이고 이 고통을 근력으로 만들어 근원적 솔루션을 얻어냈을 때 희열을 느낀다. 'Compassion' 속에 담긴 'Passion'의 원래 의미는 고통을 주체적으로 해결해서 자신만의 알고리즘을 만들어냈을 때 느끼는 기뿜과 희열이다. 'Passion'이라는 말은 고통과 희열 모두를 담고 있다. 결과만을 중시하는 성과주의가 희열의 원천이었던 고통을 빼고 희열만을 강조해서 열정이라고 한 번역은 Passion의 의미를 왜곡한 것이다. Com 플러스 Passion이란 같이 아파함을 통해 아픔을 다른 사람과 공유하고 서로 협업해 아픔을 근원적으로 해결했을 때 경험하는 집단적 희열이다.

나침반은 남극성을 향해 떨리는 진남과 북극성을 향해 떨리는 진북의 작용이다. 진북을 구성하는 목적의식과 진남을 구성하는 자기 긍휼의 양극이 극성을 가지고 떨릴 때 온전한 나침반이 된다. 진성리더는 극성이 강한 나침반을 가지고 세상의 지도를 그려내는 지도술사다. 세상의 변화를 따라잡지 못해 길을 잃어도 극성이 있는 나침반을 꺼내 길 잃은 지점의 좌표를 찍어내고 구성원들과 같이 지도를 그려낸다. 진성리더가 성과를 내가며 변화의 여정을 완수하는 비밀은 탁월한 지도술사의 능력 때문이다.

진성리더가 운용하는 나침반의 진북은 단기적 목표(Goal)를 공의의 목적(Purpose)에 정렬시켜 삶의 의미를 분출한다. 진남은 일상의 문제해결을 근원적 고통을 해결하는 긍휼로 정렬시켜 삶의 에너지를 획득한다. 진북은 목표를 넘어서 왜 자신이 이 목표를 달성하기 위해 주인이 되어 일어서야 하는지 하는 물음에 대한 답이다. '왜'라는 물음에 대한 답이 목적에 대한 믿음으로 설정된다. 진남은 문제해결을 넘어 근원적 고통의 원인을 찾아 해결할 수 있는 긍휼의 근력이다. 고통이란 인간이 살아 있음을 확인하는 맥박과 같다. 고통은 살아 있는 몸이 느끼는 고통을 뇌가 인식한 상태다. 몸이 보내는 고통을 뇌가 인지하지 못한다면 식물인간이다. 고통을 혁신적으로 해결하려는 문제의식이 자신과 남들의 고통의 문제까지 연결되어 윤리적 정서로까지 확장될 때 긍휼감은 극성이 있는 진남으로 작동한다. 목적의식이 공의의 목적을 위해 왜 자신이 주인이 되어야 하는지의 이유라면 자기 긍휼은 자신을 실제 주인으로 일으켜 세우는 주인 의지의 근력이다. 목적의식이 투철하더라도 자신을 주인으로 일으켜 세우는 근력이 없다면 근원적 변화의 주인이 되기는 힘들다.

기업이나 개인에게 성장과 번성은 자신과 남들의 고통을 스스로 해결하려는 주인의 의지가 분출된 긍휼의 남극성과 주어진 고통을 반드시 자신이 주인이 되어 해결되어야만 하는 이유인 공유된 목적의식이라는 북극성이 교류해서 만든 에너지장의 크기다. 나침반이 만든 에너지장에 따라 정신모형 지도가 그려질 때 심리적 안전지대가 생성되고 자신이 주인으로 나설 수 있는 세상의 경계도 파악된다. 이 경계는 전기가 흐르는 철조망과 비슷하다. 자신과 비슷한 목적의식과 자기 긍휼을 가진 사람들은 이 전기 철조망을 넘나들며 교류할 수 있으나 목적과 긍휼이 부재한 사람들은 이 철조망을 넘기 힘들다. 가치의 감전 사고를 일으킨다. 설사 철조망을 넘어 운동장 안으로 들어왔다 하더라도 저항 때문에 금방 소진된다. 스트레스는 자신의 나침반이 만든 자기장과 전혀 성질이 다른 사람들이 서로 교류할 때의 저항값이다.

초뷰카 시대는 변화의 속도가 뛰어난 리더나 역량이 탁월한 기업도 따라잡을 수 없는 시대다. 변화를 따라잡지 못한 기업이나 개인은 모두 길을 잃는다. 길 잃었음을 먼저 자각해 자신만의 나침반을 찾고 이 나침반을 통해 길 잃음의 문제를 해결할 수 있는 새로운 지도를 그려내는 지도술사의 능력이 없다면 미래는 없다.

리더십 인사이트 | 기러기에게는 철심이 있다

기러기는 역경 탄력성(Resilience)의 측면에서 반드시 연구해 봐야 할 대표적 조류다. 수도 없는 역경을 극복하며 수만 킬로미터에 해당하는 거리를 여행한다. 기러기가 역경 탄력성을 대표하는 조류로 명성을 떨칠 수 있는 이유는 기러기 뇌 속에 박혀 있는 철심 때문이다. 이 철심은 자신이 찾아가야 할 목적지를 알려주는 나침반 임무를 수행한다.

2021년 독일 올덴부르크 대학교와 영국 옥스퍼드 대학교 연구진은 『네이처(Nature)』지에 철새 망막에 있는 '크립토크롬(ErCRY4)'이란 단백질이 자기장을 감지해 뇌로 신호를 전달한다고 발표했다.[5] 철새는 크립토크롬으로 끊임없이 지도

---

5 Xu, Jingjing et al. (2021). "Magnetic Sensitivity of Cryptochrome 4 from a Migratory Sonbird." *Nature*, 594: 535–540.

그림 13-1. 나침반과 자기장 울타리

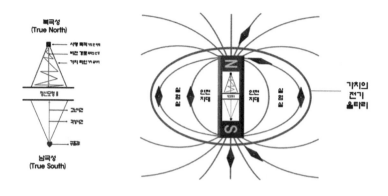

를 그려내 절대로 길을 잃지 않는다.

철새 중 기러기는 크립토크롬이라는 나침반의 진북뿐 아니라 탁월한 긍휼감을 소유한 동물이다. 긍휼감은 철새가 아무리 어려운 상황을 비행해도 공동의 목적지를 향해 날아가는 것을 포기하지 않게 하는 힘이다.

대장 기러기가 앞장서서 나가다 지치면 뒤로 빠지고 다음 기러기가 대장으로 지휘하는 방식으로 고통을 분담한다. 뒤에 빠진 기러기는 응원단장이 되어 팀을 격려해 가며 역경을 넘어선다. 기러기가 날아갈 때 시끄러운 이유는 이 응원단장이 어려워도 같이 이겨내자고 소리치고 나머지 기러기들이 여기에 응답하기 때문이다.

기러기는 여정 중 아프거나 낙오되는 기러기가 생기면 팀원 중 한 마리를 붙여주어 죽거나 회복될 때까지 돌보게 한다. 기러기가 가족으로 합류한 팀원들에게 보여주는 긍휼감이다.

기러기는 역경을 극복하기 위해 기술적 역량을 동원한다. 기러기의 V자 대형은 이들이 바람을 가르며 날아가는 데 최적화된 기술이다. 바람이 세지면 각도가 줄어들고 바람이 약해지면 각도가 벌어진다. V자 대형 덕분에 혼자 날아갈 수 있는 거리보다 70퍼센트 정도 더 멀리 날아갈 수 있다는 것으로 보고되고 있다. 기러기는 자신들의 목적을 염두에 두고 긍휼 공유 역량을 전체 최적화하는 데 명수다.

기러기는 목적을 긍휼로 품어 역경을 극복하고 목적지에 도달하겠다는 약속을 지킨다. 기러기는 나침반의 대명사다. 기러기를 철새 정치인에 비유하는 것은 기러기의 나침반을 모독하는 것이다.

긍휼감이 있는 회사가 만든 기적

긍휼감이란 단순하고 고식적인 문제해결을 넘어 서로의 아픔을 자신의 아픔과 같이 생각하고 아픔을 근원적 원인의 수준에서 해결하기 위해 모두가 혁신의 주인이 되어 협업하는 것을 의미한다. 긍휼은 좋은 것 매력적인 것만 골라서 사랑하는 사랑의 편애와는 다른 개념이다. 긍휼은 편견이 가해지지 않은 가장 지고지순한 사랑이다.

긍휼은 폭풍우가 몰아쳐 북극성이 보이지 않을 때에도 나침반의 기능을 수행하는 일을 돕는다. 세상이 혼탁해질 대로 혼탁해져 한 치 앞도 보이지 않음에도 진성리더가 길을 잃지 않고 지도를 그려낼 수 있는 비밀은 진성리더의 나침반이 긍휼감이라는 남극성을 향한 극성을 유지하며 떨릴 수 있기 때문이다. 사실 나침반의 옛말인 지남철(指南鐵)도 북극성의 진북보다는 남극성의 진남을 가리키는 바늘이란 뜻이다.

지금까지 연구를 종합해 보면 조직이나 리더가 목적을 밀알로 품고 긍휼로 잉태할 때 구성원들은 최소한 다음과 같은 종업원 체험의 혜택을 누린다.[6]

첫 번째, 긍휼감이 있다는 것은 고통을 그대로 받아들여 좀 더 근원적으로 해결하는 것이다. 인간인 이상 문제를 모두 해결할 수 없으므로 상처받고 고통을 받는 것이 실존이다. 서로가 상처받고 아파하고 있음을 인정하는 것이 신뢰다. 신뢰는 서로가 상처받을 개연성을 인정하고 받아들일 때 생긴다. 상처받고 손해 볼 수 있다는 것을 인정하고 계산기를 두드리지 않을 때 신뢰가 생성된다. 리더가 솔선수범해 가며 상처받을 개연성을 먼저 인정하고 받아들이는 조직은 구성원들도 상처받을 개연성을 받아들이고 고통에 빠진 서로를 지지해 신뢰 잔고를 축적한다.

---

6   모니카 월라인, 제인 더튼 (2021). 『컴패션 경영』. 김병전, 김완석, 박성현 역. 김영사; Dutton, Jane E., Workman, Kristina M. & Hardin, Ashley E. (2014). "Compassion at Work," *Annual Review of Organizational Psychology and Organizational Behavior*, 1: 277-304; Neff, Kristin D. (2023). "Self-Compassion: Theory, Method, Research, and Intervention." *Annual Review of Psychology*, 74: 193-218.

두 번째, 상처받을 용기를 공유해 만든 상호 신뢰는 울타리가 되어 조직에 심리적 안전지대라는 운동장을 만들어낸다. 심리적 안전지대를 갖춘 운동장은 구성원들이 리스크에 선제적으로 대응할 수 있는 실험실이 된다. 심리적 안전지대가 있으면 구성원은 안심하고 자신이 직면한 위험에 대해 자유롭게 의견을 제시한다. 열린 소통이 위험의 단서를 사전에 파악하도록 도와서 안전사고를 막는다.

세 번째, 진정한 팀워크와 협업이 가능해진다. 고통을 반드시 극복해야 하고 일어서야 하는 좀 더 신성한 이유를 발견하면 그것을 공동의 목적으로 세우고 이 목적을 달성하기 위해서 협업한다. 목적을 중재자로 삼아서 협업을 일상화한다. 목적의 중재로 협업하는 과정에서 소통, 의사결정이 활성화되어 팀워크가 저절로 강화된다.

네 번째, 긍휼이 넘치는 조직은 고통에 대해 반창고를 붙여주거나 진통제를 주는 고식적 처방에 만족하지 않는다. 고통의 원인에 대해 근원적으로 이해하여 문제를 혁신적으로 해결한다. 긍휼감이 있는 리더가 이끄는 조직은 혁신이 넘친다.

다섯 번째, 고객을 돈 벌어주는 수단으로 생각하는 것이 아니라 회사가 제공해 주는 서비스와 제품으로 고객의 아픔을 치유하고 환대해 준다는 관점으로 접근한다. 고객과의 관계가 근원적으로 개선된다. 비싼 연예인을 고용해 고객의 아픔을 위로하는 척하는 감성팔이 광고로 고객을 현혹해서 이들의 주머니를 털지 않는다.

여섯 번째, 고객, 동료, 회사가 가진 아픔을 해결하는 사명을 수행하는 일에 남을 대신시키는 것이 아니라 자신이 주체가 되어 나서야 한다는 믿음을 가지고 있다. 긍휼감이 넘치는 조직은 주인의식이 고양된다. 구성원 모두가 아픔을 해결하는 신성한 임무를 위해 나선 주치의다.

일곱 번째, 고객, 동료, 자신의 아픔을 나서서 혁신적으로 해결하는 일에서 절대로 포기할 수 없다는 태도가 구성원의 회복탄력성의 원천이 된다. 구성원은 문제 때문에 넘어져도 다시 일어서서 해결하는 회복탄력성도 높고 스트레스에 대한 면역력도 높다.

여덟 번째, 아픔을 직시하고 환대하고 치유하는 신성한 사명에 관한 생각이 모든 일의 중심에 있다. 자신의 이득과 부서의 이득을 앞세워서 정치하고 갈등하는 일이 적다. 긍휼감이 넘치는 회사에서는 갈등이 생산적으로 관리되고, 조직 정치가 사라진다.

아홉 번째, 긍휼감이 넘치는 리더와 문화에 대한 소문이 생기면 이런 리더와 같이 일하고 싶어 하는 재능과 긍휼감이 넘치는 인재들이 몰려온다. 직원의 이직률도 현격히 감소한다.

열 번째, 고객이나 동료에게 손해와 아픔을 주는 비윤리적 의사결정은 선을 넘는 일이라고 생각한다. 아무리 어려운 일이 있어도 절대로 남에게 아픔을 주지 않는다는 관행을 만든다. 모여서 다른 사람에게 아픔을 주는 조직 내 정치적 카르텔과 카르텔 세력이 숨어서 지내는 토굴이 사라진다. 어떤 상황에서도 아픔을 주지 않는 범위가 자연으로 확대되면 자연에 대한 침해가 사라진다. 고객과 협력업체, 경쟁사, 커뮤니티에 확장되어 이들에 대한 위해가 사라지고, 동료에 대한 위해가 사라진다. 온전하게 윤리적으로 ESG를 구현하는 회사로 거듭난다.

열한 번째, 고객, 동료, 사회, 자연의 아픔을 자신의 서비스와 혁신적 제품으로 치유하는 회사라는 명성으로 회사의 브랜드 가치가 상승한다.

열두 번째, 회사는 결과적으로 지속 가능한 번성을 누리는 회사가 된다. 시간의 검증을 넘어서 100년 기업의 반열에 오른다.

회사를 경영한다는 것은 빙산을 뜨게 만드는 원리와 같다. 빙산의 윗동은 가치를 창출하는 비즈니스 모형이지만, 아랫동은 비즈니스를 실현하는 과정에서 상처를 받은 종업원, 고객, 자연을 치유하는 환대의 공동체이자 환대의 한방병원이다. 빙산의 아랫동이 충분하게 부력을 유지하지 못하면 회사는 점진적으로 침몰한다. 구성원의 상처를 외면해 가며 이들을 전쟁터에 내몰기 때문이다. 지속 가능한 회사가 된다는 것은 빙산의 밑동이 충분히 부력을 유지하는지에 달려 있다. 구성원의 아픔을 환대하고 치유할 수 있는 환대 공동체가 작동한다면 회사는 최소한 생존의 문제를 걱정하는 단계를 넘어선다.

회사 HR의 사명은 구성원, 고객, 협력업체 동료의 아픔을 직시하고 이들을 사랑으로 일으켜 세우는 일이다. 자신이 먼저 긍휼로 치유하고 긍휼의 근력을 세워 회사의 목적에 지분을 가진 다양한 지분 보유자를 일으켜 세우는 기적을 수행하는 책무를 가진 사람이 HR 전문가다. HR 담당자가 유전자 복권으로 받은 재능만 사랑하는 사랑의 편애가 심한 사람들로 포진되어 있다면 조직의 미래는 없다.

이웃을 자신의 몸과 같이 사랑하는 긍휼의 사랑을 실천한 예수는 100마리 양 중 길 잃은 한 마리 양이 있으면 이 양을 먼저 찾아서 돌보라고 조언했다. 가장 아픈 사람을 먼저 사랑하는 긍휼의 사랑이 길을 잃지 않은 능력이 뛰어난 사람들에게도 심리적 안정감을 제공한다. 본인도 어느 날 길을 잃으면 회사가 찾으러 나설 것이라는 믿음이 만든 울타리다.

리더십 인사이트 | 서시 —윤동주

죽는 날까지 하늘을 우러러

한 점 부끄럼이 없기를,

잎새에 이는 바람에도

나는 괴로워했다.

별을 노래하는 마음으로

모든 죽어가는 것을 사랑해야지.

그리고 나한테 주어진 길을

걸어가야겠다.

오늘 밤에도 별이 바람에 스치운다.

학습 포인트 요약

• 변화가 상수인 시대 길 잃음은 모든 리더, 조직, 사회의 실존적 본질이다.

• 진성리더는 길 잃었음을 용기 있게 인정하고 길을 잃을 때마다 나침반을 꺼내서 길 잃은 지점을 찾아내고 지도를 다시 그리는 지도술사다.

• 진성리더가 상시적 길 잃음에도 근원적 자신감을 보이는 이유는 자신이 운용하는 나침반이 극성을 가졌다는 것을 알기 때문이다.

• 나침반은 목적과 조율되는 진북과 긍휼과 조율되는 진남으로 구성되고 진북과 진남이 교류해 자기 조직적 에너지를 산출한다.

• 비바람이 치는 밤에도 진성리더가 길을 잃지 않는 이유는 진성리더가 운용하는 나침반이 진남 즉 긍휼의 극성을 잃지 않았기 때문이다.

14장

뇌과학과 행동 변화

가장 머리가 뛰어난 사람은 성공적으로 변화하는 사람들이다.

─아인슈타인(Albert Einstein)

무의식적으로 행하는 것을 의식적으로 반성하지 않으면

어느 순간 무의식이 평생 우리를 꼭두각시처럼 부려가며

노예처럼 살았다고 고백할 것이다.

─융(Carl Jung)

인간의 뇌 구조는 ①뇌간과 소뇌로 구성된 파충류의 뇌 ②공포와
두려움을 관장하는 편도체(Amygdala), 감각정보의 중앙통제소인
시상(Thalamus), 항상성 유지를 위한 호르몬의 통제소인 시상하
부(Hypothalamus), 기억공작소인 해마(Hippocampus), 다양한 인

지적 정서적 실험실인 대상회(Cingulate Gyrus or Cortex)로 구성된 변연계(Limbic System) ③변연계를 둘러싸며 더 넓은 울타리를 제공하는 전전두엽(PFC: Prefrontal Cortex)을 중심으로 한 대뇌피질(Cerebral Cortex)로 구성된다.[1] 변연계는 포유류의 뇌로, 대뇌피질은 인간의 뇌로 불린다. 인간의 행동, 정서, 태도는 이들 세 가지 뇌층의 기능들을 연결해 주는 신경망인 시냅스(Synapse) 연결망 지도에 따라서 결정된다.

전전두엽에 시냅스된 나침반

진성리더가 운용하는 나침반은 전전두엽에 세워진다.[2] 전전두엽 중 배외측 전전두엽(dlPFC: Dorsal lateral PFC)은 목적을 시냅스해 진북을 구성하고, 복내측 전전두엽(mPFC: Medial PFC)은 긍휼을 시냅스해 진남을 구성한다.[3] 진북이 세워지는 배외측 전전두엽은 측두두정접합(TPJ: Temporoparietal Junction)과 집중적으로 연결되어 있다. 측두두정접합은 몸 밖에서 오는 정보와 몸 안에서 수집되는 모든 인지적 정보를 취합하는 안테나다. 배외측 전전두엽

1 MacLean, Paul D. (1990). *The Triune Brain in Evolution: Role in Paleocerebral Functions.* Springer; Schneider, Gerald E. (2014). *Brain Structure and Its Origins in Development and in Evolution of Behavior and the Mind.* MIT Press.
2 Stevens, Larry & Woodruff, C. Chad (2018). *The Neuroscience of Empathy, Compassion, and Self-Compassion.* Academic Press.
3 Bzdok, Danilo et al. (2013). "Segregation of the Human Medial Prefrontal Cortex in Social Cognition." *Frontiers in Human Neuroscience,* 7: 232.

에 진북이 세워지면 진북과 정렬된 의사결정을 만들어낸다. 진북
에서 내린 의사결정을 맥락에 따라 실행할 수 있는 고농도의 에
너지를 생산해 작업기억의 근력을 만들어내는 영역이 복내측 전
전두엽이다. 복내측 전전두엽에 긍휼로 구성된 진남이 세워질 때
목적이 정한 상태를 실현하는 작업기억은 맥락을 반영해 전체
적 최적화 상태를 만들어낸다. 목적이 배외측 전전두엽에 시냅스
가 될 때 왜 자신이 반드시 목적의 주인공이 되어야 하는지에 대
한 소명을 각성한다. 진북은 주인이 되어야만 하는 이유를 통해

그림 14-1. 전전두엽의 구조

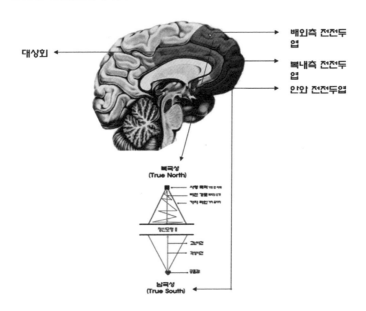

뇌의 다른 활동을 제어한다. 긍휼이 복내측 전전두엽에 시냅스될 때 고통스러운 상황에서도 굴복하지 않고 에너지를 동원한다. 긍휼이 목적에서 설정한 자신이 주인이 되어야만 하는 이유를 실현하기 위해 일련의 작업기업을 만들어내는 사명 지향적 행동을 위한 에너지를 공급한다. 목적이 주인이 되어야만 하는 이유를 각성시키는 것이라면 긍휼은 실제 주인이 되기 위해 자신을 일으켜 세우는 행동의 기반이다.

복내측 전전두엽에 연결된 안테나는 뇌섬엽(Insula)이다. 복내측 전전두엽은 뇌섬엽을 통해서 대부분의 정서적 정보를 받는다.[4] 뇌섬엽은 정서와 관련된 전대상회(ACC: Anterior Cingulate Cortex), 편도체(Amygda), 장기 체세포(Organ Somatic Cell)와 긴밀하게 연결되어 정서 정보를 주고받는다. 진남이 나침반으로 세워지기 전까지 뇌섬엽에서 받아들인 정서 정보는 생존을 목표로 임의로 가공되어 분노, 회피, 좌절 등의 형태로 뇌에 시냅스 지도를

---

4 뇌섬엽은 정서 정보를 수집하고 대상회는 학습을 통해 제공받은 인지적 정보를 수집한다. 뇌섬엽은 다시 전방 뇌섬엽과 후방 뇌섬엽으로 나뉜다. 전방 뇌섬엽은 사회적으로 촉발되는 정서를, 후방 뇌섬엽은 내장에서 촉발되는 정서에 대한 정보를 수집한다. 아이오와 대학교의 디마지오(Dimaggio) 교수는 뇌섬엽과 복내측 전전두피질(vm-PFC, ventromedial prefrontal cortex)을 연구해서, 의사결정은 대부분 신체의 변화에 포착 내적 느낌(Gut Feelings)이 표식으로 발현된 것이라는 체감 표식 이론(Somatic Maker Theory)을 제안했다. 몸으로 전해 오는 느낌이 생각을 강력하게 제어한다는 설명이다. Dimaggio, G., Ottavi, P., Popolo, R. & Salvatore, G. (2020). *Metacognitive Interpersonal Therapy: Body, Imagery and Change* (1st ed.). Routledge; Dimaggio, G., Montano, A., Popolo, R. & Salvatore, G. (2013). *Metacognitive interpersonal therapy for personality disorders*. London: Routledge; 안토니오 디마지오 (2017). 『데카르트의 오류』. 김린 역. 눈출판그룹.

그려낸다. 긍휼이 복내측 전전두엽에 진남으로 설정되어야 고통에 대해 분노하고 회피하고 좌절하는 것을 넘어서 고통의 원인을 용기 있게 직면하고 받아들이고 원인을 찾아 해결하는 작업기억을 만드는 활동이 시작된다. 긍휼을 의미하는 복내측 전전두엽에 진남으로 설정된 경우에만 상처받을 용기나 상처를 인정할 용기가 생성된다. 긍휼이 진남으로 복내측 전전두엽에 시냅스가 되면 편도체가 생성해 숨겨놓은 자아인 성인 아이의 정체도 파악되고 성인 아이의 상처에 대한 기억을 치유해 온전한 자아로 세우는 작업도 시작된다.

전전두엽에 나침반이 세워진 후에야 뇌는 안테나로부터 받아들인 인지적 정서적 정보를 일관되게 자기 조직화해서 통일된 일화기억, 작업기억, 절차기억, 의미기억을 생성한다. 이런 기억들이 조합되어 나침반이 의도한 대로 시냅스 지도를 그린다. 나침반에 기초해 그려낸 뇌 신경망 지도가 완성되면 뇌섬엽과 측두두정접합의 안테나에 이입되는 정보를 취합해서 목적과 긍휼의 관점에서 최적화되는 결정을 내리고, 그 결정을 행동, 태도, 말, 의지력으로 집행한다.

전전두엽에 나침반이 세워지기 전에는 밑에서 올라오는 인지적 정서적 정보에 의해서 행동과 태도가 암묵적으로 결정되지만, 나침반이 작동하고 나침반에 따라 뇌 신경망 지도가 명시적으로 생성되면 환경과 몸을 통해 이입되는 정보는 목적과 긍휼간 협업을 최적화하는 방식으로 조직된다. 최근에는 전전두엽에 세워진 나침반이 결정한 내용을 동작과 관련한 두정엽(parietal lobe)의 도움을 받아 집행하는 전중앙대상피질(aMCC: anterior midcingulate cortex)의 의지력에 관한 연구가 활발하다.[5]

뇌 가소성의 진실

뇌의 지도란 이런 전전두엽의 나침반 기능을 통해 그려낸 시냅스 신경망 지도다. 뇌 활동의 결과 성공과 실패가 평가되어 성공은 강화하고 실패는 회피되도록 시냅스 연결망이 생긴다. 뇌의 연결망 도로를 정비하는 작업은 가지치기하는 방식으로 진행되어 프루닝(Prunning)이라고 불린다.[6] 뇌의 시냅스 신경망을 구성하는 노드 숫자가 어렸을 때는 무수히 많다. 어느 정도 나이가 들면 세상에 적응하는 데 필요 없는 신경망을 제거하는 프루닝을 통해 신경망 지도가 완성된다. 시냅스 신경망 지도가 완성되는 20대를 지나면 뇌의 본격적 배반이 시작된다.

뇌신경 가소성(Neuroplasticity) 가설은 뇌가 그려낸 시냅스 지도가

5 Agmon, Haggai & Burak, Yoram (2020). "A Theory of Joint Attractor Dynamics in the Hippocampus and the Entorhinal Cortex Accounts for Artificial Remapping and Grid Cell Field-to-Field Variability." *eLife*, 9: e56894; Touroutoglou, A., Andreano, J., Dickerson, B.C. & Barrett, L.F. (2020). "The Tenacious Brain: How the Anterior Mid-Cingulate Contributes to Achieving Goals." *Cortex*, 123: 12-29.

6 Chechik, G., Meilijson, I. & Ruppin, E. (1990). "Neuronal Regulation: A Mechanism for Synaptic Pruning During Brain Maturation." *Neural Computation*, 11(8): 2061-2080.

20대 이후에도 바뀔 수 있는지에 대한 질문이다.[7] 뇌 가소성 가설은 시냅스 지도가 죽을 때까지 바뀔 수 있다는 희망의 메시지를 전달한다. 하지만 바뀔 수 있다는 것이지 그냥 세상이 변화하면 저절로 쉽게 바뀐다는 것은 아니다. 뇌 가소성 가설은 역설적 설명이다. 가지치기를 통해 신경망 지도를 처음 만들 때는 쉽게 할 수 있지만 한번 그려진 시냅스 지도를 바꾸는 일은 엄청난 고통과 희생을 수반한다는 설명이다. 뇌의 신경망 지도를 변화시키는 것이 그만큼 고통스러운 일이기 때문에 일정한 나이가 되면 세상이 바뀌어도 자신의 신경망 뇌지도를 유연하게 바꾸지 못한다. 뇌지도를 세상에 맞게 최적화하지 못하면 에너지가 제대로 유입되지 못해 결국 활동이 쇠퇴하기 시작하고 종착역은 죽음이다.

관성(Inertia)이란 시냅스 지도에 그려진 대로 행동하려는 성향이다. 변화에 성공한다는 것은 뇌 신경망 지도가 만든 습관의 관성을 극복하는 문제다. 변화란 기존의 시냅스 회로를 지우고 뇌에 새로운 시냅스 회로를 만드는 작업이다. 뇌의 지도가 일차적으로 완성되는 나이가 되면 뇌에 새로운 시냅스 회로를 만드는 작업이 가능하긴 해도 그것이 쉬운 일은 아니다.

뇌지도가 일단 완성되면 뇌는 뇌지도를 바꾸기보다는 만들어진 뇌지도에 맞춰서 세상이 변화한다는 식으로 가상현실 세계를 만들

---

7 Cost, Moheb (2016). *Neuroplaciticity*. MIT Press.

고 이렇게 만든 가상현실을 현실인 것처럼 인식한다.[8] 뇌는 가상현실을 현실이라고 믿으라고 설득하며 우리를 가상현실이라는 감옥에 가둔다. 뇌는 틈만 나면 세상에 맞춰 새로운 지도를 그리는 지도술사의 작업을 유기하며 그냥 지금 그려져 있는 뇌 신경망 지도에 있는 대로 편하게 살라고 속삭인다. 뇌의 이런 배반으로 인간은 이 구성적 가상현실에 갇혀 현실과 괴리된 삶을 살다가 에너지를 받지 못하고 서서히 소멸한다. 변화란 죽음에 직면해 뇌의 본능적 태만을 이기고 고통과 희생을 감내하고라도 뇌 신경망 지도를 바꾸는 작업이다. 완성된 지도를 가진 성인의 뇌가 바뀌는 뇌 가소성은 해마가 관장하는 학습을 통해서 바뀌기보다는 변화를 게을리해 죽음에 직면했을 때 느끼는 공포에 대한 각성과 설정된 나침반의 도움으로 공포의 고통을 극복하는 고난이라는 사건을 통해서만 바뀐다. 이 과정이 너무 어려워 급격히 바뀐 사람을 볼 때 사람들은 죽을 때가 되었다고 예언하기도 한다.

각성사건과 고난사건을 통해 변화에 성공한다는 것은 게으르지만 똑똑한 뇌와 싸워서 뇌의 신경망 지도를 바꾸는 문제여서

---

8 대니얼 카너먼(Daniel Kahneman)은 인간의 사고는 시스템 1과 시스템 2로 구성되어 있다고 설명한다. 뇌과학적으로 시스템 1의 사고는 새겨진 시냅스 지도에 따라 암묵적이고 즉흥적이고 빠른 속도로 명시적 추론 과정 없이 휴리스틱(Heuristics)에 따르는 방식이다. 시스템 2의 사고는 아직 시냅스에 완전히 뿌리를 내리지 못했지만, 학습 과정에서 기억하는 바대로 나름의 명시적 모형에 따라 정보를 의식적이고 합리성에 준거해서 처리하는 방식이다. Kahneman, Daniel (2013). *Thinking, Fast and Slow.* Farrar, Strauss and Giroux; Da Silva S (2023). "System 1 vs. System 2 Thinking." *Psych*, 5(4): 1057-1076.

엄청난 고통과 희생이 요구된다. 쇼펜하우어는 이 점에 착안해 생의 본질을 고통이라고 규정한다.[9] 뇌과학의 입장에서 쇼펜하우어가 규정하는 고통은 세상과 파트너십을 형성해 신경망 지도 작업을 멈추지 않고 뇌 가소성을 죽을 때까지 실현해야 하는 지도 술사로서의 고통이다.

뇌과학의 입장에서 변화란 끊임없이 변화하는 세상에 맞춰 뇌가 본능적으로 그려내는 암묵적 신경망 지도와 변화의 주체가 세상의 변화를 반영하여 의도적으로 구성한 정신모형 지도 사이의 간극을 줄이는 작업이다. 새로운 지도를 시냅스해 이미 그려진 암묵적 신경망 지도를 대체하는 작업이다. 새로운 지도가 뇌의 신경망에 성공적으로 시냅스가 되면 뇌가 세상을 보는 지도의 해상도가 높아진다. 해상도가 높은 지도를 그려내지 못하면 뇌가 임의로 만든 암묵적 신경망 지도와 세상의 변화를 예측하는 구성된 지도가 서로 충돌해 변화가 무산되고 결국 더 큰 고통인 죽음에 다가간다. 역설적이지만 인간은 죽음의 고통을 벗어나기 위해 자신이 의도적으로 구성한 정신모형 지도와 암묵적 뇌 신경망 지도를 수렴시키는 고통을 죽을 때까지 감내하며 살 운명이다.

성공한 리더와 실패한 리더를 오랫동안 만나고 인터뷰하고 연구해 온 입장에서 리더를 뇌과학적 입장에서 다시 정의한다면,

---

9 쇼펜하우어 (2016). 『의지와 표상으로서의 세계』. 김진 역. 세창미디어.

리더란 자신이 주체가 되어 만든 정신모형이라는 지도를 뇌의 시냅스 신경망 지도로 새겨 넣는 데 성공한 사람이다. 각성사건과 고난사건의 반복으로 새로운 지도를 만들고 죽는 순간까지 뇌 가소성이 실제로 가능하다는 것을 증명한 사람들이다. 바뀌어야 할 때마다 바꾸지 말아야 할 이유를 임의로 그려낸 시냅스 지도를 뇌의 모든 내적 기관과 연합해 지키는 본능을 가진 게으르지만 똑똑한 뇌와 싸워 이긴 것이다. 리더 중 리더인 진성리더는 학습을 넘어 N번의 각성사건과 고난사건의 반복을 통해 자신의 정신모형과 뇌가 주먹구구식으로 생존을 위해 생성한 암묵적 신경망 지도의 간격을 최소화하는 데 성공해 해상도가 높은 지도를 생성한 사람이다. 진성리더는 뇌에 시냅스된 새 정신모형을 지렛대로 삼아서 조직의 공유된 정신모형과 중요한 타자의 정신모형 지도도 바꾼 사람이다.

뇌의 다층적 울타리

진성리더가 자기 신경 가소성을 이길 수 있는 이유는 리더가 의도적으로 설정한 내면의 나침반을 통해 시냅스 지도를 올바른 방향으로 다시 그려냈기 때문이다. 나침반은 길을 잃었을 때 생기는 상상적 죽음에 대한 공포를 이길 수 있는 근원적 자신감의 원천이다. 진성리더는 내면의 나침반의 도움을 받아 세상이 변화하면 길 잃은 지점을 찾아 새로운 정신모형의 지도를 그려내고 이 정신모형의 지도를 시냅스 신경망에 다시 각인해 뇌지도를 그려내는 탁월한 지도술사다. 나침반이 없는 사람들이 세상과 자신의 삶과 뇌의 신경망 지도를 최적화해 가며 셋이 공진을 일으키는 삶을 누린다는 것은 낙타가 바늘구멍을 통과하는 것보다 힘든 일이다.

2장에서 근원적 변화란 변화를 게을리해서 맞게 되는 죽음과 직면하는 큰 공포를 통해 지금의 정신모형이 제공하는 안심지대를 벗어나는 작은 두려움을 제압하는 과정이라고 설명했다. 뇌과학적으로 작은 두려움이 생기는 이유는 시냅스 신경망 지도가 기본값으로 인간의 몸의 항상성(Homeostaticity)을 유지하는 데 최적화되어 있기 때문이다. 항상성 범위를 벗어날 때마다 암묵적 신경망 지도는 공포를 유발하는 신호를 보낸다. 몸은 항상 섭씨 36.5도 상태를 유지해야 하고 이 상태에 맞춰 모든 호르몬 및 신진대사가 조절된다. 이런 몸의 항상성 유지를 담당하는 뇌 관제 및 통제 센터가 시상하부이고 여기서 위험 신호를 받으면 편도체가 작동한다. 작은 두려움은 편도체와 시상하부의 협동 작업으로 생긴다. 항상성이 유지되면 뇌는 생리적 안심지대 안에 머문다. 생리적 항상성을 벗어나는 일이 발생하는 경우 시상하부는 편도체에 경고 신호를 보낸다. 편도체가 호르몬을 활성화하면 공포가 발동한다. 방어기제를 발동해 아예 위험한 일은 시도조차 못 하게 경고 사이렌을 울린다. 이런 편도체가 버퍼로 만든 공간이 공포공간이다. 시상하부와 편도체는 협업으로 생리적 안심지대와 공포지대를 만들고 웬만하면 여기서 벗어나지 못하도록 몸과 마음을 제어한다.

해마는 이런 생리적 안정이 위협을 받지 않는 범위 내에서 나름의 학습공간을 만드는 역할을 한다. 우리가 학교에서 배우는 학습은 이런 생리적 안심지대를 벗어나지 않는 범위에서 단기기억과 장기기억을 통해서다. 해마를 통해서 만들어낸 학습은 점진적 변화다. 점진적 변화는 효용이 그대로 보이는 변화다. 변화가 마음에 안 들면 언제든지 원래의 위안지대로 복귀할 수 있다. 해마를 통해 마련된 학습공간에서 세상의 신경망 지도를 그려낸 것이 정신모형 I이다. 우리는 누구나 학교에서 배우는 학습을 통해 정신모형 I의 지도를 뇌 신경망 지도에 각인한다. 문제는 학교를 졸업하고도 세상이 바뀌면 지도를 다시 업데이트해야 하는데 편도체와 시상하부가 이미 그린 신경망 지도의 암묵적 저항(inertia)이 너무 강해서 상황이 달라져도 새 지도를 그리지 못한다. 공부는 학교 다닐 때만 하고 졸업하면 할 필요가 없다는 잘못된 신념도 문제다. 이런저런 방해로 정신모형 I의 지도를 업데이트하지 못하고 이 낡은 신경망 지도의 감옥에 갇혀서 죄수 생활을 한다.

시상하부와 편도체에 의해 관장된 신경망 지도에 갇혀 살다가 세상이 급격하게 변화하면 적응하지 못하고 삶겨 죽는 개구리가 된다. 변화에 실패하는 사람과 기업은 모두 삶겨 죽는 개구리의 운명을 경험한다. 심지어 요즈음은 위기조차도 갑작스럽게 찾아와서 급사하는 개구리도 자주 목격된다.

이와 같은 상황에서 진성리더가 근원적 변화를 만드는 방식은 일반 리더들의 방식과는 다르다. 진성리더들은 편도체와 시상하부에 의해 장악된 뇌를 안심시키기 위해 미래를 향한 울타리를 만들어낸다. 진성리더가 미래의 울타리를 전제로 미지의 세상을

그림 14-2. 뇌의 다양한 울타리

위해 그려낸 지도가 정신모형 II의 지도다. 정신모형 II의 지도를 울타리를 통해 만들어낸 공간이 심리적 안전지대이다.[10] 진성리더는 이 심리적 안전지대에 실험실을 만들어내고 미래의 불확실성에 대응한 변화전략을 실행해 성공하는 경험을 만들어내 정신모형 II의 지도를 뇌 신경망에 각인한다.

뇌과학적으로 진성리더의 성공적 정신모형 II 지도는 전전두엽에 각인되어 심리적 울타리를 만든다. 전전두엽에 정신모형 II를 시냅스하면 죽음을 직면해서 넘겨주어야 할 목적의 성소를 죽음에 직면하기 훨씬 전에 미리 상상적으로 체험할 수 있다. 정신모형 II는 목적 성소 주변에 사명과 가치 울타리를 세워서 미래를 안심하고 실험할 수 있는 실험실이자 운동장을 만들어낸다. 이런 정신모형 II로 사명의 울타리를 전전두엽에 시냅스해 신경망에 울타리가 세워지면 울타리 안에서 안전하게 체력과 근력을 다질 수 있는 실험공간이 생성된다. 생리적 위안지대와 대비되는 심리적 안전지대에 세워지는 실험실은 대상회가 관장한다.

정신모형 II가 전전두엽에 성공적으로 시냅스가 되어 대상회에 실험실 공간을 확보하면 다양한 미래를 안정적으로 확보하는 다양한 실험이 진행된다. 대상회라는 실험실을 통해 정신모형 II에

---

10 Edmondson, Amy C. (1999). "Psychological Safety and Learning Behavior in Work Teams." *Administrative Science Quarterly*, 44: 2350–83; Edmondson, Amy C. (2019). *The Fearless Organization: Creating Psychological Safety in the Workplace for Learning, Innovation, and Growth Hoboken*, NJ: Wiley.

서 죽을 때까지 실현하기로 약속한 존재목적을 구현하는 관행을 확보해 근원적 변화를 위한 지렛대로 사용한다. 정신모형 II가 뇌 신경망에 성공적으로 시냅스가 되면 전전두엽에 울타리가 생기고 대상회에 운동장이 생성된다. 목적과 사명을 지향하는 울타리와 이를 실현하는 운동장이 생성되면 우리는 시상하부와 편도체가 생성하는 공포에서 벗어난다.

근원적 변화란 마음에 들지 않으면 언제든지 돌아올 수 있는 점진적 변화와는 다르다. 근원적 변화는 죽음의 강에 맨몸으로 뛰어들 수 있는 근원적 자신감을 가진 사람만이 해낼 수 있다. 근원적 자신감은 죽음이라는 공포를 극복할 수 있는 자신의 존재목적에 대한 확신이 전전두엽에 정신모형 II로 시냅스되어 있는 사람만 만들어낼 수 있다. 정신모형 II가 만들어낸 사명과 가치의 울타리가 죽음이라는 큰 공포를 극복하는 힘이다.

근원적 변화란 죽음과 직면해서 전달해야 할 존재목적에 대한 약속을 못 지킬 수 있다는 큰 두려움을 각성해 시상하부와 편도체가 만들어낸 작은 두려움을 제압하는 과정이다. 근원적 변화를 위한 싸움은 정신모형 II를 실현하는 전전두엽 및 대상회의 연합과 시상하부와 편도체 연합세력 간의 싸움이다. 정신모형 II가 전전두엽과 대상회에 시냅스되지 않는다면 학습을 관장하는 해마에게 작은 공포로 잽을 날리며 저항하는 편도체와 시상하부를 극복할 방법이 없다.

뇌에 지도를 시냅스한다는 것은 뇌에서 가동되는 다층적 울타리를 정비하는 작업이다. 예를 들어 정신모형 II를 전전두엽에 시냅스하면 사명의 울타리가 생성된다. 강력하고 의미 있는 범주가 새롭게 제공되면 큰 범주 안에서 각자의 세력을 형성해 싸우고 있던 범주들은 경계가 약화돼 큰 범주를 중심으로 병합된다.[11] 전전두엽에 생성한 강력한 사명의 울타리는 대상회에 실험실 공간을 만든다. 대상회에 실험실이 작동되면 해마가 관장하던 단기학습을 위한 울타리와 안심지대를 통해 공포지대를 만들어낸 편도체가 만든 울타리가 해체된다. 변화를 열망하는 기업에서도 근원적 변화를 위해서 제일 먼저 해야 할 일이 기업의 정신모형 II를 확립해서 기업의 미래지향적 사명의 울타리를 구성원의 전전두엽에 시냅스하는 것이다. 사명의 울타리를 통해서만 심리적 안전지대와 미래를 위해 학습할 수 있는 실험실이 만들어진다. 심리적 안전지대를 제공하지 못하는 회사가 구성원에게 변화를 독려하면 구성원들은 위안지대에 토굴을 파고 숨어서 나오지 않는다.

회사를 통찰력 있게 볼 수 있는 CEO라면 자기 회사 운동장 안에 생리적 안심지대를 본떠서 만든 수많은 토굴이 존재한다는 것을 인지한다. 회사가 정신모형 II가 제공하는 사명의 울타리를 통

---

11 Gaertner, S.L., Mann, J., Murrell, A. & Dovidio, J.F. (1989). "Reducing Intergroup Bias: The Benefits of Recategorization." *Journal of Personality and Social Psychology*, 57(2): 239–249.

해 안전지대와 실험실을 제공하지 못했기 때문에 구성원이 파놓은 토굴이다. 회사 안에 이런 정치적 토굴이 많다면 회사가 마련해준 공개적 운동장에서 회사가 약속한 사람들을 위해 뛸 용기를 상실한다. 세상 물정을 이해하지 못하는 사람을 제외하고 구성원 대부분이 열심히 뛰는 척해 가며 남이 파놓은 토굴에 빠지지 않으려 노심초사한다. 회사가 쇠락하는 이유는 회사가 물건을 팔아서 돈을 벌어도 이런 토굴 비용을 감당할 수 없기 때문이다.

리더십 인사이트 | 뇌를 속여 기적 만들기

뇌과학 연구에 따르면 뇌는 속성 자체가 똑똑하기는 하지만 게으른 '똑게'이다. 자신의 똑똑함을 변화에 저항하거나 변화하지 말아야 할 수만 가지 이유를 개발하는 데 사용한다. 뇌가 시키는 대로 편하게 산다면 습관을 바꾸는 일은커녕 사소한 변화도 물 건너간 일이다.

9장에서 소개한 '선승구전'도 똑똑한 뇌가 상상적 체험과 실제 체험을 구별하지 못하는 속성을 역으로 이용해 뇌를 선한 의도로 잠시 속여서 변화를 만드는 전략이다.[12] 뇌는 아날로그와 가상세계를 구별하지 못한다. 간절하게 상상하면

12 Gilbert, D.T. & Wilson, T.D. (2007). "Prospection: experiencing the future." *Science*, 317: 1351–1354; Okuda, J. et al. (2003). "Thinking of the future and past: the roles of the frontal pole and the medial temporal lobes." *Neuroimage*, 19: 1369–1380.

뇌는 간절함으로 그려진 세상이 실제로 있다고 생각하고 필요한 호르몬이나 행동을 보조해 준다. 상상임신이 그것이다. 아이에 대한 간절한 바람은 상상임신을 불러오고, 그러면 실제로 임신한 것처럼 헛구역질을 하고 몸이 불어오고 호르몬이 분비되고 생리가 끊긴다.

뇌와의 싸움에서 승리하기 위한 열쇠가 바로 여기에 있다. 현실세계와 가상의 세계를 구별하지 못한다는 약점을 이용하여 뇌의 영토인 시냅스를 장악하는 것이다. 상상적으로 승리하는 체험을 구성하면 뇌는 행동을 위해 준비운동과 비슷한 효과를 낸다. 큰 싸움을 맞았을 때 준비운동이 된 사람과 안 된 사람의 승률은 비교가 되지 않는다. 뇌를 통해 준비운동이 충분히 된 급진 거북이는 실제 싸움에서 이길 개연성이 높다.

아무리 힘든 일이 있어도 식사 후 또는 아침저녁으로 이를 닦는 것과 같은 좋은 습관으로 뇌의 시냅스 회로를 장악하려면 상상적 실험으로 좋은 습관을 미리 상상 체험해 보는 것이 필요하다. 이런 상상적 체험은 습관을 만들기 위한 최상의 준비운동이다.

우리는 상상적 실험을 작업 괄호 치기(Task Bracketing)라는 것을 통해 의도적으로 시도할 수 있다.[13] 작업 괄호 치기는 작업의 전체적 맥락을 구성할 특정 작업을 분리해서 작업을 실제 수행하기 전에 상상적 체험을 먼저 해보는 것이다. 예를 들어 평소 체중 관리를 위해 다이어트와 운동을 해야 한다고 습관적으로

13 Barnes, Terra D. et al. (2011). "Advance Cueing Produces Enhanced Action-boundary Patterns of Spike Activity in the Sensorimotor Striatum." Journal of Neurophysiology, 105(4): 1861-1878; Barnes, T., Kubota, Y. & Hu, D. et al. (2005). "Activity of striatal neurons reflects dynamic encoding and recoding of procedural memories." Nature, 437: 1158-1161.

말하면서도 오히려 그것에 대한 스트레스 때문에 단것을 더 많이 먹고 있다고 가정해 보자.

그때는 단것을 먹는 작업기억을 떼어내어 괄호 치기를 해보는 것이다. 단것이 당길 때 잠깐 멈추고 단것을 먹는 작업에서 파생되는 일에 대한 상상적 실험에 돌입한다. 시나리오는 이렇다. 먼저 단것을 먹는 상상을 해본다. 그러고는 순간적 만족 때문에 몸이 비대해져서 더 고통을 겪는 자신을 상상한다. 고통을 상상적으로 체험하고 이 고통을 이기기 위해 30분 힘들게 운동하는 자신을 상상한다. 운동이 끝난 후 날씬해진 자신을 보고 기쁨과 뿌듯함에 도취한 자신을 상상적으로 체험한다. 고통에 대한 상상은 엔도르핀을 분비하고 운동을 끝낸 모습은 도파민을 분비해 상상적 체험임에도 단것에 끌리는 회로를 뇌에서 지운다. 이런 상상적 체험은 단것에 대한 욕구를 억제하고 운동 습관이라는 새로운 회로를 만들어내기 위한 준비 작업이다. 상상적 체험이 끝난 후 실제 단것과 운동 앞에서 현실적으로 고민할 때 이처럼 준비운동을 끝낸 사람들은 실제 운동을 시작할 때 저항이 감소된 것을 실감한다.

두 번째 전략은 작업 괄호 치기를 통해 해결된 좋은 작업기억들을 연결해 처음부터 끝까지 일련의 상상적 체험을 해보는 것이다. 운동으로 달리기를 선택한 경우라면, 달릴 코스를 생각해 보고 상상 속에서 설계된 코스를 완주하는 자신을 반복적으로 상상해 보면서 연결된 작업기억의 전체적 맥락을 시냅스 회로에 각인한다. 이런 절차로 상상적 체험을 한 후에 실제로 코스를 달리면 상상 속에서 미리 달려본 경험 때문에 중간에 포기하지 않고 완주할 수 있다. 작업기억을 뇌에 시냅스하는 데 성공하지 못하면 절차적 기억이 작동하는 습관에 이르지 못한다.

작업 괄호 치기는 미시적 작업이다. 좋은 습관 만들기는 거시적 정신모형 작업과 같이 진행할 때 효과적이다. 자신의 거시적 정신모형이 바뀌지 못한 상태에서 작업 괄호 치기는 대부분 깨진 독에 물 붓기로 끝나고 만다. 정신모형을 통해 뇌의 시냅스 회로를 삶에 최적화하는 데 실패하면 습관과 습관이 충돌해 변화에 실패한다.

메타인지와 더닝-크루거 효과

코넬 대학교의 더닝(Dunning) 교수와 크루거(Kruger) 교수는 학부 학생들을 대상으로 체스 게임, 테니스, 운전, 독해력 등등 여러 분야의 능력을 테스트해서 능력이 뛰어난 사람과 능력이 떨어지는 사람들이 자신의 능력에 대해 어떤 생각과 반응을 보이는지 평가했다.[14]

놀랍게도 능력이 뛰어난 학생들은 자신이 남들보다 잘 모른다고 생각하는 반면 능력이 떨어지는 학생들은 자신이 남들보다 더 많이 알고 있다고 생각하는 경향이 있다는 것을 밝혀냈다. 이들은 지식과 능력이 부족할수록 자신을 객관적으로 인지할 수 있는

---

14 Kruger, J. & Dunning, D. (1999). "Unskilled and unaware of it: how difficulties in recognizing one's own incompetence lead to inflated self-assessments." *Journal of personality and social psychology*, 77(6): 1121-1134.

메타인지 능력이 떨어지는 현상을 자신들의 이름을 따 더닝-크루거 효과(Dunning-Kruger Effect)라고 명명했다.

한마디로 능력이 떨어지는 사람들의 특징은 자신이 능력이 떨어진다는 것을 모른다는 것이다. 자신이 모른다는 것을 모르는 역메타인지가 역설적으로 자신이 남들보다 많이 안다고 믿게 한다. 안다고 믿는 인지 편향 때문에 자신이 지금 가진 능력이 최상위라고 생각한다. 잘 모른다는 것을 모른다는 사실이 근거 없는 편향된 자신감으로 작용한다. 실제로 능력이 있는 학생은 자신이 아직 충분하지 않다는 것을 알기 때문에 항상 자신이 알고 있는 것에 대해 회의하고 재평가한다. 세상에 존재하는 모든 것은 서로 연결되어 있어서 실제로 아는 범위가 넓어지면 이것을 둘러싸고 있는 외연 즉 모르는 세상은 더 커진다. 알수록 겸손해질 수밖에 없다.

"벼는 익을수록 더 고개를 숙인다.""빈 수레가 더 요란하다." "모르면 용감하다.""선무당이 사람 잡는다." 이런 속담들은 모두 더닝-크루거 효과가 우리 일상에 편재한 보편적인 현상임을 설명해 준다. 이런 속담들은 배울수록 겸손해지라는 윤리적 명령이 아니라 더 많이 알면 알수록 겸손해질 수밖에 없는 것이 오히려 자연스러운 현상임을 증명한다.

소크라테스는 "너 자신이 모르는 것을 알라"라는 절대 명제로 철학의 문을 열었다. 찰스 다윈은 무지는 지식보다 더 확신에 물

들게 한다는 생각에 기반해 진화론을 과학으로 발전시켰다. 버트런드 러셀은 "자신감이 있는 사람은 무지한데, 상상력과 이해력이 있는 사람은 자신의 능력을 의심하고 리더로 나서는 것을 주저한다"고 정치에서 나타나는 시대적 아픔을 꼬집었다. 한마디로 무식한 사람이 근거 없는 용기로 더 만용을 부리니 조심하라고 경고한 것이다.

동양철학에서도 더닝-크루거 효과를 경고하고 있다. 『논어』 '위정(爲政)' 편에서는 "아는 것을 안다고 하고 모르는 것을 모른다고 하는 것이 진짜 아는 것이다(知之爲知之 不知爲不知 是知也)"라고 했다. 노자는 『도덕경』에서 "아는 사람은 말하지 않고 말하는 사람은 알지 못한다(知者不言 言者不知)"고 말한다. 『예기』에서는 더닝-크루거 효과를 "제대로 배훈 연후에야 부족함을 안다(學然後知不足)"는 말로 설명한다.

뇌과학의 입장에서 리더로서 메타인지 능력이 있다는 것은, 자신이 알고 있고 대부분 무의식적으로 작동하는 뇌의 신경망 지도를 읽어낼 수 있는 거울로 사용할 수 있는 명확한 정신모형 II의 지도가 있음을 뜻한다. 명확한 정신모형 II의 지도로 임의로 그려진 신경망 지도가 가진 문제점을 반성한다면 자기 인식이 가능한 상태가 된다. 정신모형 II가 부재한다면 자신이 사는 토굴의 세상을 실제 세상과 동일시하며 추론하는 더닝-크루거 효과의 희생자가 된다. 뇌과학적으로 더닝-크루거 효과는 학습이 멈춰선 사람들에게 찾아오는 왜곡된 인지편향이다.

리더의 학습이란 자신이 명료하게 설정한 정신모형과 뇌가 암묵적으로 만든 신경망 지도 사이의 틈을 파악해 내고 이 틈새를 좁혀나가는 과정이다. 틈새를 파악하는 학습이 자기 인식이고 이 틈새를 좁혀서 시냅스 신경망 지도와 자신이 마련한 정신모형 지도가 서로 최적화되게 만드는 것이 자기 규제(Self Regulation)다. 암묵적으로 만든 뇌 시냅스 신경망 지도와 의도적으로 만든 정신모형의 지도가 같다면 최고 수준의 최적화를 달성한 것이다. 뇌의 시냅스가 그려낸 신경망 지도와 리더가 의도적으로 시냅스시킨 정신모형이 서로 수렴할수록 최고의 해상도를 가진 지도가 된다. 학습이 멈춰지면 자신이 임의로 만들어낸 시냅스에 그려진 세상이 전부라고 믿는다. 잘못된 뇌지도에 대한 맹목적 믿음에 기반해서 세상을 편파적으로 해석하고 그에 기반해서 편견과 차별적 행동에 몰입한다. 이런 경우 행동이 실수로 연결되어도 이것이 실수라는 것을 모른다. 인지편향이 만든 근거 없는 자신감이 눈을 가리기 때문이다. 뇌에 그려진 정신모형이 세상의 변화를 반영해서 업데이트되지 못하면 어느 순간 자신은 암묵적으로 그려진 뇌 신경망 지도에 갇혀 사는 노예가 된다.

메타인지 능력이 떨어지는 사람이 리더로 추대되면 그 조직은 집단적 더닝-크루거 효과의 비극을 겪는다. 리더는 자신의 능력을 항상 과대평가하고, 다른 능력이 있는 사람의 능력을 알아보지 못한다. 자신의 능력이 발휘되지 못하는 것을 알지 못하므로 실수와 곤경에 제대로 대처할 수 없다. 자신의 실수에 대해 솔직하게 피드백하는 사람이 나타나면 방어기제를 사용해서 자신의 능력 있음을 변호하다가 그래도 피드백하면 그 사람에게 역정을 낸다. 리더 주위에는 비슷한 능력과 전문성이 없는 사람들로 포진되고 이들은 리더의 능력과 식견에 대해 자화자찬을 일삼다가 결국 집단사고로 조직과 사회에 큰 상처를 남기고 해체된다.

최근 코넬 대학교와 그린 피크 파트너스(Cornell-Green Peak)의 연구에 따르면, 같은 능력이라면 자신에 대해 더 잘 알고 있는 사람이 결국 글로벌에서 존경받는 포춘 기업의 CEO로 낙점된다.[15] 이 연구를 토대로 C레벨(C-Level) 리더십 교육은 리더의 메타인지 능력인 자기 인식을 높여주는 방향으로 전환되었다. 자신이 모른다는 사실을 모르는 리더는 지금처럼 사람들이 길을 잃고 헤매는 초뷰카 시대에 가장 위험한 시한폭탄이다. 불나방처럼 모르는 사람들을 이끌고 불구덩이로 용감하게 뛰어드는 만용의 주인공이다

---

15 Flaum, J.P. (2018). "When It Comes to Business Leadership." *Nice Guys Finish First* (https://greenpeakpartners.com/what-predicts-executive-success-green-peak-and-cornell-university-study).

- 뇌 가소성은 뇌의 시냅스 지도가 바뀔 수 있다는 가정이지만 한번 그려진 시냅스 지도는 쉽게 바꿀 수 없다는 이론이기도 하다.

- 변화란 기존에 그려진 시냅스 지도를 탈학습하고 새로운 시냅스 지도를 그려 넣는 것을 뜻한다.

- 새로운 시냅스 지도를 위해 정신모형 II라는 지도가 준비되고 정신모형 II를 전전두엽에 시냅스하는 과정이 근원적 변화다.

- 새로운 정신모형의 지도가 시냅스가 되고 이 지도가 세상이 돌아가는 방식과 정합성을 가질 때 정신모형은 해상도가 높은 지도가 된다.

- 정신모형 II의 지도가 제공한 사명의 울타리가 뇌에 제대로 시냅스가 되면 대상회에 실험실 공간이 만들어지고 편도체가 세운 물리적 안심공간과 공포의 울타리가 해체된다.

- 뇌는 상상적 체험과 실제 체험을 구별하지 못한다. 이 점을 이용해 변화해야 할 과정에 대한 코스맵을 작성하고 먼저 상상적으로 체험하면 변화를 위해 미리 준비운동을 하는 효과를 거둔다.

• 기업의 문화가 있다는 것은 구성원들이 한 몸처럼 움직이는 대뇌를 공유하고 있다는 의미다. 경제적 이윤을 넘어 돈으로 환산할 수 없는 가치 창출을 최적화하는 정신모형이 공유되지 못했다면 기업 문화는 존재하지 않는다. 기업 문화라는 공유된 대뇌에 정신모형 II를 각인해 구성원이 공유할 수 있는지의 문제다.

책을 나가며

시간 여행자의 책무

진성리더는 구성원들이 리더로 성장하는 데
무궁무진한 사회적 자본이 되어줌으로써
구성원은 '일'을 넘어서 '운명'을 공유하는 파트너로 성장한다.
—윤정구, 『진성리더십』, p.232.

저녁이 아침이 되고.
—「창세기」 1:5

포항제철(지금의 포스코) 건립의 종잣돈이 된 1억 달러는 대일청
구권 자금이었다. 즉 우리나라를 36년간 식민지 지배한 일본의
사죄금으로 받아온 돈이다. 포항제철 건설의 프로젝트를 맡았던
고 박태준 회장은 이 돈의 신성한 의미를 잘 알고 있었다. 그는

포항제철의 사명을 제철보국으로 정했다. 제철 산업을 꼭 성공시켜 국가의 은혜를 갚겠다는 뜻이었다. 일제에 핍박당하고 희생당한 국민의 목숨 값으로 하는 사업이니만큼 실패할 경우 모두가 우향우를 해서 영일만에 빠져 죽을 각오로 임했다. 소위 우향우 정신이다. 포항제철 건설은 사명을 실현하는 목적 지향적 프로젝트였다.[1]

돈을 마련했어도 기술이 문제였다. 박태준은 일본의 3대 철강 회사 사장과 소유주를 찾아다니며 막무가내로 기술 이전을 요구했다. 철강회사 소유주들은 박태준이 일본을 방문하는 일정에 맞추어서 휴가를 잡아 피해 다니기도 했다. 그러나 박태준은 그들의 휴가지까지 찾아내 집요하게 쫓아다녔다. 이때 일본 한편에서 한국에 제철소가 생겨도 수십 년 내 일본 수준을 절대 따라잡지 못할 것이고 인접국에 철강 산업이 생기면 긍정적 효과도 있을 것이라는 여론이 일어났다. 천우신조였다. 박태준은 마침내 뜻을 이루었다. 기둥 하나가 잘못 세워질 때마다 가차 없이 폭파했다. 완벽주의 속에 제철소는 서서히 모습을 드러내기 시작했다. 그리고 1973년 6월 9일 구호들은 모두 현실이 됐다. 마침내 제1고로에서 쇳물이 쏟아져 나왔다.

---

1 조형래 기자. "[철강王 박태준 별세] 선조의 피 값(대일 청구권 자금)으로 짓는 제철소, 실패하면 영일만에 빠져 죽자." 「조선일보」. 2011.12.14; 조형래 기자. "[철강王 박태준 별세] 박태준, 3선 개헌 지지 거부하자 朴 대통령 '원래 그런 친구야'." 「조선일보」. 2011.12.14; 이영환 기자. "[철강王 박태준 별세] 포스코, 40년 만에 세계 1위 철강사로." 「조선일보」. 2011.12.14.

그 사이 박정희는 3선 개헌을 밀어붙였고 박태준에게도 동참하라는 메시지를 보냈다. 박태준은 이 제의를 거부했다. 중앙정보부장 김형욱이 포항으로 사람을 보내서 설득했으나 제철소 하나만으로도 바쁘다는 핑계로 거절했다. 보고를 들은 박정희도 박태준은 원래 그런 친구이니 건드리지 말고 놔두라고 지시한다.

정치에서 벗어나 제철소에만 신경 써오던 박태준은 1992년 연간 2100만 톤 양산 체제 구축에 성공한다. 철강 강국을 향한 베이스캠프 구축에 성공했다. 박태준은 기념식 다음 날인 10월 3일 개천절에 국립묘지 박정희의 묘역을 찾는다. 이 자리에서 박태준은 한지에 붓글씨로 쓴 보고문을 낭독했다.

"불초 박태준, 각하의 명을 받은 지 25년 만에 포항제철 건설의 대역사를 성공적으로 완수하고 삼가 각하의 영전에 보고드립니다. 혼령이라도 계시다면 불초 박태준이 결코 나태하거나 흔들리지 않고 25년 전의 그 마음으로 돌아가 잘사는 나라 건설을 위해 매진할 수 있도록 굳게 붙들어주시옵소서."

이후 포항제철은 세계 최강의 철강 기업으로 성장하는 데 날개를 달았다. 글로벌 철강 분석 기관 WSD(World Steel Dynamics)는 2011년 세계 34개 철강사를 대상으로 기술력·수익성·원가절감 등 23개 항목을 평가, 포스코를 세계 1위 철강사로 선정했다.

진성리더이자 급진 거북이로서 인간이나 기업은 시간 여행자들이다. 인간으로서 시간 여행은 삶에서 존재목적을 깨달은 제2

의 탄생 순간부터 삶의 개입이 끝나는 죽음까지다. 직장인으로서의 시간 여행은 직장에서 공유된 목적의 중요성을 깨달은 순간부터 회사에서의 개입이 끝나는 정년퇴임까지다. 기업의 시간 여행은 기업이 사명을 정하고 사명을 실현하는 기간인 100년간의 기간이다. 기업에게 100년이란 시간은 세월로부터 갖은 영욕을 견디며 약속한 사명의 실현 여부를 검증하는 유예기간이다.

시간 여행자들은 마지막 미래에 정산할 목적에 대한 약속을 현재로 가져온다. 목적의 밀알을 통해 미래에서 현재로 이르는 길을 만들어낸다. 시간 여행자들은 진성리더로서 여행을 처음 시작한 과거도 현재로 업데이트해서 목적의 밀알이 심어질 수 있는 토양을 비옥하게 가꾼다. 시간 여행이란 과거를 업데이트해서 현재로 연결하고 미래를 현재로 가져와서 연결하는 작업이다. 시간 여행자는 과거를 연결해 오래된 새 길을 만들어내고 미래를 현재로 가져와 미리 가본 새 길의 지도를 만든다. 시간 여행자들의 성과는 과거, 미래를 현재로 연결해 목적에 대한 약속을 얼마나 실현했는지, 약속에 담긴 변화를 얼마나 달성했는지, 이 변화를 통해 회사와 사회와 가족과 이웃의 행복에 얼마나 이바지했는지에 달렸다. 박태준 회장이 그랬듯이 우리는 시간 여행을 마무리하는 시점에 실현된 목적에 대해서 선대와 후세에게 보고하고 후세에게 정산한 목적을 유산으로 넘겨주는 것으로 마무리한다. 변화에 대한 개입이 끝나는 시간 여행의 마지막 지점에서 돌이켜볼 때 자신의 과거, 현재, 미래가 우상향 기울기가 되도록 연결하는 것이 모든 시간 여행자의 책무다.

급진 거북이 시간 여행자 전략은 최근 글로벌 미디어의 주목을 받는 아리 왈락(Ari Wallach)의 『롱패스: 장기적 사고의 힘(Longpath: Becoming The Great Ancestors Our Future Needs)』에도 등장한다.[2] 여기서 롱패스란 사는 동안 자신에게 편하고 안락한 삶을 넘어서 약속한 목적을 실현한 정도를 정산한 바통을 후세에게 떨어트리지 않고 제대로 넘겨주는 삶이라고 설명한다.

왈락은 회사가 단기적 실적주의를 벗어나지 못하는 이유도 경영자가 롱패스의 관점을 놓쳤을 때라고 진단한다. 미래, 현재, 과거를 연결해 후세에게 자신의 바통을 넘기는 시간 여행 관점으로 보지 못하고 준거로 삼는 자신의 시간만을 미시적으로 고집할 때 초단기 시각에 매몰된다고 본다. 왈락은 현재 우리가 직면한 모든 문제는 과거를 대표하는 X세대, 현재를 대표하는 MZ세대, 미래를 대표하는 알파 세대가 자기 시간의 틀 안에서 자기 세대의 이득만을 위해 싸워서 생겼다고 진단한다. 과거가 시간의 준거인 X세대는 시간이 쏜살같이 흘러감을 느낀다. 놓친 시간을 따라잡기 위해 빨리빨리를 외친다. 알파세대는 미래에 준거를 두고 있어서 시간이 느리게 진행됨을 느낀다. 자신의 세대가 주인공이

---

2 아리 왈락 (2024). 『롱패스: 장기적 사고의 힘』. 김시내 역. 윤정구 감수. 21세기북스.

되는 시대가 빨리 오기를 기대하며 빨리빨리를 외친다. 현재에 고착된 MZ세대는 현재와 현재의 쳇바퀴를 벗어나지 못하고 빨리 빨리를 외친다. 상대적으로 장기적 관점을 가진 알파세대도 자신들의 과업을 이어받을 다음 세대를 준거로 삼는다면 초단기적 관점에 고착된 셈이다. 후세에 바통을 남겨줄 세상을 위해 일하는 롱패스의 관점에서 보면 모두가 초단기적 삶이다.

시간 여행자의 관점으로 경영하는 경영자들도 단기적 실적을 무시하는 것은 아니다. 이들은 회사의 과거와 먼 미래를 현재를 통해 연결하는 장기적 여행이라는 맥락 속에서 현재에 무엇을 해야 하는지를 잘 안다. 과거와 미래가 연결되는 장기적 시각이 이들 경영의 날줄이고 이런 날줄 속에서 목적을 현재로 가져와 연결하는 씨줄을 통해 지속 가능한 실적을 만들어낸다. 단기적 실적주의를 못 벗어나는 CEO는 과거와 미래가 사라진 고립된 현재만을 보고 경영한다. 지속 가능한 성과도 놓치고 성과가 나지 않으면 결국 좌충우돌 몰아치다 사고를 당한다.

시간 여행이라는 롱패스의 관점을 반영해 사업의 표준을 세운 사람이 '파타고니아'를 이끄는 이본 쉬나드 회장이다. 파타고니아는 노스페이스, 컬럼비아 스포츠와 더불어 다양한 아웃도어 관련 제품을 생산하고 판매하는 미국 3대 기업이다.[3]

---

3 이본 쉬나드 (2020), 『파타고니아, 파도가 칠 때는 서핑을』, 이영래 역, 라이팅하우스; https://www.youtube.com/watch?v=qbN7qia0teU.

등산가였던 이본 쉬나드는 1963년 주한미군으로 복무하던 시절 북한산 인수봉에 '쉬나드 A'와 '쉬나드 B'라는 암벽등반 코스를 개척했다. 그가 미국으로 돌아간 후 등반할 때 사용할 제품을 직접 만들어 쓰면서 시작된 브랜드가 바로 '파타고니아'다. 1973년에 설립했다. 파타고니아의 공식적 사명은 후세에게 물려줄 '지구를 구하는 일(We're in business to save our home planet)'을 비즈니스로 하는 것이다. 이본 쉬나드는 후손에게 물려줄 지구가 유일한 주주라는 철학을 가지고 있다. 최근 자신과 가족이 가지고 있던 4조 2000억 원에 달하는 비상장주식 전액을, 지구를 구하는 일을 하는 환경단체와 비영리단체에 나눠서 기부했다.[4] 의결권 주식은 회사의 존재목적을 지키기 위해 설립된 '파타고니아 존재목적 트러스트(Patagonia Purpose Trust)'에, 모든 비의결권 주식은 비영리 환경단체 연합인 '홀드패스트 컬렉티브(Holdfast Collective)'에 귀속시켰다.

이 결정으로 지구를 구하기 위해 사업한다는 사명은 누구의 개입으로도 바꿀 수 없는 목적함수로 고정되었다. 회사를 상장시켜 기업가치를 키워 더 큰 금액을 기부할 수 있었음에도 그러지 않은 이유는 주주로 들어온 사람들의 요구로 기업의 존재목적이 흔들릴 수 있기 때문이다. 존재목적의 약속에 대한 진정성을 엿볼

---

4 박병수 기자. "4조 원 다 내놓은 파타고니아 창업자 '지구가 유일한 주주'." 「한겨레」. 2022.9.15.

수 있는 대목이다. 파타고니아는 일찍부터 매출액의 1퍼센트를 지구세라고 명명해 환경단체에 의무적으로 기부했다. 이런 긍정성 때문에 파타고니아 등산 조끼는 금융 위기 때 월가의 증권맨들이 부정적 이미지를 세탁하기 위해 일상근무복으로 즐겨 입었다. 파타고니아는 여론조사기관 해리스폴과 온라인 언론 매체 악시오스가 뽑은 2023년 미국인이 가장 사랑하는 브랜드 1위로 선정되었다.

대한민국에도 이런 시간 여행자의 롱패스 관점을 실천했던 진성리더로 유한양행의 창업자 유일한 박사가 있다. 일제 강점기 병에 걸렸어도 치료하지 못해 죽어가는 국민을 살려내기 위해 유한양행이라는 제약회사를 설립한 유일한 박사는 평생 국민의 아픔을 환대하고 치유하는 사업에 헌신했다. 회사 설립 후 종업원 지주제 등 한국 기업으로서는 상상할 수 없을 정도로 존재목적을 앞세운 근원적 변화의 쇄빙선 역할을 해왔다. 1926년에 설립해서 1962년에 상장회사로 전환했다. 1971년 3월 11일 영면한 유일한 박사는 다음과 같은 유서를 남겼다.[5]

"손녀에게는 대학 졸업까지 학자금 1만 달러를 준다. 딸에게는 학교 안에 있는 묘소와 주변 땅 5000평을 물려준다. 그 땅을 동산으로 꾸미고, 결코 울타리를 치지 말고 중고교 학생들이 마음대

5 김선우, "유일한 박사의 아름다운 유언장." 『동아비즈니스리뷰』 135호(2). 2013.8.

로 드나들게 하여 그 어린 학생들의 티 없이 맑은 정신에 깃든 젊은 의지를 지하에서나마 더불어 느끼게 해달라. 내 소유 주식은 전부 사회에 기증한다. 후세를 교육하는 데 써주기를 바란다. 아내는 딸이 그 노후를 잘 돌보아주기 바란다. 아들은 대학까지 졸업시켰으니 앞으로는 자립해서 살아가거라."

시간 여행이라는 롱패스 관점을 택한 경영자들은 단기적 시각이나 장기적 시각 중 하나를 선택하는 방식으로 경영하지 않는다. 기업으로서 가장 먼 미래에 도달하는 100년 기업이 되었을 때 후세에게 유산으로 실현해 넘겨주어야 할 존재목적에 대한 약속을 실현하는 것이 비즈니스라는 관점으로 기업을 경영한다. 현재의 생존만 생각해 이 생존이 과거와 미래로 연결되어 지속 가능한 번성을 만들어가는 통로라는 시간 여행자로서의 관점을 놓치면 누구나 초단기적 실적주의 함정에 빠진다. 많은 구성원을 태우고 달리는 CEO가 자기 회사의 버스를 단기적 초보운전자의 관점으로 운행할 때 버스에 탄 구성원들은 엄청난 멀미로 고생한다. 이런 회사는 구성원들이 평생 시시포스의 돌 굴리기에 시달린다. 이들이 지속 가능한 실적을 내지 못하는 것은 시간 여행자로서의 지도가 없는 상태에서 과거와 미래가 분절된 현재 속에서 갇혀 쳇바퀴의 공회전을 가속하기 때문이다.

외국 사람들이 한국 사람을 특징지을 때 하곤 하는 말이 빨리빨리다. 빨리빨리는 불확실성을 극도로 싫어하는 정서 때문에 만들어진 한국인에게서 보이는 행동 성향이다. 사람들은 버스를 기다리며 줄을 서 있다가도 버스가 보이면 줄을 허물고 버스를 향해 달린다. 타지 못할 것에 대한 불확실성이나 자리 확보에 대한 불확실성 회피 전략이다. 엘리베이터에 탄 사람들도 문이 닫히고 있는데 문 닫힘 버튼을 계속 누른다. 문이 제시간에 안 닫혀 목적한 층에 도착하지 못할 수도 있다는 불안한 심리 때문이다. 안타깝게도 우리는 언제부터인가 장기적 시간 여행자의 관점을 상실했다. 삶의 개입이 끝나는 순간 목적에 대한 약속을 준거로 성과를 계산하는 장기적 시간 여행자의 관점을 상실하고 분절된 현재에 모든 여력을 집중해 초단기적 관점의 시시포스 돌 굴리기에 몰입했다.

　살다 보면 시간에 쫓겨서 단기적으로 일을 처리해야 할 때가 없는 것은 아니다. 하지만 시간에 쫓기면 쫓길수록 걸음을 멈추고 자신의 과거와 미래를 돌아보는 우보천리의 전략이 요구된다. 자신이 그렇게 옳다고 믿고 전력질주해 온 수천 리 길이 마지막 순간에 막다른 골목에 도달해서야 잘못된 길이었다는 것을 아는 것만큼 비극은 없다. 불확실성을 제거하는 가장 확실한 기제인 목적에 관한 믿음 없이 빨리빨리 전략으로 남을 이겨서 일등이 되는 일에 집중한 결과다. 영화 〈포레스트 검프〉의 주인공인 달리기 명수 검프는 달리기에 대해 다음과 같이 충고한다.

　"길을 잃었을 때 더 빨리 달리면 목적지에서 더 멀어진다."

에필로그

리더가 근원적 변화를 완성하기 위해서는 자신의 리더십이 뿌리를 내릴 토양에 대한 이해와 산성화된 토양 문제를 해결해야 한다. 지금 리더가 직면하는 21세기 토양은 L자 불경기와 초뷰카로 치닫는 디지털 혁신이 특징이다. L자 불경기를 극복하는 문제와 초뷰카가 겹쳐 기업은 기존 리더십 패러다임으로는 이슈를 해결할 수 없는 초유의 사태에 직면했다.

L자 불경기

지금은 2000년대에 접어들며 붐을 일으켰던 경기의 거품이 서서히 꺼지고 장기적 불경기를 상징하는 L자 경기의 터널 속에 있다. 2000년 이전을 이끌었던 호경기가 다시 살아날 개연성은 없다. 이런 불경기의 현실 앞에서 기업들은 성장은 고사하고 살아남는 일이 초미의 관심사로 떠오르고 있다. 지속 가능성이 기업과 리더가 풀어야 할 가장 중요한 이슈다.

신자유주의는 경제가 무한 성장할 것이라는 가정을 기반으로 만들어진 패러다임이다. 신자유주의 시대에는 직원들에게 전문화와 효율성을 요구했다. 회사는 종업원에게 정신은 회사 문밖에 걸어놓고 회사 안에는 몸만 가지고 와서 시키는 대로 일하라고 주문했다.

경기가 좋아서 누구나 큰 목표를 달성할 수 있는데 다른 생각으로 다른 이야기를 하는 직원들이 문제라고 생각했다. 직원은 회사의 요구대로 일사불란하게 정해진 목표를 향해 달리도록 요구받았다. 달리는 데 문제가 생긴 직원은 효율성이라는 이름으로 평가해서 가차 없이 해고했다.

신자유주의 시대에도 리더가 모든 것을 다할 수 없어서 리더는 전략적 방향에 대해 의사결정을 하고 구성원들은 이 결정을 실행하는 일을 통해 분업했다. 의사결정하는 리더와 실행하는 부하 사이의 지행격차 문제를 해결하기 위해 리더들은 보상과 벌이라는 HR 전략을 사용해 왔다. 리더는 인센티브나 승진 등을 앞에 내걸고 직원을 달리게 하는 그레이하운드 경주에 동원해 왔다. 이런 상황에서 신자유주의가 일으킨 경기의 거품이 걷히고 경기가 L자 뉴노멀로 꺾이자 어떤 기업도 구성원을 그레이하운드에 동원할 만큼 충분한 인센티브를 제공할 수 없게 되었다. L자 불경기 상황에서 리더는 충분한 보상 없이 직원들의 지행격차를 극복해야 한다. 고깃덩어리가 있었을 때는 억지로라도 뛰었지만, 고깃덩어리조차 사라진 상황에서 구성원들의 마음이 싸늘하게 식었다.

기업이 직면하고 있는 더 큰 문제는 계속되는 경기침체를 헤쳐나갈 해결책을 찾아낼 수가 없다는 것이다. 창의적으로 문제를 해결해 내야 할 구성원들은 오랫동안 시키는 일만 해오면서 기계적 인간으로 변하고 말았다. 하루아침에 창의적인 직원이 되어 새로운 의견이나 신선한 아이디어를 낼 수조차 없게 되어버린 것이다.

창의성 결여로 문제가 제대로 풀리지 않자 회사도 기진맥진해지고 종업원도 기진맥진해졌다. 소진된 종업원들은 학습된 무기력증에 빠져 경계성 정신질환에 시달리고 있다. 건강보험심사평가원에 따르면 2022년 직장인 180만 명이 불안 우울증 등 경계성 정신질환으로 치료를 받았다.[1] 우울증 환자는 2017년 대비 35퍼센트 증가했다.

초뷰카 시대
기업이 직면한 또 다른 문제는 상상할 수 없을 정도로 빨라진 디

---

1 김영은 기자. "'우울하고 불안해요', 직장인 금쪽이 180만 명 시대." 「한경비즈니스」. 2022.8.20.

지털 혁명이다. 원래 극대화된 불확실성을 일컫는 뷰카(VUCA: Volatility/Uncertainty/Complexity/Ambiguity)라는 말은 냉전이 끝나고 한 치 앞도 내다볼 수 없었던 국제질서를 묘사하기 위해 미 육군이 사용하던 용어다.[2] 실제 총성 없는 전쟁이 벌어진 전쟁 상황을 묘사하기 위해 만들었다.[3]

변동성(volatility)은 변화의 속도가 빨라져서 변화에 능수능란한 사람도 변화의 속도를 따라잡기 힘든 상태를, 불확실성(uncertainty)은 과거의 성공을 통해 미래 예측이 불가능한 상태를, 복잡성(complexity)이란 변화의 원인을 구성하는 변수도 한 가지가 아니라 여러 요인이 비선형적으로 얽히고설켜 있는 상태를, 모호성(Ambiguity)은 뉴노멀이 등장하지 않고 모호함이 무한 지속하는 상태를 가리킨다.

지금은 디지털 혁명을 통해 뷰카 시대를 넘어 이미 초뷰카 시대(Hyper VUCA era)로 치닫고 있다.[4] 뷰카 시대에는 실물거래에 기반한 아날로그식 플랫폼 시장이 불확실성을 주도했다면 초뷰카 시대는 아날로그 플랫폼뿐 아니라 미래의 체험과 상상이 거래

---

2 U.S. Army Heritage and Education Center (February 16, 2018). "Who first originated the term VUCA (Volatility, Uncertainty, Complexity and Ambiguity)?" *USAHEC Ask Us a Question.* The United States Army War College.
3 리더십과 관련해서는 변혁적 리더십을 개념화한 베니스와 나누스가 처음 사용했다. Bennis, Warren & Nanus, Burt (1985). *Leaders: Strategies for Taking Charge.* Harper & Row.
4 윤정구 (2022). 『초뷰카 시대 지속가능성의 실험실: 애터미』. 21세기북스.

되는 메타버스를 포함한 AI 디지털 플랫폼상의 거래가 불확실성을 이끈다.[5]

초뷰카 시대는 변화 속도가 너무 빠르다 보니 대부분 사람이 변화를 따라잡지 못하고 길을 잃고 헤맬 수밖에 없는 현실이다. 초뷰카 시대의 본질은 길 잃음이다. 마치 사막 여행자가 자고 일어나면 간밤 모래바람이 지형을 바꾸어놓아서 자신이 가지고 간 지도가 쓸모없어지는 것 같은 현상이 매일 반복된다. 세상이 바뀌었음에도 새로운 의미 있는 규범이 제시되지 못하는 아노미 상태가 급증하고 그 속에서 길을 잃은 사람들이 이유 없는 소진, 무기력, 자살 충동에 빠진다. 길을 잃었음을 용기 있게 인정하는 리더와 기업만이 새로운 지도를 그려내 초뷰카 세상에서의 여행을 지속할 수 있다.

초뷰카 시대를 사는 리더가 직면한 더 시급한 문제는 대체 가능성에 대한 불안이다. 로봇과 생성형 AI의 발전으로 대부분 인간이 했던 일들이 로봇과 인공지능으로 대체되고 대부분 전문가는 대체 가능한 잉여인력으로 전락하는 신세를 면할 수 없다. 누구나 쉽게 생성형 AI나 로봇에게 싼값으로 자문받을 수 있다. 기업에서는 비즈니스 애널리틱스가 보편화되어 관리자가 사라지고

---

5 초뷰카 시대의 또 다른 특성은 위기의 영구화다. 영국 콜린스 사전은 영구적 위기를 뜻하는 퍼머크라이시스(Permacrisis = Permanent+crisis)를 2022년 올해의 신조어로 선정했다. 우크라이나 전쟁, 기후 위기, 코로나 위기, 에너지 위기, 물가 대란, 물류 위기, 영구적 경기침체 등을 반영하는 신조어다.

있다. 모든 인력이 대체될 가능성에 대한 논의가 직장에서 현실로 제기되고 있다.

실제로 한 중국 회사에서는 올해의 신입사원 투표에서 회계일을 맡던 생성형 AI 엘리사가 선정되었다. 직원들은 엘리사가 생성형 AI라는 사실을 몰랐다. 생성형 AI나 로봇은 의사, 변호사, 판사, 회계사, 디자이너, 예술가보다 더 뛰어난 전문성과 창의성으로 그들을 잉여인간으로 만든다. 의사, 판사, 회계사들이 자기 직업의 카르텔을 법제화해서 자신들의 직업이 대체되는 것을 안간힘을 다해 막고 있지만, 언제까지 버틸 수 있을지는 회의적이다.

21세기 리더는 L자 경기가 제기하는 지행격차와 창의성의 고갈 문제와 초뷰카 시대가 제기하는 대체 가능성과 길 잃음의 문제를 동시에 해결하며 변화를 통해 의미 있는 미래의 새로운 질서를 만들어가야 한다. 이것은 전통 리더십에서 제기하는 리더십의 방식과 스타일로는 해결할 수 없는 난제(wicked problem)다. 리더십에 대한 기존의 발상과 패러다임을 근원적으로 전환해야 문제를 풀 수 있다. 기존의 리더십 패러다임을 근원적으로 전환해서 제기된 문제를 근원적 수준에서 해결해 새로운 질서를 완성하는 근원적 변화를 이루어내야 한다.

중국 북송의 유학자 사마광(司馬光)이 어렸을 때 그의 친구들과 함께 화원에서 놀고 있었다. 화원 안에는 작은 동산이 있었으며 동산 아래에 커다란 물 항아리가 있었다. 그 물 항아리 안에는 물이 가득 채워져 있었다. 친구들과 동산에서 놀다가 어떤 아이가 큰 물 항아리 속으로 빠져버리고 말았다. 모두 당황하여 어떤 아이는 울었고 어떤 아이는 소리쳤으며 어떤 아이는 어른을 찾으러 뛰어갔다. 사마광은 당황하지 않고 돌 하나를 들어 항아리를 깼다. 그렇게 친구를 구할 수 있게 되었다.

사마광의 지혜는 현대를 사는 우리에게도 소중하게 적용된다. 우리는 우리가 임의로 만들어놓은 정신모형이라는 세상을 보는 지도 속에 갇혀 살고 있기 때문이다. 정신모형은 색안경처럼 세상을 채색해서 보여준다. 사람들은 각자의 색안경을 끼고 세상을 본다. 나에 맞추어 채색된 색안경은 나에게 편안함을 주지만 이 색안경을 벗어버리고 과감하게 나안이 되기까지 세상은 제 모습을 드러내 보여주지 않는다. 이 편안한 색안경은 우리를 가두는 항아리다. 세상을 제대로 보기 위해서 정신모형은 밖에서든 안에서든 누군가가 깨야 할 항아리다.

세상의 모든 문제는 문제가 발생한 같은 수준에서는 근원적으로 해결되지 않는다. 이 문제를 벗어나 보든지 문제보다 더 깊은 수준에서 보든지 더 높은 곳에서 보든지 근원적 수준에서 원인을 볼 수 있어야 한다. 진성리더의 급진 거북이 전략은 자신을 가둔 아포리아 항아리를 깨고 항아리 밖의 세상에서 새로운 진실을 찾아 떠나는 디아스포라 여행자의 여정이다. 급진 거북이는 삶의 개입이 끝나는 죽음의 순간까지 아포리아와 디아스포라 여정을 반복하며 자신을 낡은 항아리에서 꺼내는 N번의 부활을 경험한다. 진성리더의 급진 거북이가 여정을 마무리할 때 후세들이 넘어지지 않고 다치지 않을 더 높은 곳에 더 평평한 운동장이 세워진다. 새 운동장은 진성리더가 약속했던 유산이고 후세에게 넘겨줄 미래다. 우리가 모두 그 유산의 주인공이 될 수 있는 날을 소망한다.

부록

진성리더십에 관한
대학원생의 질문들

다음은 2024년 5월 한 대학교 대학원생들과 함께했던 진성리더십 세미나에서 진성리더십에 관해 학생들과 나누었던 질문과 답을 요약한 것이다. 진성리더십의 본질을 알 수 있는 중요한 내용을 담고 있다.

질문 1. 진성리더십은 21세기에 요구되는 또 다른 리더십 스타일인가요?

아닙니다. 진성리더십도 리더십의 충분조건을 기반으로 기본적 얼개를 이야기할 수 있지만, 리더십의 대안적 스타일이 아니라 리더십 바로 세우기 운동과 관련됩니다. 카리스마 리더십, 서번트 리더십, 적응 리더십, 공유 리더십, 코칭 리더십 등 리더십 스타일이 리더십의 필요조건이라면 진성리더십은 리더십의 충분조건에 관심을 가집니다. 진성리더십에서는 리더가 카리스마 스타일이라면 진성 카리스마인지, 서번트 리더라면 진성 서번트인지, 코치라면 진성 코치인지에 대해 질문을 던집니다.

한 조직에 리더가 100명이 있다면 이들 모두 자기 나름의 리더십 스타일이 있을 겁니다. 그런데 이들 100명의 다른 스타일을 구성하는 리더 중 가장 리더다운 리더를 한 명 선정할 때 누가 그 리더로 선정되는지가 진성리더십이 관심을 가지는 문제입니다.

아쉽게도 그런 리더가 존재하지 않는다면 진성리더를 어떻게 정의하고 그 정의에 따라 어떻게 프로토타입을 만들고 그 프로토타입에 따라 리더를 어떻게 육성해 리더가 약속하는 근원적 변화를 완성할 것인지를 묻는 것이 진성리더십의 본질적 질문입니다. 시대와 조직의 성숙도가 변하면 리더십의 정의에 대해 다시 질문을 던져가며 시대와 맥락에 맞게 리더십을 공진화시키는 방안에 대해 고민합니다.

질문 2. 진성리더와 대비되는 유사리더는 어떤 리더인가요?

진성리더십에서 진정성(Authenticity)이란 존재목적에 대해서 자신에게 하는 이야기와 남들에게 하는 이야기가 같은 상태를 의미합니다. 아직 존재목적을 깨닫지 못했거나 깨달았다 해도 삶에 정렬시키는 데 성공하지 못했다면 유사리더입니다. 우리는 자연인으로 태어나 리더십에 대해서 깨닫기까지는 유사리더로 성장하고 일련의 목적에 대한 리더십 사건을 통해 유사리더의 허물을 벗고 진성리더다워지는 되어감(Becoming)의 삶을 삽니다. 진성리더는 목적에 대한 약속을 실현해 근원적 변화를 완수하는 리더지만 유사리더는 부하들을 이용해 자신의 속셈을 실현하는 리더입니다.

질문 3. 진성리더는 학습을 통해서 성장할 수 있나요?

다양한 리더십 스타일을 배우거나 현재의 지평을 인식하는 정신모형 I을 업데이트하는 것은 학습으로 가능하지만, 진성리더의 본질인 정신모형 II를 실현해 근원적 변화를 만드는 것은 학습이 아닌 사건으로만 가능합니다.

진성리더로 성장하는 과정은 달걀의 부화 과정과 비슷합니다. 삶의 존재목적에 대해 누구보다 진정성을 가지고 존재목적이라는 알을 긍휼로 품어 부화시키고 부화에 성공해 성공을 누리면 다시 더 큰 알에 갑힙니다. 진성리더는 매번 알에 다시 갇히면 다시 부화시키는 N번의 부화 경험을 더는 부화가 불가능한 삶의 개입이 끝나는 죽음의 지점까지 계속합니다. 죽음의 시점에 N번의 부화를 통해 만들어낸 자신의 품성을 유산으로 후세에게 헌정할 수 있는 사람이 진성리더입니다. 부화란 근원적 변화에 대한 사건이자 자기 변혁 체험입니다. 알에서 부화한 자신과 알 속에 있던 자신이 같은 상태라면 결국 자신은 사산 처리된 죽은 병아리입니다.

후세의 누군가는 진성리더로 살았던 우리의 삶에 고무되어 기억의 박물관에 헌정된 유산을 날줄로 자신이 주체적으로 정한 삶을 씨줄로 직조해 다시 자신의 태피스트리를 만들 것입니다. N번의 부화를 실현해 만든 유산이 다시 누구에 의해서 생명으로 부활합니다. 진성리더는 학습이 아닌 각성, 부화, 고난, 부활 등 연속된 사건을 통해 탄생하고 되어갑니다.

질문 4. 현존하고 계신 분의 진성리더십 평가를 할 수 있을까요?

진성리더인지 아닌지는 삶의 개입이 끝나는 죽음의 시점에서만 판별할 수 있는 문제입니다. 한 조직에서는 더는 개입할 수 없는 정년퇴임 후에만 진성리더 여부를 평가할 수 있습니다. 개입이 끝나는 시점까지는 진성리더로 되어감만 있고, 되어감을 평가할 수는 있습니다.

질문 5. 목적과 사명은 다른가요?

목적이란 조직이 존재해야 하는 이유입니다. 왜 우리가 제품과 서비스를 통해 고객의 아픔을 치유하는 사업에 목숨을 걸고 주인으로 나서야 하는지의 이유입니다. 리더는 이 목적에 대한 약속을 실현해 근원적 변화를 달성합니다.

사명(Mission)이란 이 공유된 목적을 실현하기 위해 쇄빙선을 운용해 과제를 수행하는 일입니다. 소명(Calling)은 목적의 부름을 받아 잠에서 깨어 일어서는 일이고, 비전(Vision)이란 목적에 대한 믿음으로 못 보던 세상을 보게 되는 체험을 의미합니다. 가치(Value)는 목적으로 향하는 길에서 벗어나지 못하도록 만든 펜스입니다. 이 모든 개념의 중심에 목적에 대한 믿음이 있습니다. 전략(Strategy)이란 사명을 수행할 수 있는 다양한 길 중 가장 효과적으로 최적화된 길을 선택해서 실행하는 일입니다. 역량(Competency)이란 이 일을 경쟁력을 가지고 할 수 있는 능력, 재능, 경험이 있는 것입니다.

목적에 대한 진정성은 목적에 대한 대본을 직접 쓰고 여기에 일인칭 주인공으로 기용된 사람들만 체험합니다. 리더의 실수는 자신만 주인으로 세우고 사명도 혼자 쓰고 구성원들을 수단 취급해 가며 자신이 쓴 대본을 삼인칭 대본으로 강요할 때 일어납니다. 진정성의 어원은 일인칭 작가(Authorship) 정신입니다. 목적에 대해 공동의 작가이자 공동의 주인공 역할을 허락하지 않는 리더십에서는 진성리더십이 정한 약속을 실현할 수 없습니다.

질문 6. 사명의 울타리와 전문가의 놀이터를 설계한다는 것은 무슨 뜻인가요?

세상에는 변화와 질서를 조직하는 세 가지의 큰 울타리가 존재합니다. 가장 바깥의 널찍한 울타리는 법의 울타리입니다. 법을 침범해서 남에게 손해를 끼치지 않게 도와주는 울타리가 가장 너른 울타리입니다. 이 법의 울타리 안에 건설되는 더 탄탄한 울타리가, 법이 없어도 자신의 이익을 더 챙기는 과정에서 남들에게 손해를 끼치지 않는 상식의 울타리입니다. 카르텔 세력은 이런 상식의 울타리를 무너트리고 토굴을 파고 사는 사람들입니다. 상식의 울타리 안에 세워지는 더 탄탄한 울타리가 자신의 목적에 대한 각성을 통해 산출된 사명과 가치의 울타리입니다.

진성리더는 법과 상식을 지키는 것은 당연한 일이고, 이것을 넘어 목에 칼이 들어와도 지키는 가치와 사명의 울타리를 세우고, 이 울타리가 만든 운동장을 실험실로 삼아 자신이 약속한 목적을 실현하는 사람입니다.

진성리더는 윤리적 울타리인 법과 상식이라는 것을 충족한 사람들이 가치와 사명의 울타리를 세워서 근원적 변화를 완수하는 사람입니다. 자기 하고 싶은 대로 목적을 세워서 남에게 피해를 주지 않고 사는 삶은 진성리더십과 무관한 삶입니다. 진성리더로 살기를 결단한다는 것은, 이런 사적 영역을 넘어 세상의 맥락과 윤리를 인정하고 이것을 넘어서는 새로운 가치를 협업을 통해 창출하기로 작정하는 것입니다.

가치와 사명의 울타리가 없는 회사에서 자신들의 이익을 극대화하기 위해 정치적 카르텔을 운영하는 것이 협동(Cooperation)이고, 공동의 목적을 실현하기 위해 모두가 주인으로 나서는 것이 협업(Collaboration)입니다. 진성리더십은 협업의 원리에 근거합니다.

협동은 각기 자신의 이익을 충족하기 위해 서로 돕는 정치 행위입니다. 협업은 공동의 존재목적을 세우고 이 목적을 실현하기 위해 자신의 전문성으로 모두가 공동의 주인으로 나서는 행위입니다. 목적이 존재하지 않는 기업에서 협동은 정치 행위로서 자신들의 토굴을 파 조직을 무너트리는 데 일조하는 위험한 행위입니다. 진성리더는 협업에 대한 성공 체험을 통해 동료애를 만들어 결국 협동이 따라오게 하는 전략을 사용합니다. 진성리더는 목적에 관한 생각 없이 매부 좋고 누이 좋은 식의 정치적 협동 행위를 치욕으로 생각합니다.

질문 7. 진성리더에게 성공이란 무엇인가요?

성공이란 목적에 대한 약속이 실현되어 근원적 변화가 실현되는 상황을 의미합니다. 이런 성공을 위해서 진성리더는 목적에 대한 진실성을 소구해서 구성원들 마음속에 목적의 앵커를 만들기 위해 측은하게 노력합니다. 어려운 상황에서도 목적에 대한 신념을 버리지 않고 목적으로 문제를 돌파하려는 진심이 구성원에게 전달되게 합니다. 그러면 구성원도 목적을 마음으로 받아들여 닻을 내리게 하고 리더가 설파하는 목적을 실현하는 일에 자발적 협업으로 나섭니다.

진성리더는 근원적 변화를 실현하는 과정에서 성공이 따라오게 하는 사람이지 성공을 따라가는 사람이 아닙니다. 진성리더의 목적에 대한 진심이 다양한 계기를 통해 다양한 사람들 마음에 닻을 내리고 축적되는 것이 진성리더가 성공을 거두어들이는 기반입니다. 다양한 사람들에게 축적된 목적에 대한 닻을 가진 사람들의 네트워크를 형성합니다. 이들은 리더가 어떤 특정한 상황에 부닥쳐 있다는 것을 알게 되면 모두 일어서서 리더를 도와주기 위해 리더 모르게 비밀위원회를 구성해 리더가 성공할 수 있게 돕습니다.

질문 8. 진성리더는 신뢰를 어떻게 만들어내나요?

진성리더십에서 신뢰는 서로가 상처받을 개연성을 인정하는 범위로 정의합니다. 구성원 중 누군가가 리더에게 1000만 원을 빌려달라고 했을 때 리더가 돌려받지 못해 상처받을 것을 전제로 1000만 원을 빌려준다면 신뢰 잔고는 1000만 원이지요. 역으로 리더가 구성원에게 1000만 원을 빌려달라고 요청했을 때 구성원이 돌려받지 못할 것을 각오하고 1000만 원을 빌려준다면 신뢰 잔고는 2000만 원으로 늘어납니다.

신뢰는 서로 어느 정도까지나 상처받을 개연성을 인정하는지 공유된 긍휼감을 통해 생성됩니다. 진성리더십에서는 여유가 있는 리더가 먼저 상처받을 개연성을 드러내고 이것을 통해 구성원들도 상처받을 개연성을 드러내는 과정을 정석으로 생각합니다. 진성리더는 심지어 부하의 책임도 자기 자신의 것으로 받아들입니다. 진성리더는 책임을 져준다는 것이 상처받을 개연성을 가장 큰 범주로 확장하는 행동 즉 가장 큰 신뢰 행동이라는 것을 잘 압니다.

누구도 상처받을 개연성에 대해서 회피하는 신뢰 제로 조직에서는 모두가 계산기를 두드리고 현금이 아니면 거래를 하지 않습니다. 모든 구성원이 계산기를 두드리고 있다면 신뢰가 파산선고 당한 조직입니다.

진성리더는 자신의 주도로 상처받을 개연성을 공유하는 과정에서 창출된 신뢰 잔고를 통해 만들어진 모든 신뢰 재원을 동원해서, 미래의 약속인 존재목적을 실현하는 사명 프로젝트를 수행합니다. 리더가 앞장서서 존재목적에 대한 약속을 실현하는 측은하고 일관된 노력과 이 노력을 통해 목적에 조금 더 가까워지는 체험이, 리더가 창출해 종잣돈으로 마련한 신뢰 잔고를 복리로 키웁니다. 진성리더는 긍휼과 목적이라는 종잣돈으로 신뢰 은행을 운영하는 능력을 갖춘 사람입니다.

질문 9. 진성리더와 진성 코칭은 어떻게 다른가요?

진성리더십의 충분조건은 자신의 존재목적에 관한 이야기입니다. 존재목적에 대한 믿음은 자신이 언제 리더로 세워졌고 지금은 어디에 서 있으며 존재목적이 실현되는 여정의 끝이 어딘지를 분명히 알고 탈로할 수 없는 정신모형이라는 지도를 그려냅니다.

21세기 조직을 운영하는 데 필요한 코칭, 변혁적 리더십, 공유 리더십, 적응적 리더십, 서번트 리더십, 공감의 리더십은 이런 존재목적을 실현하기 위해 상황에 따라 동원되는 리더십 스타일이자 리더십의 필요조건입니다. 리더십 스타일은 리더와 정한 목적을 실현하기 위해 동원되는 다양한 수단입니다.

목적을 각성한 코치가 코칭을 실현해 진성 코치가 될 수 있지만, 변화가 상수인 조직에서 아무리 코치가 유능해도 다양한 문제를 코칭의 방법으로 해결할 수 있는 것은 아닙니다. 변화하는 조직의 문제를 풀려면 진성 코치도 필요하지만, 그에 못지않게 진성 변혁적 리더십, 진성 서번트 리더십, 진성 공감 리더십, 진성 적응 리더십에 숙련된 사람들과 이들 간 협업이 필수적입니다. 어떤 특정한 한 사람이 이런 모든 진성 스타일의 리더십을 이해하고 내재화해서 조직의 문제를 푸는 데 필요에 따라 리더십 스타일을 바꿔가며 동원할 수 있다면 아마도 그는 최고 수준의 진성리더일 것입니다.

리더는 코칭을 넘어서 자신들이 가진 리더십의 자유도와 신뢰를 토대로 구성원들이 마음껏 뛰어놀 수 있는 운동장이라는 시스템을 짜주는 설계자 역할을 합니다. 환경이 변화해서 시스템에 불확실성이 이입되면 리더는 불확실성을 해결하기 위해 시스템을 다시 설계해서 구성원이 심리적 안정감을 가지고 일할 수 있는 운동장을 다시 만들어내는 책무를 수행합니다.

적어도 조직에서 진성리더를 염원한다면 리더의 존재우위를 결정하는 충분조건을 습득하고 코칭을 넘어서 다양한 리더십 스타일을 채용할 수 있는 역량이 있는 리더십을 공부하고 훈련해서 새로운 환경에서 이입되는 불확실성을 해결하는 시스템을 설계하고 제공할 수 있어야 합니다.

진성리더십의 핵심은 환경이 바뀌었을 때 새로운 리더십 스타일을 채용해 새로운 시스템을 설계해 낼 수 있는 리더십의 자유도입니다. 진성리더가 상황이 변해 새로운 시스템을 설계하기 위해 리더십 스타일을 바꾸어도 구성원들은 전혀 문제를 삼지 않습니다. 진성리더는 새로운 시스템을 설계할 수 있도록 리더십 스타일을 바꿀 수 있는 자유도를 누립니다. 리더가 리더십 스타일을 마음대로 바꿀 수 있는 자유도는 리더가 제시한 존재이유의 믿음에 대해 구성원도 신뢰하기 때문입니다. 진성리더의 존재우위가 구심점을 가지고 각종 리더십 스타일이 제기하는 원심력을 충분히 제어할 수 있기 때문입니다.